"十四五"职业教育规划教材

财会应用基础

夏维朝／主编　彭朝林　彭健／副主编

CAIKUAI YINGYONG JICHU

图书在版编目(CIP)数据

财会应用基础 / 夏维朝主编. —上海：立信会计出版社，2021.4
ISBN 978-7-5429-6815-9

Ⅰ.①财… Ⅱ.①夏… Ⅲ.①财务会计-教材 Ⅳ.①F234.4

中国版本图书馆 CIP 数据核字(2021)第 084202 号

策划编辑　　张善涛
责任编辑　　张善涛
封面设计　　南房间

财会应用基础
Caikuai Yingyong Jichu

出版发行	立信会计出版社
地　　址	上海市中山西路 2230 号　　邮政编码　200235
电　　话	(021)64411389　　传　真　(021)64411325
网　　址	www.lixinaph.com　　电子邮箱　lixinaph2019@126.com
网上书店	http://lixin.jd.com　　http://lxkjcbs.tmall.com
经　　销	各地新华书店
印　　刷	浙江临安曙光印务有限公司
开　　本	787 毫米×1092 毫米　　1/16
印　　张	11.5
字　　数	258 千字
版　　次	2021 年 4 月第 1 版
印　　次	2021 年 4 月第 1 次
书　　号	ISBN 978-7-5429-6815-9/F
定　　价	32.00 元

如有印订差错，请与本社联系调换

前言

本书以独特的资金视角来观察和分析公司商业活动的财会语言。这些财会语言，如不通过专业训练，通常很难洞悉其奥秘所在。如果学生准备把精力投入自己更有兴趣的领域且需要在未来的生活和工作中做到条分缕析、规划有序，学习本书可能是一个很好的选择。

本书有以下特色：一是简明易懂。晦涩难懂的专业术语、复杂抽象的数学模型，在本书难觅踪影，你不需要投入太多的精力去理解它们，因为你并不想做一个专业的财会人士。在这里，一个个简单的案例告诉你，财会工作原来也可以很简单。二是突出实际应用。本书站在应用者需求角度，着眼于从全局而不是细节来构建生活与工作中所需的必要财会知识与专业技能。学生不需要预设财会知识，通过本书的学习就能够快速搭建财会应用所需的必要专业知识与技能。

本书涵盖了财会应用的最主要方面。阅读本书，学生可以了解到：财会专业人士对公司经济业务处理的基础性流程与规范、公司的出纳业务、公司主要资产的管理方法、项目投资的决策方法、融资决策及融资管理、公司纳税及其筹划等等，编者力求向学生奉上全景式财会工作和财会应用之所需。

本书是为非财经专业、对财会工作饶有兴趣、在生活和工作中有财会应用需求的人士编写的，可作为非财会专业的学习教材。

编者

2021.3

目录

前言

1 身边的财会 ········ 001
- 1.1 会计是一个经济信息系统 ········ 001
- 1.2 会计信息的使用者 ········ 002
- 1.3 会计工作管理 ········ 004
- 1.4 树立必要的财会观念 ········ 007
- 1.5 更进一步了解财会职业 ········ 008

2 学会判断一个公司的财务实力 ········ 015
- 2.1 公司盈利能力的披露——利润表 ········ 015
- 2.2 公司财务状况的披露——资产负债表 ········ 017
- 2.3 公司现金流的披露——现金流量表 ········ 022
- 2.4 投资人权益的披露——所有者权益变动表 ········ 026
- 2.5 报表体系与综合分析 ········ 028
- 2.6 判断财务实力时需要关注的问题 ········ 034

3 了解会计核算程序 ········ 042
- 3.1 经济业务的核算 ········ 042
- 3.2 会计核算的程序 ········ 046
- 3.3 一个小型商贸公司经济业务的核算 ········ 051

4 出纳工作 ········ 058
- 4.1 出纳工作概述 ········ 058
- 4.2 现金管理 ········ 059
- 4.3 银行存款管理 ········ 062
- 4.4 票据与印鉴管理 ········ 071
- 4.5 出纳员转型与现代司库 ········ 072

5	**资产管理与投资分析基础**	076
	5.1　资产管理基础	076
	5.2　主要资产管理	080
	5.3　项目投资分析	088
6	**融资与股利政策**	096
	6.1　融资环境	096
	6.2　融资分析	100
	6.3　股利政策	105
	6.4　融资决策分析	108
	6.5　创业融资策略	110
7	**财务预算与控制**	130
	7.1　利润规划	130
	7.2　财务预算	132
	7.3　内部控制规范	138
	7.4　责任控制	143
8	**公司纳税**	150
	8.1　公司主要税负	150
	8.2　公司纳税管理	154
	8.3　纳税筹划	156

附表一：一元复利现值系数表　　169
附表二：一元复利终值系数表　　171
附表三：一元年金现值系数表　　173
附表四：一元年金终值系数表　　175

1 身边的财会

> 会计(accounting)又称簿记(booking),如同一面镜子反映着一个单位的经济活动,是对财务数据进行分类、记录、汇总和报告的经济信息系统。
> 一个单位的经营管理决策需要依据过往财会信息的支撑,包括投资人和债权人在内的各类外部人士也只有通过财会信息才能及时准确地把握一个单位的财务状况。更重要的是,无论你是创业者还是公司员工,了解必要的财会知识、树立应有的财会观念将为你的事业和工作插上腾飞的翅膀。
> 其实,财会就在你身边。

1.1 会计是一个经济信息系统

会计通过对一个单位的经济信息进行采集、分类、汇总和报告,来反映该单位的财务状况、经营成果和现金流量,是一个单位的经济信息系统(见图1-1)。

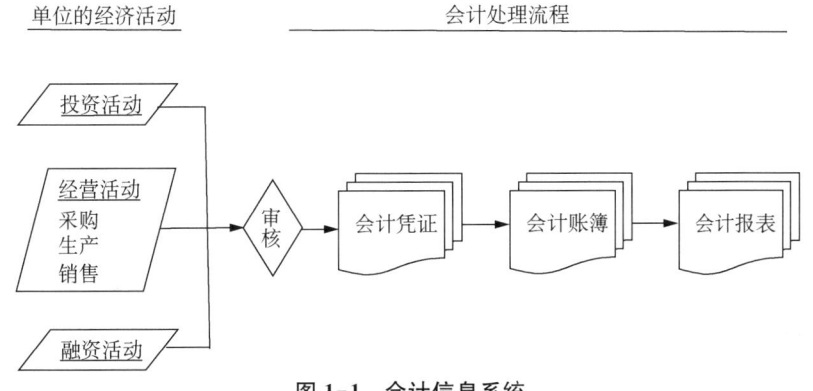

图1-1 会计信息系统

作为经济信息系统[①],会计通过取得并审核会计凭证来采集一个单位经济信息,然后通

---

① 西方的财务学者通常把会计定义为经济信息系统。在我国,会计被认为具有核算和监督两大基本职能。核算职能就是一个单位的经济信息系统反映财务信息的功能,又称反映职能。监督职能则是通过对经济信息的的具体选择(即确认和再确认),完成对经济信息的甄别。由此,我国部分学者认为,会计既是一个经济信息系统,又是一项管理活动,因为会计不仅能够提供一个单位的财务信息,而且通过其监督职能可以直接参与该单位的经济管理活动,包括参与预测、决策、控制和考核等。

过编制记账凭证和登记账簿来对经济信息进行分类，在期末（月末、季末和年末），通过结账和编制会计报表等来汇总并报告该单位经济信息①。

会计作为经济信息系统对一个单位经济信息的处理不是简单地收集、整理和报告，而是通过数据的确认，即通过审核会计凭证等会计工作环节来对该单位的经济信息进行甄别和过滤，这通常被认为是会计的监督职能。会计通常对下列三类经济数据不予采集，从而被排除在会计信息系统之外，也不被会计报告所列报，包括：

（1）非财务数据。非财务数据是指那些不能用货币来计量的经济数据，由于会计的计量单位是货币，所以那些不能用货币反映的经济数据就属于非财务数据，如厂房与设备的数量、就业情况、员工人数、产品及专利量等非财务数据都不能进入会计信息系统，会计只记录和报告一个单位财务方面信息。财会数据仅仅是一个单位的财务数据，而不是全部数据。

（2）不合法的数据。不合法的数据包括违法业务产生的财务数据和虚假的财务数据，会计师在审核会计凭证过程中，通常要求对会计凭证的合法性进行审查，防止违法数据和虚假数据进入会计信息系统。

（3）不合规的数据。不合规的数据是指手续不完整的数据，只有手续完整的数据才能够反映相关事项的经济责任，满足对经济业务进行事后审查的需要。

只有合法、合规的财务数据才能进入会计系统，从而使得会计处理和披露的信息有助于一个单位的管理者及其利益相关者进行科学的经济决策。

1.2 会计信息的使用者

1.2.1 会计目标

会计目标包括两个方面，一是向利益相关者披露本单位的的财务信息，包括财务状况、盈利水平和现金流量；二是反映本单位的管理层受托责任②的履行情况。

《企业会计准则》③规定，企业财务会计报告的目标是向财务会计报告使用者提供与企业财务状况、经营成果和现金流量等有关的会计信息，反映企业管理层受托责任履行情况，有助于财务会计报告使用者作出经济决策。

《政府会计准则》规定，政府会计主体应当编制决算报告和财务报告。其中，决算报告的目标是向决算报告使用者提供与政府预算执行情况有关的信息，综合反映政府会计主体预算收支的年度执行结果，有助于决算报告使用者进行监督和管理，并为编制后续年度预算提

---

① 财会工作反映一个单位（企业单位、事业单位或政府部门等）的经济活动，可以看成是一台照相机或一台摄像机。当该单位发生与财务活动（涉及货币价值）有关的每一个事项（如取得借款、支付工资、收取货款等）时，这台照相机或摄像机就给记录了下来，然后通过专业人士的剪切和编辑后，再呈现给阅览者的就是关于这个单位在特定时点的静态照片（如财务状况情况）和一定期间的动态录像（如经营成果情况）。可见，财会工作实际是映射一个单位经济活动的一面"镜子"。

② 根据委托代理理论，投资人将资金交由公司管理层，由管理层对出资人的资金进行管理，公司的管理层承担了受托管理投资人资金的相应责任，这就要求管理层定期通过财务报告的方式来披露受托责任的履行情况。

③ 我国会计准则体系由《企业会计准则》《小企业会计准则》和《政府会计准则》等会计准则所组成，会计准则的上层法规为《中华人民共和国会计法》。

供参考和依据;财务报告的目标是向财务报告使用者提供与政府的财务状况、运行情况(含运行成本)和现金流量等有关信息,反映政府会计主体公共受托责任履行情况,有助于财务报告使用者做出决策或者进行监督和管理。

1.2.2 利益相关者

财务会计信息的利益相关者[①]是指财务信息的使用者,包括现实的和潜在的利用财务会计信息进行相关决策的个人和单位,企业的利益相关者主要有企业管理者、企业投资者、企业借贷者、政府征税者、统计调查者等。政府财务报告的使用者则包括各级人民代表大会常务委员会、各级政府及其有关部门、政府会计主体自身和其他利益相关者。

企业管理者利用财会信息进行相应的经营管理决策,投资人利用企业的财会信息做出是否向公司投资以及是否分红的决策,债权人利用企业的财会信息做出是否提供贷款的决定,税务机关利用企业财会信息核查税款及其缴纳情况,他们都是企业财会信息的使用者,也是企业财会信息的利益相关者(见图1-2)。

政府财务报告的使用者则主要是各级人民代表大会及其常务委员会、各级政府及其有关部门、政府会计主体自身、社会公众和其他利益相关者。

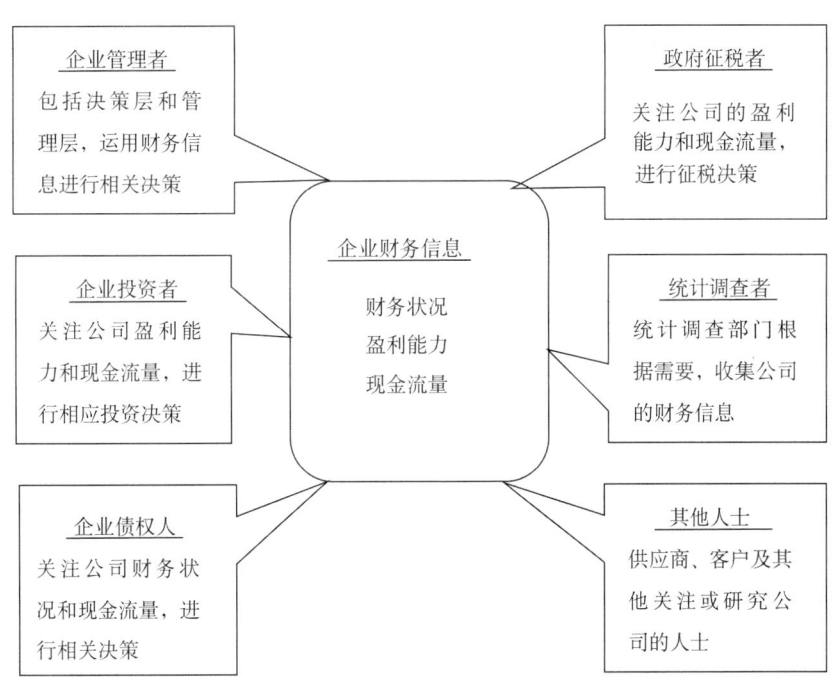

图1-2 企业财务信息的利益相关者

---

① 单位财务数据作为最基础的经济数据,受到来自单位内部的管理和决策者、来自单位外部的投资人、债权人及税收机关等方方面面的关注,利用单位的财务数据做出是否投资、是否借贷以及征税等相关决策,所以他们都是财务信息的利益相关者,单位财务信息的质量直接影响到他们相关决策的科学性。

1.2.3 会计信息的质量要求

为了有效支持会计信息利益相关者的相关决策,会计信息必须符合相应的质量要求[1],具体包括可靠性、相关性等八个主要方面。

(1) 可靠性。可靠性要求以实际发生的交易或者事项为依据,如实反映相关信息,保证会计信息真实可靠、内容完整。

(2) 相关性。会计信息应当与投资者等财务报告使用者的经济决策需要相关,有助于投资者等财务报告使用者对企业过去、现在或者未来的情况做出评价或者预测。

(3) 可理解性。会计信息应当清晰明了、披露充分、说明清楚,便于投资者等财务报告使用者理解和使用。

(4) 可比性。会计信息应当相互可比,同一企业对于不同时期发生的相同或者相似的交易或者事项,应当采用一致的会计政策,不得随意变更;对于相同或者相似的交易或者事项,不同企业应当采用一致的会计政策,以使不同企业按照一致的规则提供有关会计信息。

(5) 实质重于形式。企业应当按照交易或者事项的经济实质进行会计确认、计量和报告,不应仅以交易或者事项的法律形式为依据。如果企业仅仅以交易或者事项的法律形式为依据进行会计确认、计量和报告,那么就容易导致会计信息失真,无法如实反映经济现实和实际情况。

(6) 重要性。会计信息应当反映与企业财务状况、经营成果和现金流量有关的所有重要交易或者事项,对于重要的事项应当详细地反映。

(7) 谨慎性[2]。会计人员对交易或者事项进行会计确认、计量和报告时应当保持应有的谨慎,不应高估资产或者收益、低估负债或者费用。

(8) 及时性。对于已经发生的交易或者事项,应当及时进行确认、计量和报告,不得提前或者延后。

1.3 会计工作管理

1.3.1 会计管理体制

在我国,会计管理遵循"统一领导、分级管理"的体制。财政部门负责统一管理会计事务,财政部会计司负责全国会计事务管理,各级财政部门负责管理本地区会计事务。

---

[1] 如果把财会工作比作是映射一个单位经济活动镜子的话,那么这面镜子绝对不能是面哈哈镜,不能扭曲反映事实真相,从事剪切和编辑的专业人士也必须站在客观中立的立场,不能有意隐瞒或遗漏重大事项,能够及时并如实地反映该单位的经济活动,这样阅览者才能通过财会工作所呈现的"照片"和"录像",真实地把握并准确地判断被披露单位的财务信息,并据此做出正确的决策。

[2] 谨慎性又称稳健主义原则,是指在会计处理中,当有多个可供选择的处理方法时,应当选择那种成本和费用高估或提前确认、收入低估或延后确认的方法,其目的就是要将利润低估或延迟得到确认。选择谨慎性的处理方法,是基于增强单位财务实力的要求所做出的选择,由于单位面临的市场风险无时不在无处不有,所以每一个单位都应当有足够的财务实力来应对可能发生的风险,通过低估或延迟确认利润的方法,可以少交或延迟纳税、少分或延迟分配利润,使更多的财务资源留在单位内部,单位的财务实力从而抗风险能力就增强了。

财政部会计司作为主管全国财会事务的行政管理部门,负责制定并组织实施全国性的财会工作规范,负责对财会从业人员进行统一管理,负责对注册会计师行业进行监督、指导,制订注册会计师行业规章制度和政策措施。

会计职业团体如注册会计师协会是在会计行政管理部门领导下发挥着行业自律的作用,在会计活动管理中不占主导地位,协助政府管理会计活动。中国会计学会则负责组织协调全国会计科研力量,开展会计理论研究和学术交流,促进科研成果的推广和运用,以及研究和推动会计专业人才的培养与教育工作。

1.3.2 会计制度规范

财会制度规范主要分三个层次,第一层次是《中华人民共和国会计法》(以下简称《会计学》);第二层次是会计准则、财务规则和会计制度;第三个层次是由各单位制定并实施的单位内部财会制度(见图1-3)。

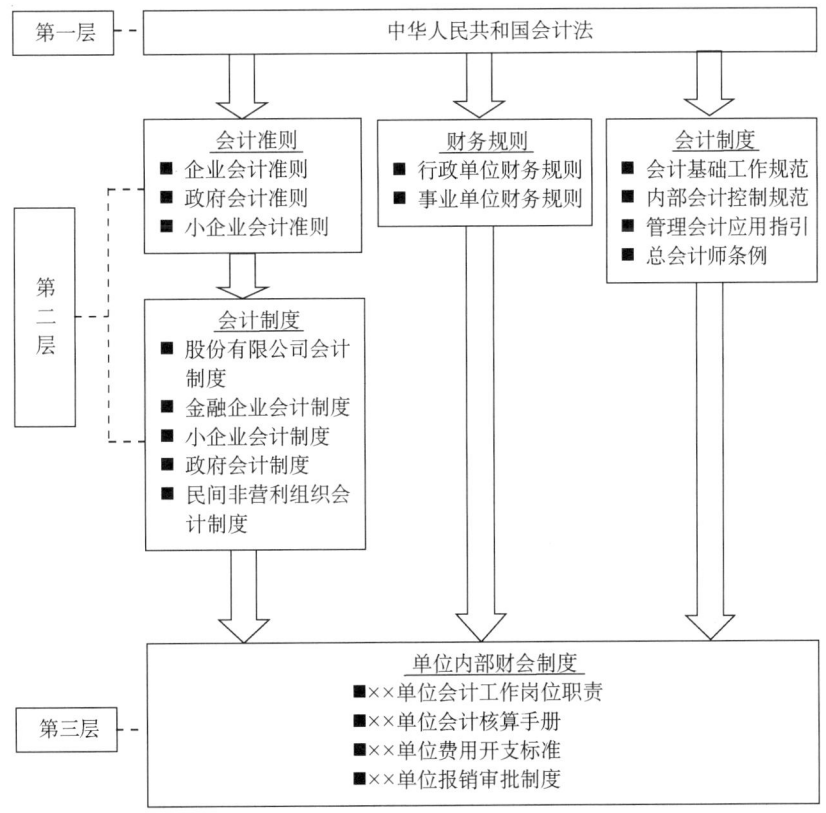

图1-3 财会规范体系

《会计法》是1985年1月21日由第六届全国人民代表大会常务委员会第九次会议通过,后经多次修正。《会计法》对规范会计行为,保证会计资料真实、完整,加强经济管理和财务管理发挥了重要作用,是指导和规范会计行为的母法,在整个会计法律制度中处于最高地位。

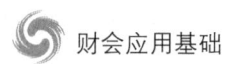

第二层次的制度规范是会计准则、财务规则和会计制度。具体包括《企业会计准则》《政府会计准则》《小企业会计准则》《行政单位财务规则》《事业单位财务规则》《会计基础工作规范》《内部会计控制规范》《管理会计应用指引》《总会计师条例》《企业财务会计报告条例》《股份有限公司会计制度》《金融企业会计制度》《小企业会计制度》《民间非营利组织会计制度》和《政府会计制度》等。

第三层次是各单位在根据国家统一财会制度规范的基础上，自行制定的单位内部财会制度，单位内部财会制度必须符合国家统一财会制度规范的要求，结合本单位的具体情况，以满足单位内部管理的需要。

1.3.3 会计人员管理

1) 注册会计师执业资格管理

注册会计师是指从事独立审计工作的专业人士，由于审计工作主要对单位会计信息的真实性、合规性和完整性提供鉴证工作，所以注册会计师的独立、客观和公正就成了其执业的基本道德要求，同时注册会计师的专业能力也是其能否胜任的重要保障。目前对注册会计师资格的确认、执行业务的条件、范围和工作规则等都有严格规定，如必须通过严格的专业业务考试才能获得注册会计师资格，对注册会计师执行诚信管理等。

2) 其他财会人员从业管理

目前对注册会计师以外的其他会计从业人员没有具体的资格要求，只要能够胜任财会工作，由用人单位自主录用，但对于从事会计工作岗位的人员必须进行继续教育的学习，同时进行诚信管理。根据财政部关于加强会计人员诚信建设的指导意见，对于提供虚假财务会计报告、做假账、隐匿或者故意销毁会计凭证、会计账簿、财务会计报告、贪污、挪用公款、职务侵占等与会计职务有关违法行为的会计人员，将作为严重失信会计人员列入"黑名单"，纳入全国信用信息共享平台，依法通过"信用中国"网站等途径，向社会公开披露相关信息；对于严重失信会计人员，依法取消其已经取得的会计专业技术资格，被依法追究刑事责任的，不得再从事会计工作。支持用人单位根据会计人员失信的具体情况，对其进行降职撤职或解聘。

3) 专业技术资格管理(职称)

会计专业技术资格是指担任会计专业职务的任职资格，是从事会计专业技术工作的条件。会计专业职务分初级、中级、高级三个级别，具体有正高级会计师、高级会计师、会计师、助理会计师。正高级会计师和高级会计师为高级职务，会计师为中级职务，助理会计师为初级职务。获得会计专业技术资格的途径是参加财政部、人事部共同组织的全国统一考试，并且成绩合格。对于高级会计师资格实行考试与评审相结合的评价办法，凡申请参加高级会计师资格评审的人员，须经考试合格后，方可参加评审，评审合格后才能获得正高级和高级会计师资格。

1.3.4 会计档案管理

会计档案是指是指单位在进行会计核算等过程中接收或形成的、记录和反映单位经济业务事项的、具有保存价值的文字、图表等各种形式的会计资料,包括通过计算机等电子设备形成、传输和存储的电子会计档案。

会计档案的管理要按照财政部和国家档案局发布的《会计档案管理办法》相关规定执行。单位要建立和完善会计档案的收集、整理、保管、利用和鉴定销毁等管理制度,采取可靠的安全防护技术和措施,保证会计档案的真实、完整、可用、安全。

1.4 树立必要的财会观念

1.4.1 财会就在身边

现代社会,人人都离不开财会工作。即使不是财会专业人士,财会也时时伴你我左右。如果你是上班族,那么在工作中取得工资薪金收入,需要缴纳个人所得税,要利用薪资安排好家用,要规划好眼前的生活和长远的投资与置业;如果你是自谋职业者,需要培养兴趣与专长,需要利用自己的兴趣与专长去发现收入机会,需要认真比较各种机会的得失,谋求收益的最大化;如果你是个创业者,那更不能没有财会工作,需要从财务的角度分析创业项目,计算和比较创业项目的收入与成本,需要通过适当的渠道筹集所需资金,需要控制成本与费用支出。

了解财会知识,你将受益终生。财会处理系统就是一套财务数据的收集、分类、整理和报告的技术,有了财会知识的支持,生活会更滋润,工作会更有效。运用财会技术来安排生活,生活会条理有序,将会从容面对生活中各类有形和无形的财务支出,从容面对生活中的困难与不测,合理地安排股票投资、房产置业与子女教育;工作中有了财会手段的支持,工作会有条不紊,做什么事都能心中有数,将是工作中的明白人。

人人都应当有财会观念。成本、盈利与风险意识,是职场必备的财务素质,公司无论大小,都要节约开支、杜绝浪费,节约每一分钱、每一度电、每一张纸。节约就是在赚钱。

1.4.2 站在企业的高度看财会

财会工作是企业管理的重要组成部分,是公司经营管理决策的参谋与助手。公司的重大投资决策、股利政策、产品研发、市场拓展、定价策略、成本控制、供应商选择、客户的甄别等,都离不开财会信息强有力的支持,都需要财会人员日常对公司每一笔经济业务所涉及经济信息的采集、汇总和加工处理。以公司的投资决策为例,投资项目的选择,财会人员需要预先对所有可行项目进行比较,准确地测算每个项目的现金流,详细地分析不同项目的成本与效益,再交由管理层拍板定案。财会人员还需要在管理层确定的投资项目后,进一步编制项目预算,安排和筹集项目所需的资金,编列相关成本与费用预算,等等。财会工作是企业管理的参谋与助手。

财会工作与业务管理工作密不可分、融为一体。作为一个职能管理部门,财会部门是独立的,但作为一项工作,财会工作与业务工作是互有你我的关系。业务工作脱离财会工作就成了盲人摸象,行事只能凭经验、拍脑袋。同样,财会工作离开了业务活动,就成了无源之水、无本之木。公司管理者必须将财会工作与业务工作紧密地结合起来,管理的效率才能提升、价值的创造才能倍增。

财会人员与业务人员一样,参与企业的价值创造。业务活动是从"物"的角度推动公司的价值创造,而财会工作则是从"钱"的角度推动公司的价值创造。财会人员作为公司经济业务活动的直接参与者和谋划者,不仅直接参与业务活动的管理,提升经营效率,实现更大的收益,还可以通过成本管理、费用控制等专业管理活动,增加经营活动的收益。更重要的,财会人员可以通过理财活动、税收筹划、资金管控等渠道,直接创造价值,那些认为财会人员不创造价值、财会部门纯属管理的观念,显然是狭隘的、短视的,已完全落伍于现代市场经济的大潮。

1.4.3　强化风险意识、树立时间成本观念

财会工作始终把风险放在重要的位置。在财会人员心目中,风险与收益是对等的,一个项目的收益越大,该项目的风险就越高,公司管理者应当时刻谨记风险。首先要建立防范风险的预警机制,密切关注风险的变化趋势,要设置风险警戒线,当风险累积达到临界点时触发风险警报;其次要制定应对风险的对策和预案,以控制可能的损失或降低相应损失。业务方面,要密切关注政策变化、社会环境变化、市场客户需求变化、原材料供应市场变化、技术更新或突破、替代产品或新产品的情况、竞争者策略与价格波动,由业务部门牵头制定相应的业务风险应对预案;财务方面,要时刻关注支付能力、债务的期限与额度、公司内部资金需求动态、公司外部的利率与汇率变动、融资可得性及融资成本的变化、税收政策的变化、政府补助政策等。财会部门需要预先制定好相应的预案,防止引发财务风险、控制可能发生的损失。

一笔同等数额的钱,在今天的价值与一年前的价值是不一样的,这就是货币的时间价值,或称时间成本。财会人员在进行重大投资决策和融资决策时,始终需要坚守这种时间价值观念,必须把时间因素产生的成本(如利息等)加进去综合考虑,才能得到决策所需的正确信息。在涉及一个长时间的项目时,时间价值的影响就更大,尤其需要牢记资金的时间价值观念。

1.5　更进一步了解财会职业

1.5.1　会计工作的产生与发展

为了记录生产实践过程,反映劳动成果,产生了早期的簿记工作。随着生产活动的进一步发展,社会分工越来越具体,生产管理越来越复杂,专职于对生产过程和劳动成果进行记录活动的簿记工作就逐渐从生产中分离出来,成为专门的职业,于是就产生了早期的会计(称作"账房"或"簿记")。

早期的会计只是生产活动的附带部分。原始社会,由于很少有剩余产品,人们仅凭大脑来记忆生产过程和劳动成果。随着生产力的提高,剩余产品增加,就开始对生产过程和劳动

成果进行记录和计量,于是就产生了"结绳记事"和"刻木记数"等简单的记录和计量活动,此时的记录活动也仅仅是生产劳动的一部分,并没有分离出专门的人员来进行,这是会计的最初萌芽。

随着生产力的进一步发展,记录活动逐渐从生产中分离出来,成为专门的职业。在我国,西周时设有专职的"司会"和"司书"官职,隶属于御史大夫,专门对朝廷的财政收支进行记录与核算,并定期向最高统治者报告。唐宋时期的"四柱结算法"表明我国古代会计已经发展到相当高的水平。明清时期,中国资本主义开始萌芽,民间商业出现了"龙门账"和"四脚账",将各项经济业务反映为来和去两个方面,使单式记账向复式记账迈出了一大步,这标志着我国复式记账法的正式产生。清代学者焦循在其著作《孟子正义》中对会计进行了说明:"零售算之为计,总合算之为会"。

"四柱清册""龙门账"和"四脚账"标志着不同历史时期我国会计核算方法的发展成就,为复式记账贡献了中国方案。

"四柱结算法"产生于唐中期,成于宋代,其基本原理是将全部经济活动分为"旧管""新收""开除"和"实在"的会计结算四大要素(四根支柱),其关系是"旧管+新收-开除=实在",相当于现代会计的"期初余额+本期增加发生额-本期减少发生额=期末余额",通过四柱平衡公式,结算财产物资增减变化及其结果。官府办理钱粮报销或移交,要编造"四柱清册"。

"龙门账"的诞生标志着我国复式簿记的产生。明末清初山西商人傅山,参考官厅会计的"四柱清册"记账方法,设计出应用于民间商业的"龙门账"。龙门账将全部账目划分为进、缴、存、该四大类,"进"指全部收入、"缴"指全部支出、"存"指全部资产、"该"指负债和业主的投资。在年终办理结算时,计算"进"与"缴"的差额和"存"与"该"的差额,平行计算盈亏。"进"大于"缴"就是盈利,反之则为亏损。它与"存""该"的差额相等。运用"进-缴=存-该"的平衡公式进行核算,设总账进行"分类记录",并编制"进缴表"(即利润表)和"存该表"(即资产负债表),实行双轨计算盈亏,在两表上计算得出的盈亏数应当相等,称为"合龙门",以此核对全部账目的正误。

清代的"四脚账"也称"天地合账",是在"四柱清册""龙门账"等的基础发展出来的比较成熟的中式复式记账方法。"四脚账"对包括现金收支和非现金往来的每一笔账项既登记"来账",又登记"去账",遵循"有来必有去、来去必相等"的规律反映同一账项的来龙去脉。"四脚账法"编制"彩项结册"和"存除结册"两个会计报表,分别相当于现代会计的"利润表"和"资产负债表","结册"分为上下两格,上格列示"来账",下格列示"去账"。"彩项结册"的来方分项列示本期发生的全部收益,去方分项列示本期发生的各项支出和财产损失;"存除结册"的上格又称"天方",反映资本(或股本)、负债和本期利润,下格称为"地方",反映资产和债权。

古巴比伦、古埃及、古希腊和古罗马等也都出现了簿记活动。在欧洲,系统的复记簿记诞生于资本主义萌芽时期的意大利,伴随着十字军东征和地中海贸易的繁荣,出现了大量合伙经营的商业形式。1211年,佛罗伦萨银行采用借贷记账法。1494年意大利数学家卢卡·巴其阿勒出版了《算术、几何、比与比例概要》,详细地阐述了借贷记账原理,标志着现代会计的正式产生。

  卢卡·巴其阿勒,是意大利文艺复兴运动时期的著名数学家,主要研究数学与簿记学,是天主教的修道士。1494年在威尼斯出版《算术、几何、比与比例概要》(又称《数学大全》),标志着现代会计的形成,该著作的第三部分"计算与记录详论"共37章,是"为及时向商人提供关于资产和负债的信息"而编排的簿记学内容,集中论述了现代会计的借贷记账法等内容,卢卡·巴其阿勒也因此被后人尊为"会计学之父"。

  进入十九世纪,随着工业革命的成功和生产技术的改进,工厂制度进一步确立,机器大工业取代了手工作坊,生产规模空前扩大,生产过程更加复杂,产生了巨额的设备投资,固定资产逐渐成为重要的生产资料,于是就出现了折旧思想,出现了"折旧会计"与"成本会计"。随着美欧铁路运输业的迅速发展,持续经营的企业需要大量资本,特别是十九世纪下半叶以后,股份公司得到进一步发展,投资者更加关心投资报酬,这就要求严格区分资本投入与投资收益。与此同时,报表审计制度也逐渐形成,1854年苏格兰成立了世界上第一个皇家特许会计师协会,独立的审计制度开始确立。

  进入二十世纪二十年代后,特别是第二次世界大战以来,市场竞争加剧、科技发展迅速,在以"泰罗制"为标志的科学管理理论与方法日益兴盛,特别是股份公司制度的进一步完善,会计又进一步分成财务会计(financial accounting)和管理会计(management accounting)两大分支。前者又称对外报告会计,主要向企业外部利益集团提供相关会计信息;后者则主要则侧重于为企业内部的预测、决策、规划与控制提供信息,所以又称为对内会计。

  中华人民共和国成立后,我国会计核算制度也经历了从高度集中的计划经济体制向市场经济转变的历程。中华人民共和国成立初,在借鉴苏联高度集中的计划经济体制的基础上,由中央人民政府主导建立了全国统一的财务与会计制度,并逐步形成了分所有制,分部门,分行业的统一会计核算制度,为恢复和发展国民经济发挥了重要作用。随着改革开放所带来的市场化经济制度的逐步确立与深入,1992年进行了一场全面的会计制度改革,按照国际惯例设计会计核算制度,并建立了以《中华人民共和国会计法》为基础、以会计准则和会计制度为内容的完整的会计核算规范;2019年1月1日实施的政府会计准则和政府会计制度,标志着我国的会计工作全面进入权责发生制时代。

  会计发展的实践证明,经济越发展,会计越重要。会计最初只是生产活动的附带部分,随着生产实践的发展,会计逐渐分离出来,成为专门的职业。通过会计对经济活动信息的记录与报告,也反过来进一步规范经济活动,推动经济发展。

1.5.2 财会人员的继续教育

  财会工作法规性强、技术变化快,财会人员如果不及时更新知识,提升专业技能,很难适应财会工作需要。为此,财会人员应当主动参加继续教育学习,自觉更新专业知识、掌握最新的政策法规。

根据《会计专业技术人员继续教育规定》(财会〔2018〕10号),具有会计专业技术资格的人员,或不具有会计专业技术资格但从事会计工作的人员应当参加继续教育学习,每年要完成规定的继续教育学分,并在会计专业技术人员继续教育信息管理系统中登记。根据规定,会计专业技术人员继续教育内容包括公需科目和专业科目。其中,公需科目包括专业技术人员应当普遍掌握的法律法规、政策理论、职业道德、技术信息等基本知识,专业科目包括会计专业技术人员从事会计工作应当掌握的财务会计、管理会计、财务管理、内部控制与风险管理、会计信息化、会计职业道德、财税金融、会计法律法规等相关专业知识。

1.5.3 财会人员的职业操守

财会人员的职业操守是财会人员的职业道德①和行为规范。强调财会人员职业操守是因为财会工作岗位的特殊性:①直接与单位的财务资产打交道,而钱财这种财务资产又非常敏感;②为单位内外提供有用其决策所需的财务信息,需要客观公正;③要提供专业化服务,既要有专业水准,又要会沟通协调。

会计人员在会计工作中应当遵守职业道德,树立良好的职业品质、严谨的工作作风,严守工作纪律,努力提高工作效率和工作质量。

1) 敬业爱岗、甘于奉献

财会人员应当热爱本职工作,忠于职守,尽心尽力,尽职尽责;要努力钻研业务,熟悉财经法律、法规、规章和国家统一会计制度,使自己的知识和技能适应所从事的财会工作要求。

(1) 敬业爱岗是财会人员的工作态度,也是岗位责任。财会人员要努力钻研业务,增强提高专业技能的自觉性和紧迫感,不断更新知识,勤学苦练、刻苦钻研、不断进取,提高业务水平和工作能力,改进工作方法,以敬畏之心和感恩之心来履行岗位职责,要深知自己的这份财会工作是个人和家庭的生活所依。

(2) 敬业爱岗是财会人员的工作情怀。财会人员要把财会工作视为自己的事业,是自己人生道路上的职业追求,所以要热爱本职工作,安心本职岗位,要有高度的荣誉感和使命感,要有为财会事业献身的精神。

2) 诚实守信②、客观公正

财会人员要谨慎执业,信誉至上,不为利益所诱惑,不弄虚作假。

(1) 要诚实守信。财会人员必须具备很好的品行,诚实做人、朴实本分,要做老实人、办老实事、说老实话,要有一个良好的工作心态,踏踏实实、勤勤恳恳。

(2) 要廉洁自律。财会人员要公私分明、遵纪守法、清正廉洁,面对单位的钱财、他人的钱财、来路不正的钱财,要不贪不占,不慕虚荣,要靠自己的诚实努力、踏踏实实的工作,获得心安理得的收入。

(3) 要客观公正。办理会计事务应当实事求是、客观公正。要根据实际发生的经济业

---

① 财政部《会计基础工作规范》(2019年修订)第二节对会计人员职业道德有着详细规定。
② 《关于加强会计人员诚信建设的指导意见》(财会〔2018〕9号)要求对财会人员建立诚信档案,并明确规定会计人员守信激励和失信惩戒机制,以推动会计行业提高诚信水平。

务、合法合规的原始单据、制度规定的会计处理方法进行凭证、账簿和报表处理,坚持不做假账;要端正态度、依法办事,实事求是,不偏不倚,保持应有的独立性,要抵制一切违法乱纪、贪污腐败行为。

3) 坚持准则制度、自觉遵纪守法

财会人员要熟知国家和单位的财会法规和制度,并自觉遵照执行。

(1) 财会人员要掌握国家法律、法规和国家统一的会计制度,始终坚持按法律、法规和国家统一会计准则制度的要求进行会计核算,实施会计监督,按照规定的程序和要求进行会计工作,保证所提供的会计信息合法、真实、准确、及时、完整。

(2) 财会人员不仅要自觉执行有关财会法规和单位内部规章制度,严守法纪,坚持原则,还应当结合财会工作实际对财会法规和制度进行广泛宣传,让其他相关人员能够理解和支持财会法规的实施。

(3) 财会人员要保守本单位的商业秘密。除法律规定和单位领导人同意外,不能私自向外界提供或者泄露本单位会计信息。做到不该知道的不问,不该说的不说,不该看的不看,不该记录的不记录。假话绝不说,真话不全说。

4) 积极参与经营管理、做好财会服务

财会人员应当树立为单位业务经营和管理活动提供专业化财会服务的思想,要具有热情服务的良好工作态度,在实施财会监督中要体现服务,服务中实现监督,把监督和服务有机的结合起来。

财会人员要参与经营管理①。财会人员要努力钻研经营管理技能,要熟悉本单位经营活动和业务流程,运用掌握的会计信息和财会方法,主动为业务经营和管理活动提出合理化建议。

讨论与练习

1. 查阅相关文献资料,请说明我国会计法律法规体系的组成。
2. 查阅《公司法》等相关法规,说明独资企业、合伙企业、股份有限公司和有限责任公司的主要特点。
3. 为什么说"会计是经济信息系统"?你是如何看的?
4. 阅读以下材料,说明为什么财会观念与你很近,在生活和工作中哪些事需要嵌入财会思维?

【阅读材料 1-1】中国最节约的企业家

宗庆后经常说的一句话就是:苦惯了。衣服只要合身舒服就穿,从不在乎什么名牌,一般都只在百元上下;吃东西不挑三拣四,豆腐、咸菜是他的最爱,一天三餐几乎都在公司食堂解决;通报、指示一直都在废纸的背面书写;作为中国顶级富豪,宗庆后每天的消费不会超过 50 元。当选为中国最节约的企业家,宗庆后当之无愧。

---

① 业财融合又称业务财务,是财务职能变革的趋势。财务不再是躲在后方记账,而是走向前台,变身为业务伙伴,直接参与业务经营,为其提供专业化财会服务。

1　身边的财会

与之相呼应,娃哈哈也是一个以"省钱"出名的企业,很难想象一个全国饮料业的龙头老大,其办公楼竟然在一个6层的小楼中,上面只有"娃哈哈"三个字显示着它的身份。据娃哈哈的一些老员工说,这还是后来重修的,刚开始的时候"楼更破",娃哈哈这么多年来,丝毫不铺张浪费,依然坚持着创业时期的艰苦朴素。

一分一厘,当思来之不易,宗庆后说"娃哈哈作为饮料企业,一瓶水只挣几分钱"。人必内敛而后才有爆发力,这也验证了娃哈哈这几年何以取得骄人的业绩。

【阅读材料1-2】办公室节约八项措施

(1) 节约用电。白天工作时间,办公室不开电灯,尽量使用室外光源;公共过道、卫生间的电灯根据需要开启并随手关闭。各部门电脑、打印机、饮水机等电器下班前及时关闭,并切断电源。

(2) 节约用品。严格审批和控制办公用品购买、使用、发放数量。

(3) 正确使用非易耗办公用品。保证电脑、打印机、传真机等设备运行良好;对外打印、复印实行领导审批、内部登记制度。

(4) 节约耗材。文件草稿的打印、复印用纸能省则省,充分发挥办公自动化设备的作用,尽量在电脑上修改材料,减少重复打印次数;在确保安全保密的前提下,提倡纸张双面使用;能传阅的文件资料尽量传阅,减少复印。

(5) 节约通信费用。控制固话、移动电话的费用,根据工作需要,提倡言简意赅,做到长话短说,缩短通话时间。

(6) 节约油费、停车费。尽量减少使用机动车出车次数,外出办事用车要严格审批,提倡公共出行方式。

(7) 节约用水。水龙头尽量开小,用完随手关闭,经常检查供水设备,杜绝跑、冒、滴、漏等浪费现象。

(8) 财务部门及主管领导,要加强对单位办公经费预算的审核和使用情况的监管,发现铺张行为要坚决制止。

【阅读材料1-3】财务分析:明明白白炒股票

沃伦·巴菲特是当今世界最具有传奇色彩的证券投资家,他以独特、简明的投资哲学和投资策略投资可口可乐、吉列、所罗门兄弟投资银行、通用电气等著名公司股票而大获成功,是《福布斯》富豪榜上榜常客。

不可思议的是,这位掌管着庞大的投资资金的世界股王,竟是在美国一个远离大城市的西部小镇奥马哈创造着证券投资的奇迹。他不靠内幕消息,也不搞坐庄的勾当,他甚至没有交易员队伍,没有屏幕,没有价格图表,没有计算机,他唯一的"武器"就是几十年来的报纸和公司年报——巴菲特就是靠严谨的财务分析取得了连续32年战胜市场的纪录。巴菲特每天的主要工作,是对各种财务报表和公告进行研究,对公司、行业进行调查,从中进行艰苦细致的筛选。尤其是当他打算投资某一家公司时,一定要查阅有关公司的全部年度报告,了解公司的发展状况及策略,甚至到公司进行实地考察。他的投资逻辑是最终决定公司股价的是公司的实质价值,因此,他总是要选择产品简单、易了解、前景看好且财务稳健、经营效率高、收益好、资本支出少、自由现金流量充裕的公司股票进行投资。他投资的股票,很多属于老牌的传统企业,但都是行业中的位佼者,市场占有率很高,从而得到了丰厚的回报,如吉列(剃须刀)的股价翻了 3 倍,可口可乐(饮料)股价翻了 5 倍,大都会股价从 17.25 美元涨到了 80 美元以上;GEICO,初期投入 4 600 万美元,到二十世纪九十年代市值 17 亿美元。

其实不只是巴菲特,许多投资大师的成功秘诀,也都是被我们许多投资者不以为然但事实上却极其有效的财务分析。号称美国"共同基金之父""世纪投资大赢家"的股市奇才罗伊·纽伯格,他总结出成功投资的十原则,其中之一便是"认真分析公司状况,包括领导班子、公司业绩及公司目标。尤其需要认真分析公司真实的资产状况,包括设备价值及每股净资产"。

公司的财务状况反映了公司生产经营各个方面的状况。公司是以盈利为目的的,所以通过财务分析,就可以知道公司占用了多少资产,欠了其他公司多少债务,净资产是多少。要想成为一名成功的股民,就必须对公司的财务状况进行独立分析,以做出是否购买该公司股票的决定。通过财务分析,可以在股市上找到成长性好、债务情况良好、将来会给投资者以丰厚回报的好股票。

也有许多投资者认识到了财务分析的重要性与必要性,但看到那一版版密密麻麻的数字,一个个纵横交织的表格,又感到自己力不从心,不知从何下手。确实,进行财务分析需要具备一定的财务知识,但作为一般投资者,是否就真的不能看懂财务报表呢?其实也并非如此,我们只要明确了财务分析的主要目的,掌握了财务分析的基本方法,就同样可以熟练地阅读财务报表,准确地进行财务分析。

2 学会判断一个公司的财务实力

> 判断一个公司的财务实力,需要观察其财务报告,公司的财务报告由主表、附表及报表附注组成的报告体系。
>
> 通过阅读与分析资产负债表可以把握公司的财务状况,了解其偿债能力;阅读利润表来了解公司在过去一段时间里的经营成果或盈利水平;分析现金流量表知悉公司的在过去一年或一段时间的现金流情况;股东权益变动表则是披露股东向公司投资的保值增值情况。
>
> 每张报表都从不同的侧面反映财务情况,需要综合分析各项报表才能从总体上把握一个公司的整体财务实力。

2.1 公司盈利能力的披露——利润表

2.1.1 利润表的格式

投资一个公司或者购买一个公司的股票,首先要看该公司的盈利能力怎么样,即通常所说的该公司是否能赚钱,而要了解一个公司是否能赚钱,就需要分析该公司的利润表。

表 2-1 是 ABC 公司的简化的利润表[①],这个报表为我们提供了 ABC 公司的利润形成过程,具体分为三个步骤来披露公司的利润是如何形成的。

表 2-1 利 润 表

编制单位:ABC 公司　　　　　　20×5 年 12 月　　　　　　会企 02 表
单位:元

项目	本月数	本年累计数
一、营业收入	330 350	4 583 700
减:营业成本	223 830	3 105 450
税金及附加	16 500	233 850

---

① 利润表(income statement)是公司第二报表,反映一个公司在一定时期(年度、季度或月份)里利润的形成过程,根据会计第二公式"收入-费用=利润"来设计的;利润表的结构分为单步式和多步式两种,按照我国会计准则的规定,利润表采用多步式结构。

(续表)

项目	本月数	本年累计数
营业费用	8 950	90 340
管理费用	22 500	198 500
财务费用	6 520	59 600
二、营业利润	52 050	895 960
加:营业外收入	1 250	32 400
减:营业外支出	3 500	6 500
三、利润总额(亏损总额以"－"号填列)	49 800	921 860
减:所得税费用	12 450	230 465
四、净利润(净亏损以"－"号填列)	37 350	691 395

第1步：从营业收入开始，减去营业成本、税金及附加，再减去营业费用、管理费用和财务费用后，确定企业的营业利润。

第2步：从营业利润开始，加营业外收入，减去营业外支出后，计算确定利润总额。

第3步：在利润总额的基础上，扣除所得税费用后，确定最终净利润。

2.1.2 阅读理解利润表

单独看ABC公司本月的利润表数据，可以从以下几个方面来观察：

1）毛利率水平

$$毛利率 = \frac{营业收入 - 营业成本}{营业收入} \times 100\% = \frac{330\,350 - 223\,830}{330\,350} \times 100\% \approx 32.24\%$$

ABC公司的毛利率是32.24%，表示公司每完成100元的销售额可以获得32.24元的毛利。

毛利率水平判断公司的盈利能力。在市场化程度较高的环境下，同一个行业公司的毛利率具有指标意义，对比与ABC公司同行业的其他公司的毛利率水平，如果ABC公司的毛利率水平与同行业平均毛利率水平相差悬殊，一种可能是该公司的采购成本过高，也可能存在采购人员工作不力或有舞弊行为；另一种可能则是财务报告不真实。

2）盈利保障程度

ABC公司的利润总额包括营业利润和营业外收支两部分，共计49 800元。由于营业利润是日常活动产生的，具有重复性或可再生性的特点，而营业外收支一般是偶发因素带来的收入，如接受捐赠收入、罚款支出等，营业外收支具有很大的不确定性。从ABC公司的利润表看，营业利润为52 050元，是公司利润总额的直接决定性因素，营业外收支净额(营业外收入－营业外支出)为－2 250元，对公司的利润总额虽有影响，占4.5%，影响不大，这说明ABC公司的未来的盈利将会比较稳定，是有保障的。

3）费用支出

在利润表上，费用支出有四类(见表2-2)。①税费支出，包括税金及附加和所得税费用,这两项税费是根据相关税法等的规定计算缴纳的支出,是刚性支出,在分析时可不作为主要关注项目;②营业成本,营业成本是为获得营业收入而发生的采购成本(流通类和服务类企业)或制造成本(生产类企业),它是营业收入的直接扣减项,用以确定营业毛利;③营业外支出,营业外支出是指与日常生产经营无直接关系的各项偶发事项的支出,如对外捐赠支出、罚没支出、非常损失、处置固定资产净损失等,由于此项目在不同时期的波动性比较大,所以在分析公司的盈利趋势时,通常需要将营业外支出连同营业外收入一并忽略掉;④期间费用,具体包括营业费用、管理费用和财务费用三项,ABC 公司本月的期间费用总额为 37 970 元,约占营业收入的 11.5%,而其中的管理费用一项就占到期间费用总额的约 60%。

表 2-2 利润表中费用支出项目分析要点

类别	具体项目	具体含义	关注要点
营业成本	(1) 主营业务成本	公司主要经营活动的成本,如生产企业已销售产品的制造成本,流通企业已销售商品的进货成本等	营业成本是为获得营业收入而发生的成本支出。主营业务成本是关注的重点,占比越大,对公司未来的成本预测越有价值
	(2) 其他业务成本	公司附营业务活动的成本	
期间费用	(1) 营业费用	营业费用是销售环节发生的费用,如广告费、销售人员及销售机构经费等	期间费用是本期收入的直接抵减项,应当控制费用支出额度,特别是管理费用,由于其具体内容杂而乱,是管控的重点 分析时可与前期支出情况、预算支出情况进行对比分析
	(2) 管理费用	管理费用是行政部门及公司管理团队的各项支出	
	(3) 财务费用	财务费用中融资成本,包括利息支出、银行手续费及汇兑损益等	
税费支出	(1) 税金及附加	流转税类项目支出,如消费税、城市维护建设税、资源税、教育费附加及房产税、土地使用税、车船使用税和印花税等	按照税法及相关法规的规定计算的刚性支出
	(2) 所得税费用	公司所得税支出	
营业外支出	营业外支出	包括债务重组损失、捐赠支出、非常损失、盘亏损失等	属于偶发支出,与日常生产经营活动不产生直接关联,支出的金额越少越好

2.2 公司财务状况的披露——资产负债表

2.2.1 资产负债表的格式

通过利润表可以了解公司在过去一段时间(如一个年份、一个季度或一个月份)里的盈利情况,但有了盈利并不能说明公司的资金是充裕的,能不能拿出足够的资金去支付工资、交纳税款、采购货物、对外投资或偿还债务,这就需要进一步了解公司的支付能力和偿债能力,资产负债表[1]正是指反映公司在某一特定日期(如月末、季末、年末)财务状况的主要报表。表2-3是一张资产负债表的简化格式。

表2-3 资产负债表(简式)

资产	负债及所有者权益
一、流动资产 　　1. 货币资金 　　2. 应收账款 　　3. 存货 　　…… 二、非流动资产 　　1. 长期股权投资 　　2. 固定资产 　　3. 无形资产 　　……	一、流动负债 　　1. 短期借款 　　2. 应付账款 　　…… 二、非流动负债 　　1. 长期借款 　　…… 　　负债合计 三、所有者权益 　　1. 实收资本或股本 　　……
资产总计	负债及所有者权益总计

仔细观察资产负债表可知:

(1) 资产负债表分左右两方,左方为资产[2]项目,右方为负债[3]和所有者权益[4]项目,根据会计第一公式可知,左侧资产总计应当等于右侧负债和所有者权益总计。

(2) 左侧资产内部各项目按照流动性大小或变现能力[5]的强弱来排列。流动性越大、变现能力越强的资产越往前排,流动性小、变现能力弱的资产往后排,依此顺序,左侧资产项目

---

[1] 资产负债表(balance sheet)是会计第一报表,用来反映某一时点的财务状况信息。如果把利润表看成是反映公司一段时间经营情况的动态录像,那么资产负债表则是反映公司在特定时间点(如每个月的30日、年终、季末和月末)财务状况的一张静态照片,连接上个月月末和这个月月末的两张静态照片之间的变化过程,就是利润表和现金流量表的动态录像;资产负债表有两种格式,一种是左右账户式,另一种是上下报告式,其中账户式结构是根据会计第一公式"资产=负债+所有者权益"来设计的,报告式结构则是根据"资产-负债=所有者权益"设计的。根据我国会计准则的规定,资产负债表采用账户式结构。

[2] 资产是一个公司所拥有或控制的、赖以进行生产经营活动的经济资源,如厂房、设备、原材料、应收账款和银行存款等。

[3] 负债是一个公司欠外部各类债主的债务,如欠银行的各种长短期借款、欠税务部门的税款、欠职工的薪酬、欠供应商的进货款等。负债是公司在未来需要动用资产来偿还的,站在银行和供应商等债权人的角度看,公司的一部分资产是属于债权人的,所以这部分属于债权人的资产称为债权人权益或负债;从偿还时间上看,公司的负债如果需要在一年内偿还,称作流动负债,如果偿还的时间长于一年,称作非流动负债。

[4] 所有者权益是公司全部资产中在扣除属于债权人部分后剩余的部分,这部分资产是属于公司的投资人或公司股东的资产,又称为公司的净资产或净权益。所有者权益加上债权人权益,就是对公司全部资产的要求权,即公司的全部资产一部分归债权人、剩下的归所有者(投资人或股东),所以"资产=权益"或"资产=负债+所有者权益"。

[5] 流动性大小或变现能力强弱是指某个资产项目通常在多长时间里可以转化为该公司用于支付的资源,通常应收账款和存货等可以在一年内变现的,表示能够在一个年内转化为用于支付的资源,这种可以在一年内变现的资产项目统称为流动资产;厂房和设备等则属于非流动资产,因为它们一般是在多年内继续使用,不能在一年内变现收回。

分别是流动资产、长期投资、固定资产①、无形资产②等。

（3）右侧的负债与所有者权益项目按照权益顺序排列。由于负债是必须清偿的债务，属于第一顺序的权益，具有优先清偿的特征，而所有者权益则是剩余权益，在正常经营条件下不需要偿还，所以负债在先、所有者权益在后。

（4）负债内部项目是按照偿还的顺序来排列的。按照到期日由近至远的顺序，偿还期越近的负债项目排在偿还期越远的负债项目之前，依此，先是流动负债，后是非流动负债。

（5）所有者权益内部各个项目是按照稳定性程度或永久性程度排列的。稳定性程度越好或永久性程度越好的项目越往前排，稳定性程度越差或永久性程度越差的项目越往后排，依此顺序，先是实收资本（或股本）③，因为实收资本是企业经过法定程序登记注册的资本金，通常不会改变，所以稳定性最好；然后才是资本公积、盈余公积④和未分配利润⑤项目。

2.2.2 阅读理解资产负债表

观察 ABC 公司的资产负债表（见表 2-4），一般可以从以下几个方面入手：

1）资产总额与规模增长

公司的资产总额反映了该公司的总规模或总盘子的大小。公司的总规模越大，可理解为公司在本行业和本地区的影响力越大。试想一下，如果一家公司在本地区是个排名第一的大公司，它不但能对本地区居民的生产与生活影响力巨大，甚至能够在一定程度上左右当地政府的政策，据此可以争取到更多的政策支持和社会资源，这是小公司所望尘莫及的。在观察资产总额时，还需要将期末资产总额与期初资产总额进行比较，以了解该公司在这段时间里总盘子的增长速度如何。

根据 20×5 年 ABC 公司的资产负债表资料可知，该公司在本年度总资产增长了约 84% $\left(\frac{6\,300\,740 - 3\,422\,440}{3\,422\,440} \times 100\%\right)$，公司的规模可谓是发生了暴增现象。

2）权益构成与偿债压力

权益是对公司资产的要求权，包括公司债权人权益和所有者权益两部分，由于债权人权益需要偿还，在资产负债表上，通过对比负债总额（债权人权益）与所有者权益（或股东权益），可以了解公司的资本结构，即资金来源的构成，所有者权益比例越高，企业清偿债务，特别是偿还长期债务越有保证，从而企业的偿债能力也就越强。

ABC 公司的资产负债表中，年末的负债总额为 4 487 000 元，资产总额为 6 300 740 元，

---

① 固定资产是单位价值大、使用期限长（通常超过一年）的资产，如厂房建筑物、机器设备、运输工具以及器具工具等。

② 无形资产是没有实物形态的资产，包括专利权、专营权、商标权和土地使用权等。

③ 实收资本是公司的投资人向公司投入的资本，一般是公司在设立时由投资人投入公司，公司走上经营后投资人追加的投资以及新的投资人投入的资本都属于实收资本，在股份公司，投资人被称为股东，所以又称为股本。

④ 盈余公积是公司每年从税后利润中按比例提取的主要用于扩大再生产和公司集体福利支出需要的积累资金，盈余公积与未分配利润一样，都是公司净利润中没有离开的部分，合称留存收益。

⑤ 未分配利润是公司净利润中，在预先提取盈余公积和向投资人（或股东）分配利润之后，剩余的未分配部分，未分配利润继续留在公司内部，是公司的一项重要的资金来源，可以用于公司在以后年度向股东进行分配。

可计算确定公司在年末的资产负债率[①]：

$$资产负债率 = \frac{负债总额}{资产总额} \times 100\% = \frac{4\,487\,000}{6\,300\,740} \times 100\% \approx 71.21\%$$

ABC 公司年末的资产负债率约为 71.21%，表明公司全部资产中，超过七成(71.21%)是属于公司债主的，这部分资产迟早要还给债权人，真正属于公司老板(所有者)的资产只占不到三成(28.89%)，所以，ABC 公司在年末的还债压力还是很大；此外，与年初资产负债率 $65.25\% \left(\frac{2\,233\,000}{3\,422\,440} \times 100\% \approx 65.25\% \right)$ 相比，ABC 公司本年度财务状况变差了，整体还债压力增加了。

3) 资产构成与财务弹性

财务弹性是指在资产总额中流动资产所占比重的大小。流动资产占资产总额比例越高，说明资产的变现速度越快，支付能力越强，财务弹性越好。较好的财务弹性，意味着企业有能力获取市场机会，同样也意味着企业应付市场风险的能力越强。

根据表 2-4 的 ABC 公司资产负债表资料，20×5 年末流动资产约占总资产的三成多 $\left(\frac{2\,163\,740}{6\,300\,740} \times 100\% \approx 34.34\% \right)$，与年初的 $\frac{1\,545\,440}{3\,422\,440} \times 100\% \approx 45.16\%$ 相比，流动资产的比重下降了很多，公司的资产变得更"重"了。

通常一家公司的非流动资产特别是固定资产占总资产的比重大，说明该公司是重资产[②]。由于重资产难以在短时间内变现，与轻资产公司相比，重资产公司的大量资金沉淀在固定资产等非流动资产项目上，很难迅速调整产品结构，在市场上应对风险的能力比较差，投资人由于担心投出的资金被"绑架"，一般不喜欢投资重资产公司。

4) 流动比率与短期偿债能力

要想进一步了解公司在一年内的短期还债能力，则可以观察资产负债表上的流动项目。左侧的流动资产合计数是指一年内可以变现的资产金额，这些能够变现的资产可以用于还债，而右侧的流动负债合计数则是反映公司需要在一年内偿还的债务额，如果流动资产大于流动负债，说明公司一年内需要偿还的债务是有保证的，反之，如果流动负债大于流动资产，则说明公司一年内到期的债务有可能不能如期偿还，短期还债的财务压力沉重。

ABC 公司的短期还债能力可以用流动比率[③]指标来观察，流动比率是流动资产与流动负债之比，ABC 公司在 20×5 年末的流动比率为：

$$流动比率 = \frac{流动资产}{流动负债} \times 100\% = \frac{2\,163\,740}{2\,987\,000} \times 100\% \approx 72.44\%$$

---

① 资产负债率是一个非常重要的财务分析指标，该指标反映公司负债总额占全部资产的比重，比值越大说明公司总体债务负担越重。根据统计分析，资产负债率一般在 40%～60% 之间为宜。

② 重资产通常是指企业所持有的诸如厂房设备及原材料等有形资产，重资产公司通常需要大量的资金投入，铁路、造船、航海运输以及传统的生产制造企业都属于重资产公司，而类似互联网公司的以品牌、技术和专利等无形资产为主体的公司则属于轻资产公司。

③ 在财务分析时，经常用流动比率来分析公司在一年内的还债能力，根据统计分析，流动比率的经验值为 200%，如果某公司的流动比率不足 200%，说明短期还债能力不足，反之，短期偿债能力充裕。

2 学会判断一个公司的财务实力

ABC公司在20×5年末的流动比率为72.44%,表明在未来的一年内,每100元需要偿还的债务只要72.44元的流动资产来保障,所以从短期来看,该公司的还债能力是不足的;公司年初流动比率是120.45% $\left(\dfrac{1\,545\,440}{1\,283\,000}\times 100\% \approx 120.46\%\right)$,这表明该公司在过去的一年里流动比率明显下降,公司的短期还债压力大增。

表2-4 资产负债表

编制单位:ABC公司　　　　　20×5年12月31日　　　　　会企01表　单位:元

资产	年初数	年末数	负债和所有者权益（或股东权益）	年初数	年末数
流动资产:			流动负债:		
货币资金	25 270	38 340	短期借款	258 000	950 000
交易性金融资产	0	20 000	应付票据	125 000	280 000
应收票据	115 600	104 300	应付账款	345 000	680 000
应收股利	0	0	预收账款	0	0
应收利息	0	0	应付职工薪酬	480 000	520 000
应收账款	475 000	516 000	应交税费	57 000	95 000
其他应收款	1 500	500	应付股利	0	0
预付账款	25 000	4 500	应付利息	8 000	62 000
应收补贴款	0	0	其他应付款	0	0
存货	898 070	1 460 100	一年内到期的非流动负债	10 000	400 000
一年内到期的长期债权投资	5 000	20 000	其他流动负债	0	0
其他流动资产	0	0	流动负债合计	1 283 000	2 987 000
流动资产合计	1 545 440	2 163 740	非流动负债:		
非流动资产:			长期借款	950 000	1 500 000
可供出售的金融资产	0	0	应付债券	0	0
持有至到期投资	20 000	500 000	长期应付款	0	0
长期股权投资	500 000	500 000	其他长期负债	0	0
投资性房地产	0	0	非流动负债合计	950 000	1 500 000
固定资产	1 287 000	2 647 000	负债合计	2 233 000	4 487 000
在建工程	0	400 000	所有者(股东)权益:		
无形资产	50 000	40 000	实收资本(或股本)	700 000	1 000 000
开发支出	20 000	50 000	资本公积	0	100 000
长期待摊费用	0	0	盈余公积	120 500	124 500

(续表)

资产	年初数	年末数	负债和所有者权益（或股东权益）	年初数	年末数
其他非流动资产	0	0	未分配利润	368 940	589 240
非流动资产合计	1 877 000	4 137 000	所有者（股东）权益合计	1 189 440	1 813 740
资产总计	3 422 440	6 300 740	负债和所有者权益总计	3 422 440	6 300 740

5) 项目回报率（息税前利润率）

投资一个项目或投资一家公司，需要预先知悉该项目或该公司的投资回报情况，项目回报率是在不考虑利息支出和所得税支出的情况下，投入的资金所带来的总体回报[①]，分析该项目（或公司）的息税前利润率。根据 ABC 公司 20×5 年的利润表和资产负债表数据可计算 ABC 公司息税前利润率约为 20.19%：

$$投资回报率 = \frac{净利润 + 所得税费用 + 利息支出}{(年初资产总额 + 年末资产总额) \div 2} = \frac{691\ 395 + 230\ 465 + 59\ 600}{(3\ 422\ 440 + 6\ 300\ 740) \div 2} \approx 20.19\%$$

息税前利润率指标可以用于判断一个项目的好坏。如果同时有两个项目供选择，应当优先投资息税前利润率高的项目。

6) 股东投资报酬率（净值报酬率）

站在投资人的角度，更关心投入的资金获得的实际报酬，此时就需要将净利润与股东投资额进行比较，使用股东投资报酬率（又称净值报酬率）指标，结合 ABC 公司的利润表和资产负债表资料可计算股东投资报酬率高达 46.04%：

$$净值报酬率 = \frac{净利润}{平均股东权益} \times 100\% = \frac{691\ 395}{(1\ 189\ 440 + 1\ 813\ 740) \div 2} \times 100\% \approx 46.04\%$$

2.3 公司现金流的披露——现金流量表

2.3.1 现金流量表的格式

利润表披露了公司过去一段时间（如一个年份、一个季度或一个月）的盈利情况，利润表的盈利计算是基于权责发生制基础[②]，利润表中的盈利并不表示实际赚取了现金，有可能是

---

① 在分析一个项目投资回报时，之所以不考虑利息支出与所得税费用的影响，而将分析的着眼点放在投资项目本身，是因为站在投资人的立场，投资项目带来的回报，首先需要支付融资成本（利息支出），再支付所得税费用，最后才是投资人获得的投资报酬，但在分析一个项目是否具有投资价值时，就需要重点关注项目本身的回报，考察息税前利润指标，不必考虑后续利息与所得税支出的影响。

② 权责发生制是会计核算的重要基础，又称应计制，当公司发生销售时，无论是否收到货款，都记入本期收入，同样，本期支付的费用，如支付全年的保险费，则只能计算属于本期应当负担费用的部分，属于以后各项应当负担的费用支出，不记入本期费用，而留待以后各期进行摊销。与权责发生制相对的是收付实现制，收付实现制的处理基础是款项的实际收付，本期只有实际收到销货款才确认本期收入，本期只有实际支付款项才确认为本期的费用支出。

应收款项,要想了解公司实际获得的真金白银,必须观察公司的现金流量表;资产负债表是反映公司的某一特定时点(如月末、年末等)的资产与负债情况,揭示公司在该时点的财务状况,总体债务情况和一年内的债务偿还能力,但如需进一步了解该公司的即时支付能力,如需要马上偿还到期(如三个月内)的债务、或需要支付目前的账单等,必须观察现金流量表。

现金流量表是按照收付实现制编制的,能够反映一家公司真实的现金流情况,把握公司的财务实力,不能不关注这张报表。

现金流量表是公司的第三报表(结构见表2-5)。在编制现金流量表时,首先是把一个公司的全部业务分为三个大类,即经营活动①、投资活动②和筹资活动③三大类业务,并就每一类业务分别反映现金流入量、现金流出量和现金净流量,最后再汇总反映公司在本年度各类活动现金净流量信息。

表2-5 现金流量表的结构

项目	金额
一、经营活动产生的现金流量	
现金流入量小计	
现金流出小计	
经营活动产生的现金流量净额	
二、投资活动产生的现金流量	
现金流入小计	
现金流出小计	
投资活动产生的现金流量净额	
三、筹资活动产生的现金流量	
现金流入小计	
现金流出小计	
筹资活动产生的现金流量净额	
四、现金及现金等价物净增加额	

---

① 经营活动产生的现金流量是指除了投资活动和筹资活动以外公司所有交易事项所产生的现金流量。现金流入项目如销售商品和提供劳务收到的现金、收到的税费返还等,现金流出项目如购买商品和接受劳务支付的现金、支付给职工以及为职工支付的现金、支付的各项税费等。

② 投资活动产生的现金流量是指涉及非流动资产项目的活动,如对外长期投资、固定资产、无形资产等,现金流量项目主要有:收回投资所收到的现金、取得投资收益收到的现金、处置非流动资产收到的现金净额、购置长期资产所支付的现金、以及投资所支付的现金等。

③ 筹资活动产生的现金流量是指导致公司资本及债务规模和构成发生变化的业务所产生的现金流量。主要包括吸收投资所收到的现金、借款收到的现金、偿还债务所支付的现金、分配股利或偿付利息所支付的现金等。

2.3.2　阅读理解现金流量表

现金流量表是以收付实现制为基础设计的,以现金及现金等价物①为观察对象,反映由于经营活动、投资活动和筹资活动所引起的现金及现金等价物的增减变动过程和结果。支付能力②直接取决于公司可用于支付的资产以及能够迅速转化为支付能力的资产数额,现金资产项目是决定一个企业支付能力大小及其变化的关键,公司现金数额越大,现金净流量越多,其支付能力就越强,所以现金流量表可以提供公司即时支付能力信息。通过观察现金流量表,不仅可以知悉公司的即期支付能力,还可以进一步窥见公司的财务政策,如当公司规模扩张时如何解决巨额资金需求的,经营活动所产生的现金流量主要用于哪些现金需要的。

现金流量表提供的信息非常多,不同的报表阅读者可以得到各自所需的财务信息,概括起来,现金流量表可以从以下几个方面来重点观察,以 ABC 公司现金流量为例(见表 2-6)。

1) 经营活动的现金流量情况,了解营业收入质量

经营活动反映了一个单位的主要业务活动,如制造企业的采购、生产和销售业务,商业企业的销售与采购业务等,是一个企业的主要盈利来源,也是创造现金的主要方式。分析经营活动的现金流量,主要是考察经营业务收入的获现能力。

$$营收获现能力 = \frac{经营活动现金流入量}{营业收入} \times 100\% = \frac{4\,554\,000}{4\,583\,700} \times 100\% \approx 99.35\%$$

ABC 公司的营收获现能力为 99.35%,说明公司本年度的营业收入,几乎全部都收回了现金,可见公司本年度有着很好的获现能力。通常,如果获现能力大于 100%,表明不仅收回了全部营业款项,而且收回了前期或预收了后期的营业款,获现能力强;如果低于 100%,则表明公司本期的一部分销售属于赊销业务,部分销货款没有收回,资金被客户占用了。现代经济环境中,公司之间由于款项往来而产生的互相拖欠现象极为普遍,管控信用、加强收账和杜绝坏账损失,是财务人员的重要工作任务,对于中小企业特别是创业型公司,必须提倡"现金为王"的理念,现金流往往是一家公司的生命线。

2) 比较各类活动的现金流量,分析财务政策

观察 ABC 公司的现金流量表可以发现,公司在本年度经营活动活产生了 770 765 元的现金净流量,但公司全部的现金净流量只有 13 070 元,经营活动产生的现金净流量都去哪里了呢?仔细观察现金流量表的其他项目会进一步发现,公司当年有着巨额的内部投资,经营活动产生的现金流几乎都用于购置固定资产等投资方向了。

观察 ABC 公司现金流量表的投资活动部分可知,在本年度有着大量的投资活动的现金

---

① 现金及现金等价物包括现金和现金等价物两部分,其中现金是指公司的库存现金以及可以随时用于支付的存款等。现金等价物,是指公司持有的期限短(三个月内)、流动性强、易于转换为已知金额现金、且价值变动风险很小的投资,通常不包括股票投资。

② 支付能力是公司财务状况的核心内容,按照期限分,包括即期支付能力(三个月内)、短期支付能力(一年内)和远期支付能力,其中短期支付能力可以通过观察资产负债表的流动资产金额获得,远期支付能力通常可以理解为公司资产负债表上的资产总额,即期支付能力需要观察现金流量表上的现金及现金等价物信息。

流出而很少的现金流入,有1 802 000元的固定资产等投资和520 000元的对外投资,投放于固定资产、无形资产和其他长期资产的资金,是公司的内部投资活动,即投资的资金留在公司内部,用于增加公司的生产能力与生产规模需要,从一定程度上可以解读为公司管理层对公司的未来市场发展的前景看好,多方筹集资金以增加产能;与此同时,投资所支付的现金为公司的对外投资活动,大量的对外投资,可能是公司发现了一些新的商机,也可能是公司希望通过对其他公司进行的投资以影响或控制其他公司。概括观察投资活动的现金流,再结合资产负债表上公司总资产的骤增现象,可以解读为公司正处于快速扩张阶段。

观察筹资活动的现金流量数据,ABC公司本年度发生了大量的外部借款(1 900 000元),另外股东追加了相当数额(400 000元)的投资,在偿还一部分到期债务后,主要用于公司巨额投资的资金需要,这也从另一个角度反映了公司股东对公司进一步扩张式发展的巨大认同。

表2-6 现金流量表

编制单位:ABC公司　　　　　20×5年度　　　　　会企03表　单位:元

项目	金额
一、经营活动产生的现金流量	
销售商品、提供劳务收到的现金	4 554 000
收到的税费返还	0
收到的其他与经营活动有关的现金	33 400
现金流入量小计	4 587 400
购买商品、接受劳务支付的现金	3 156 980
支付给职工以及为职工支付的现金	206 400
支付的各种税费	426 315
支付的其他与经营活动有关的现金	26 940
现金流出小计	3 816 635
经营活动产生的现金流量净额	770 765
二、投资活动产生的现金流量	
收回投资所收到的现金	5 000
取得投资收益所收到的现金	0
处置固定资产、无形资产和其他长期资产所收回的现金净额	0
收到的其他与投资活动有关的现金	0
现金流入小计	5 000
购建固定资产、无形资产和其他长期资产所支付的现金	1 802 000
投资所支付的现金	520 000

(续表)

项目	金额
支付的其他与投资活动有关的现金	0
现金流出小计	2 322 000
投资活动产生的现金流量净额	-2 317 000
三、筹资活动产生的现金流量	
吸收投资所收到的现金	400 000
取得借款所收到的现金	1 900 000
收到的其他与筹资活动有关的现金	0
现金流入小计	2 300 000
偿还债务所支付的现金	268 000
分配股利、利润或偿付利息所支付的现金	472 695
支付的其他与筹资活动有关的现金	0
现金流出小计	740 695
筹资活动产生的现金流量净额	1 559 305
四、现金及现金等价物净增加额	13 070

2.4 投资人权益的披露——所有者权益变动表

2.4.1 所有者权益变动表的格式

资产负债表反映了公司在特定时点的资产与负债情况,反映了公司的总体财务状况,通过比较前后两期资产负债表则可以获释公司财务状况的总体变化情况,利润表反映了公司在这一时间段里的盈利情况,现金流动表则披露了公司本年度的现金流动变化情况,公司现金的增加通过什么渠道完成的、又是通过什么方式将现金花出去的,站在投资人的立场,股东们的财富既不能简单地理解为公司本期的盈利、又不是现金流量的增加额,需要进一步观察股东权益变动表。

所有者权益变动表又称股东权益变动表,反映了股东在公司财富的变动情况,表2-7是ABC公司所有者权益变动表。

期末股东权益数额是在期初的基础上,加减本期的变动数据计算确定的。本期的变动包括增加和减少两个方向的变动,本期的增加主要包括公司本期赚取的利润(净利润)和股东对公司的追加投资,本期的减少则主要是指向股东的利润分配。其他影响股东权益的项目还包括以前年度的损益调整、直接计入所有者权益的利得与损失(其他综合收益)以及股东抽回的股本等。

结合资产负债表数据,股东权益变动表是反映资产负债表上股东权益数据是如何从期初变化成期末的,所以是对资产负债表上所有者权益内部相关项目在本期具体变化过程的信息披露。

表 2-7 所有者权益变动表

会企 04 表

编制单位:ABC 公司　　　　　　20×5 年度　　　　　　　　　单位:元

项目	实收资本（或股本）	资本公积	盈余公积	未分配利润	所有者权益合计
一、上年年末余额	700 000		120 500	368 940	1 189 440
加：会计政策变更					
前期差错更正					
二、本年年初余额	700 000		120 500	368 940	1 189 440
三、本年增减变动金额					
(一)净利润				691 395	
(二)其他综合收益					
1. 可供出售金融资产公允价值变动净额					
2. 权益法下被投资方其他所有者权益变动影响					
……					
(三)所有者投入和减少资本					
1. 所有者投入资本	300 000	100 000			
2. 股份支付计入所有者权益的金额					
3. 其他					
(四)利润分配					
1. 提取盈余公积			4 000	−4 000	
2. 对所有者(或股东)的分配				−467 095	
3. 其他					
(五)所有者权益内部结转					
1. 资本公积转增资本(或股本)					
2. 盈余公积转增资本(或股本)					
3. 盈余公积弥补亏损					
4. 其他					
四、本年年末余额	1 000 000	100 000	124 500	589 240	1 813 740

2.4.2　阅读分析所有者权益变动表

所有者权益变动表反映了一家公司股东权益的变化过程和结果,是对资产负债表中所有者权益各项目变化过程的详细说明,观察所有者权益变动表,可以从以下几个方面进行。

1) 本期股东有无对公司追加投资

观察"实收资本(或股本)"和"资本公积"两个项目从年初到年末的变化数据可知,ABC公司股东在 20×5 年度向公司追加了 400 000 元的投资,其中,记入"实收资本"项目的为 300 000 元,记入"资本公积"项目为 100 000 元。公司股东向公司追加投资,在一定意义上可以判断,股东是看好公司的发展前景。

2) 分析股东权益增减变化的主要原因及利润分配情况

股东权益变动表揭露了公司股东权益增长或降低等的变化及其具体原因,ABC 公司的股东权益由年初的 1 189 440 元增长到年末的 1 813 740 元,增加了 624 300 元,增长幅度很大,约为 52.49% $\left(\frac{1\,813\,740-1\,189\,440}{1\,189\,440}\times100\%\approx52.49\%\right)$。

观察股东权益变动的原因,从增加的方向看,一是股东有 400 000 元的追加投资,二是公司当年实现了 691 395 元盈利;另外,公司当年分配了 467 095 元利润,约占当年实现利润的 67.56% $\left(\frac{467\,095}{691\,395}\times100\%\approx67.56\%\right)$。

2.5 报表体系与综合分析

2.5.1 财务报表体系

一家公司的财务报告是由主表、附表、报表附注及财务情况说明书等所组成的报表体系(见图 2-1)。主表包括资产负债表、利润表、现金流量表和所有者权益变动表四张,分别从不同角度披露同一家公司的财务状况、经营成果和现金流量信息。

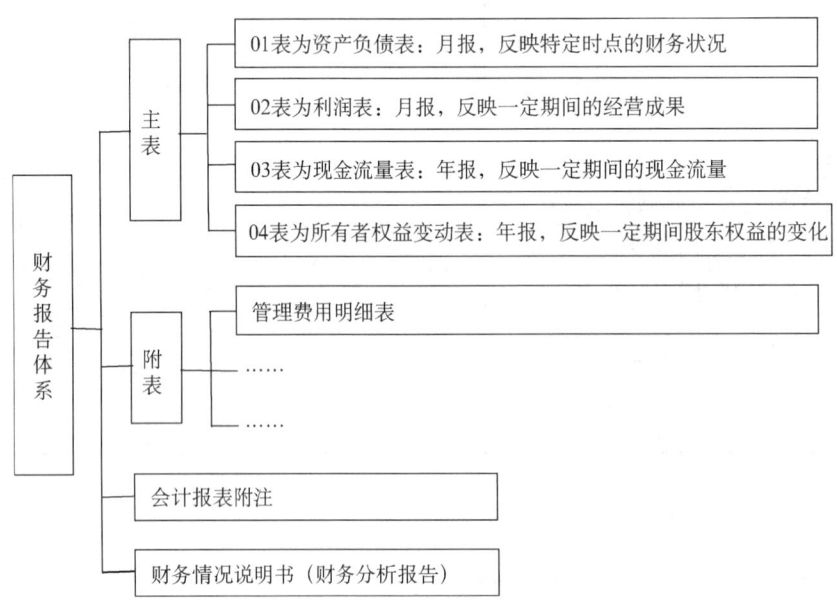

图 2-1 财务报告体系

在四个主表中,资产负债表、利润表是按月编报,现金流量表和所有者权益变动表则是按年编报的报表,这些主表都需要按规定对外报出,所以又属于对外报表;附表则是对主表上的某些或某个具体项目的详细信息所做出的披露,如管理费用明细表、销售费用明细表等,一般属于内部分析和管理所需,不对外报出,其具体内容与格式也根据公司内部管理的需要而设计,没有统一要求与规定。

四张主表中从不同的侧面反映同一公司的财务信息,各表之间存在着一定的勾稽关系,即各报表内部的相关项目之间存在着一定的数量关系,这种数量关系称为勾稽关系,图2-2反映了这种主要勾稽关系。

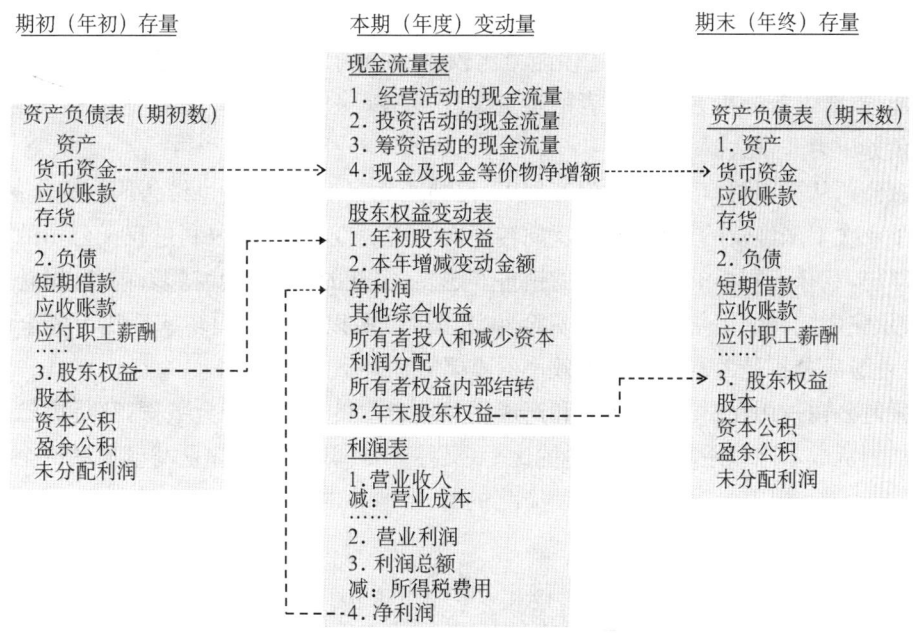

图 2-2 主要财务报表相关项目之间的勾稽关系

2.5.2 更进一步的综合财务分析

要全面地把握一家公司的财务信息,必须综合分析各个会计报表。综合分析财务报表的技术通常可从以下几个方面进行。

1) 财务比率分析

财务比率[①]是反映公司财务情况的指标,主要有流动比率、速动比率和资产负债率等反映偿债能力的财务比率,反映盈利能力的财务比率有毛利率、投资回报率和净值报酬率等指标,反映管理效率或资金运用效率的指标有应收账款周转率、存货周转率和总资产周转率等比率。

---

① 财务比率分析法是最主要的财务分析技术,目前所用的财务比率没有统一标准,这里只讨论业界常用的财务比率,对于前文已经涉及的流动比率、资产负债率、毛利率、投资回报率和净值报酬率等指标不再重复说明。对于上市公司来讲,通常会运用每股盈余、每股股利、每股净资产和市盈率等财务分析指标来评价公司股票的投资价值。

速动比率是将存货从流动资产中扣除之后的余额,除以流动负债的比值。之所以在流动资产中扣除存货,主要是考虑到存货的变现能力比较差,由于很多原因都会使得存货不能在一年内变现,或不能按照其账面价值如期变现,为了更直接地反映企业的短期偿债能力,用扣除存货后的流动资产代替流动资产总额来分析,用速动比率反映的短期偿债能力更加可信。

ABC 公司的速动比率为:

$$速动比率 = \frac{流动资产 - 存货}{流动负债} \times 100\% = \frac{2\,163\,740 - 1\,460\,100}{2\,987\,000} \times 100\% \approx 23.56\%$$

速动比率又被称为酸性测试比率,在财务分析中被广泛运用,以 100% 为界,当该比率的数值大于 100% 时,被认为是短期还债能力比较强,如低于这个数值,一般认为会隐含支付不能的可能,需要引起分析者或管理者的重点关注。ABC 公司的速动比率约为 23.56%,表明短期偿债务压力非常大。

一家公司从采购材料开始,到生产加工,再到产品完工,最后通过销售回到现金的过程,就完成了一次生产经营的周转,资金就周转一次,也就实现了一次盈利过程。公司的资金周转速度越快,意味着同样的资金完成的销售额越多,实现的利润也就越多;或者,周转速度越快,也表示完成同样的销售额占用的资金额就越少。所以资产的周转率反映了资金的使用效率,也是财务分析是考察财务管理效率的重要方面。

存货是公司占用在材料、在产品和产成品等生产资料方面的资金数额,存货周转率是一定时期的销货成本除以平均存货而得的比率,又称存货周转次数,它是衡量和评价企业购入存货、投入生产、销售收回等各管理状况的综合性指标。根据报表数据,ABC 公司在 20×5 年的存货周转率为:

$$ABC\ 公司存货周转率 = \frac{营业成本}{平均存货} = \frac{3\,105\,450}{(898\,070 + 1\,460\,100) \div 2} \approx 2.63(次)$$

ABC 公司的全部存货在 20×5 年周转了 2.63 次。一般来讲,存货周转速度越快,存货的占用水平越低,流动性越强。

应收账款是销售时未收回的款项,是其他公司占用本公司的资金数额。通常用应收账款周转率[①]指标来评价应收账款的管理效率。

$$ABC\ 公司应收账款周转率 = \frac{营业收入}{应收账款平均余额} = \frac{4\,583\,700}{(475\,000 + 516\,000) \div 2} \approx 9.25(次)$$

ABC 公司 20×5 年应收账款周转率为 9.25,说明在一年内该公司应收账款周转了 9.25 次。一般来说,应收账款周转率越高,说明应收账款收回越快,并进一步表明一定数额的应收账款实现的销售收入越多,或者完成一定量的销售收入所需的应收账款越少。

---

① 应收账款周转率反映应收账款的周转速度,由于只有赊销才会产生应收账款,所以在计算应收账款周转率指标时应当用一定时期内赊销收入净额和应收账款平均余额的比率,但财务报表一般不披露公司的赊销信息,所以报表阅读者一般只能用销售收入代替赊销收入来计算应收账款周转率指标。

应收账款周转天数又称平均收现期,它表示企业从取得应收账款的权利到收回款项、转换为现金所需的时间。其计算公式如下:

$$\text{ABC 公司应收账款周转天数} = \frac{360}{\text{应收账款周转率}}$$

根据 ABC 公司应收账款周转率计算其应收账款周转天数约为 37.89 天 $\left(\frac{360}{9.25} \approx 37.89\right)$,说明 ABC 公司从赊销产品到收回账款的平均天数为 37.89 天,或者 ABC 公司应收账款平均被其他公司无偿占用 37.89 天。

总资产周转率也称总资产利用率,是从公司全部资产的角度分析资金利用效率,是销售收入与企业资产平均余额的比率。

$$\text{ABC 公司总资产周转率} = \frac{\text{营业收入}}{\text{资产平均余额}} = \frac{4\,583\,700}{(3\,422\,440 + 6\,300\,740) \div 2} \approx 0.94(\text{次})$$

总资产周转率用来分析企业全部资产的利用效率。该比率越高,说明企业利用其资产进行经营的效率越高,企业的销售能力越强。ABC 公司在 20×5 年全部资产周转了 0.94 次。

2) 比较分析

通过阅读公司财务报表,可以分析一家公司的偿债能力、盈利能力和管理效率,评价财务实力,但这只是孤立地观察一家公司目前和过去一个时间段的财务实力,如要全面地评价该公司的财务实力,必须将该公司放到一个更大的空间范围和更长的时间维度上进行分析,这就需要对各项财务指标进行对比分析。

比较分析是将公司目前的实际财务指标与参照标准进行对照,判断当前实际与参照系的差异,以进一步分析差异的原因。通常可以选定同行业或同地区的其他企业,或以行业平均数据,或本企业的计划数据、历史数据等作为评价企业本期财务情况的参照标准,对公司在纵向(前后)和横向(左右)多个维度的情况进行精确定位判断(见表 2-8)。

表 2-8 比较财务分析的参照标准与评价内容

参照标准	评价内容
历史数据	(1) 与本公司历史数据比较,分析财务实力的变化情况 (2) 与历史最好数据比较,分析当前财务实力与历史最好水平的差距
计划数据	与公司本期计划或预算数据相比,分析本期计划的完成情况或预算的执行情况
行业数据	(1) 与本行业的平均水平相比,判断本公司在同行业中的地位 (2) 与本行业的最好水平相比,分析本公司与同行业最好水平的差距
地区数据	(1) 与公司所在地区其他公司的平均水平比较,分析公司在本地区的水平与地位 (2) 与本地区最好公司相比,评价公司与本地区最好公司的差距

3) 雷达图

雷达图法是将评价财务状况和经营成果的主要财务指标绘制成一张雷达图,直观地观察企业的综合财务实力。雷达图法的具体程序是:

(1) 选定评价标准与评价指标(见表 2-9)。

表 2-9　ABC 公司雷达图法的评价指标与评价标准

指标分类	评价指标	本期实际值	参照标准:行业平均值
偿债能力	流动比率 速动比率 权益比率①	72.44% 23.56% 40.42%	200% 100% 100%
盈利能力	销售毛利率 净值报酬率	32.24% 46.04%	20% 30%
营运能力	存货周转率 应收账款周转率 总资产周转率	2.63 次 9.25 次 0.94 次	2 次 12 次 1.5 次

(2) 绘制雷达图。

在绘制雷达图时,圆周与各指标的轴线②相交的位置是该指标的评价标准值(本例为行业平均值),将 ABC 公司各指标的实际值与各指标轴线上标明后相连,可以直观地反映 ABC 公司各项财务指标与行业平均值的差异。

如果实际值在圆圈以内,表示该指标未达标,如果在圆圈外,表示超出标准值。从 ABC 公司的雷达图看,该公司偿债能力的各项指标均未达标,说明还债能力比较差或还债压力比较大;反映盈利能力的指标在圆圈外,表明公司盈利能力超出行业平均值,即盈利能力强;各个管理效率指标的实际值在圈内,表明资产的利用效率不高,低于行业平均水平,还有进一步提高的空间(见图 2-3)。

4) 趋势分析

对某一项财务信息前后多期的数据进行连续对比分析,可以进一步观察该项信息的变化趋势,如观察资产总额多年的变化,可以发现公司规模的增长变化趋势,观察营业收入连续几年或几个月的数据,可以判断营业收入是在增长还是在下滑。观察多年管理费用的变化趋势与收入的变化趋势是不是同步发生的,有没有出现暴增或暴减的现象等。读者可以比较连续多期的报表项目或财务比率的变化趋势,以获得该公司更加完整的财务信息,孤立地观察某一指标所得到的信息必然是片面的、不准确的,也很难读出管理层所做出的管理努力和管理绩效信息。表 2-10 是某公司营业收入自 20×0 年至 20×4 年五年里的变化趋势。

---

① 权益比率是资产负债率的转换形式,资产负债率是负债总额与资产总额之比,该指标越高表示还债压力越大、偿债能力越小,所以从偿债能力看,该指标数值越小越好。为了在雷达图上分析这个长期偿债能力指标,需要用权益比率来代替资产负债率,权益比率是股东权益总额与负债总额之比,数值越大表明还债能力超强。

② 雷达图上的每一条轴线都分别代表一个财务指标,在实际运用雷达图分析时,选择几项财务指标、以及选择哪个具体的财务指标,都由分析者自行确定,所以不同的分析者的分析结果可能会存在一定的偏差。

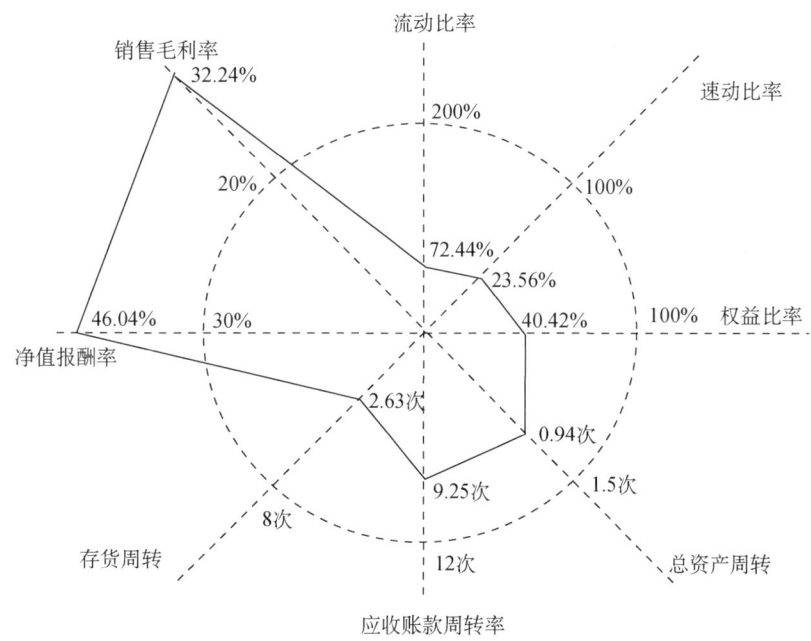

图 2-3　ABC 公司财务分析的雷达图

表 2-10　营业收入项目的趋势分析

金额单位:万元

年份	20×0 年	20×1 年	20×2 年	20×3 年	20×4 年
营业收入	225	245	242	308	289
定基增长①	100%	108.89%	107.56%	136.89%	128.44%
环比增长②	100%	108.89%	98.78%	127.27%	93.83%

5) 因素分析

因素分析法又称连环替代法,是用来分析影响某项财务指标的各个因素及其影响程度的方法,在财务分析中经常用到。

ABC 公司营业利润按照下列公式计算求得,根据年初的规划,公司在 20×5 年计划要实现营业利润 943 800 元。根据利润表数据可知,该年度实际营业利润为 895 960 元,低于计划利润 47 840 元。

营业利润＝销售量×(售价－单位成本)－税金及附加－营业费用－管理费用－财务费用
本期计划营业利润＝420×(10 000－6 500)－214 200－90 000－162 000－60 000＝943 800(元)
本期实际营业利润＝450×(10 186－6 901)－233 850－90 340－198 500－59 600＝895 960(元)

运用因素分析法确定影响 ABC 公司营业利润的具体因素以及各因素的影响程度:

---

① 定基是指固定基期,即选定 20×0 年的数值为基期,以后各年度都与基期相比的增长幅度。
② 环比是指循环比较,即后一期以前一期为基期,以计算与前一期相比的增长幅度。

本期计划营业利润＝420×(10 000－6 500)－214 200－90 000－162 000－60 000
　　　　　　　＝943 800 } 105 000

(1) 替换销售量利润＝450×(10 000－6 500)－214 200－90 000－162 000－60 000
　　　　　　　＝1 048 800 } 83 700

(2) 替换售价利润＝450×(10 186－6 500)－214 200－90 000－162 000－60 000
　　　　　　　＝1 132 500 } －180 450

(3) 替换单位成本利润＝450×(10 186－6 901)－214 200－90 000－162 000－60 000
　　　　　　　＝952 050 } －19 650

(4) 替换税金及附加利润＝450×(10 186－6 901)－233 850－90 000－162 000－60 000
　　　　　　　＝932 400 } －340

(5) 替换营业费用利润＝450×(10 186－6 901)－233 850－90 340－162 000－60 000
　　　　　　　＝932 060 } －36 500

(6) 替换管理费用利润＝450×(10 186－6 901)－233 850－90 340－198 500－60 000
　　　　　　　＝895 560 } 400

本期实际营业利润＝450×(10 186－6 901)－233 850－90 340－198 500－59 600
　　　　　　　＝895 960

总差异　　　　　　　　　　　　　　　　　　　　　　　　　　　－47 840(元)

从上述连环替代的过程可知，导致 ABC 公司在 20×5 年实际营业利润比计划数少是由包括销售量在内的多个因素共同影响的结果。其中，由于销售量的增加使得实际利润比计划利润多实现了 105 000 元，由于售价的增加导致了实际利润多实现了 83 700 元，由于单位成本的上升致使利润少了 180 450 元。由于税金及附加的增加使得利润减少了 19 650 元，由于营业费用的增加使得利润减少了 340 元，由于管理费用的增加导致利润减少了 36 500 元，最后一个因素是财务费用降低了，利润增加了 400 元，综合各项因素的结果，ABC 公司在 20×5 年度，实际营业利润比原计划少实现了 47 840 元。

2.6　判断财务实力时需要关注的问题

2.6.1　财务状况的重要性

1) 良好的财务状况是支付能力充裕、资金来源稳定和资金运用合理

财务状况是指企业的资产、负债和所有者权益的数额、构成及其相互适应的关系。一定数额的资产、负债和所有者权益数额是企业从事生产经营以及财务管理的起点；资产、负债和所有者权益的结构反映了企业资产的流动性和资金的构成状况；资产、负债和所有者权益的相互适应程度则反映了企业的支付能力和财务稳定性。

要改善财务状况就是要增强企业支付能力的充裕性、资金来源的稳定性和资金运用的合理性。

增强支付能力的充裕性。良好的财务状况应该是具有充裕的支付能力和偿债能力，只有具有较强的支付能力，才能及时地抓住各种市场机会，应付可能随时发生的市场风险；同时,也只有较强的偿债能力,企业才能如期地偿还到期的债务,避免无力偿债而导致破产清算的风险。公司资产的变现能力越强,能够在规定的时间里迅速转化为支付所需的资金数额越多,支付能力就越强。保持充裕的支付能力意味着需要有适当数额的流动资产,特别是有一定数额的能够用于即期支付的现金或约当现金,但过量的现金资产直接影响到资金的周转速度从而影响到企业的收益能力,所以财务管理的任务就是要保持适度现金数额以满足如期支付的需要。

增强资金来源的稳定性。负债有固定的到期日,必须按期还本付息,投资人投入的资本一般不需要偿还。所以,负债的稳定性较差,特别是流动负债,更需要在一年内偿还。为了增强资金来源的稳定性,在资金结构设计时,应当充分考虑到资金的使用情况,使资金使用的期限与筹资期限尽可能一致,安排错落有致的长短期资金来源结构。此外,稳定的资金来源还需要正确地处理与资金供应者特别是与银行等债权人的关系,及时组织到期债务的偿还与利息支付,兼顾到企业与债权人的利益,以保证资金的稳定供应。

增强资金运用的合理性。资金运用的合理性,就是资产构成的合理性。生产经营过程中资金以不同的资产状态出现,并保持一定的内在关系,如果某一项资产的比重过大,分布在该项资产上的资金过多,就必然出现这部分资金的沉淀和闲置,导致浪费。例如,应收账款占用过多,坏账损失就越大,收账费用就会越多。所以,合理地运用资金,就是对各项资产的数量进行科学测算,测算在现金、应收款项、存货、固定资产等形态上具体资金需要量,使得分布于企业各项资产上的资金有一个适当的比例关系,防止浪费和不足。

2) 反映财务状况的报表主要是资产负债表和现金流量表

在公司的财务报表体系中,资产负债表是公司财务状况的集中反映,现金流量表反映了公司即期的支付能力,也是对公司财务状况的披露。

资产负债表是用来反映公司财务状况的主要报表,具体表现为支付能力。资产负债表是围绕着支付能力来披露的,该表的左侧是公司的资产总额和构成情况,资产总额代表了全部支付能力,按照流动性大小顺序排列的资产构成反映了公司的支付速度,流动资产是一年内可以变现的资产,可以用于支付一年内到期的债务,非流动资产只能用于支付一年以上到期的债务;报表的右侧是公司的资金来源渠道,其中,负债是需要偿还(支付)的,从负债的具体排列看,先是流动负债,是需要在一年内偿还(支付)的债务,非流动负债则是偿还期超过一年的债务。

现金流量表也反映了公司的支付能力,具体是三个月内的即期支付能力。为了反映即期支付能力,现金流量表把目光聚焦在代表公司即期支付能力的"现金及现金等价物"上,通过将公司的各项业务和事项与现金及现金等价物的增减变化关联起来,来反映公司现金及现金等价物的具体变动,以披露公司的即期支付能力信息。

3) 财务状况的好坏直接决定了一个公司的生存

公司是营利性组织,生存是第一要务。公司要发展,必须先生存,影响公司生存的因素多种多样,但最主要的有两个,一个是长期亏损收不抵支而无法持续,另一个是资不抵债告贷无门而破产清算。公司支付能力下降,会直接导致财务状况恶化,最后会陷入财务困境,甚至破产而被清算。

公司要生存，必须有一个良好的财务状况。首先要保持充足的支付能力，能够偿还到期的债务本息；其次是维护好与资金供应者的关系，构建稳定的资金来源渠道，能在支付能力枯竭前顺利引入一方"活水"；第三是要科学的安排好公司的资产结构，保持必要的财务弹性，能够在支付或还债需要时，能够迅速将其他资产转化为支付能力。

2.6.2 财务分析的局限性问题

1）传统财务分析的局限性

传统的财务分析有着多方面的局限性，概括起来，包括分析资料来源的局限性，财务分析方法的局限性和财务指标的局限性。

分析资料来源的局限性。传统的财务分析主要关注财务数据，很少用到非财务数据，而在公司的实际运营管理中，财务因素可能只占到一部分或者一小部分，非财务因素对决策的影响也许更大，有时会直接影响到经营管理决策的科学性，如客户和市场等外部非财务数据、产品和研发等内部非财务数据等，所以仅仅运用财务数据进行分析很难做出正确的决策。

财务分析方法的局限性。传统的财务分析更多的是对已有的财务数据进行分析，这是针对过去发生事项进行了分析，属于静态分析，往往无法作为公司未来财务和经营状况做出科学判断的基础，对公司未来的经营管理的指导意义非常有限。特别是广泛应用的比较分析法，在进行行业内数据比较时，需要选取同行业相同且尽可能类似性质的业务，同时还需要满足公司的规模和运作模式类似或相同的条件，单就这一点，就很难做到。

财务指标的局限性。首先财务指标体系不够严密，每个指标只能反映财务状况或经营状况的某一侧面，没有一套严密的指标体系；其次，财务指标具有相对性，判断某个具体财务指标的好坏，评价标准不统一，比如速动比率指标，一般认为 1 比较合理，但不同行业有很大差别，采用大量现金销售的企业，几乎没有应收账款，速动比率大大低于 1 很正常，由于没有统一标准，财务指标在不同行业间对比时就有着明显的局限性。

2）商誉问题

商誉属于公司的无形资产，通常是指在同等条件下，公司能获得高于正常投资报酬率所形成的价值。商誉可能是产生于企业所处地理位置的优势，或是由于经营效率高、历史悠久、人员素质高等多种原因，与同行企业比较，可以获得超额利润。根据《企业会计准则第 20 号——企业合并》第十三条第（一）款的规定，非同一控制下的企业合并，"购买方对合并成本大于合并中取得的被购买方可辨认净资产公允价值份额的差额，应当确认为商誉。"

商誉是公司一项非常特别的资产，在进行财务分析时必须重点予以关注。首先，商誉的确认有着严格的限制条件，很多公司的商誉，未能列入公司现有资产范畴，应按照现行会计准则的规定；其次，由于商誉计价有着很强的主观色彩，导致很多已入账的商誉资产，不能真实地反映该公司商誉的实际价值。

3）数据资产问题

智能化时代的财务分析需要重点关注数据资产。2020 年深圳建设社会主义新型示范区综合改革试点的正式实施,标志着公司的数据正式进入资产范畴。一个公司的客户数据、信用数据等都是影响公司价值的重要资产内容,必须予以准确计价,进入财务分析者的视线。

讨论与练习

1. 分组查阅一家上市公司的年度报表,摘录其资产负债表、利润表和现金流量表的主要数据,自学掌握上市公司股票价值的每股盈余、每股净资产和市盈率等分析指标,运用这些指标及已经掌握的阅读报表技能,对所查阅的上市公司年度报表及股票价值进行分析和说明。

【阅读材料 2-1】财务报表——上市公司的"说明书"

1) 财务报表是了解上市公司的窗口

商店里出售的许多商品,大都有一张说明书,介绍该商品的性能、质量及售后服务等,消费者据此可以判断其品质的好坏与价值的高低。股票也有其"说明书",那就是财务报表,只不过许多投资者没有在意罢了。

消费者通过商品的说明书了解商品的性能与品质,而投资者则可以通过财务报表获取上市公司信息,判断上市公司的质地与内在价值。财务报表是上市公司最重要的信息披露渠道,是投资者了解上市公司财务状况和经营情况的基本途径。一般来说,中小投资者主要从上市公司公开的年报、中报、季报等财务报表以及招股说明书、上市公告书、重要事件公告等财务报告中获得关于上市公司的财务信息。因此,如何研读上市公司的财务报表,并通过对财务报表进行分析以判断上市公司的价值趋向,就成为投资者们所关注的核心问题。

一家股份公司一旦成为上市公司,就必须遵守财务公开的原则,即定期公开自己的财务状况,提供有关财务资料,便于投资者查询。上市公司财务报表一般都有三张表,即资产负债表、损益表(利润表)和现金流量表,每张表又都有数十个指标,每个指标又都可与其他指标结合在一起计算出许多比率。通过分析资产负债表,可以了解公司的财务状况,对公司的偿债能力是否较强、资本结构是否合理、流动资金是否充足做出判断;通过分析损益表,可以了解分析公司的盈利能力、盈利状况、经营效率,对公司在行业中的竞争地位、持续发展能力做出判断;通过分析现金流量表,可以了解公司营运资金管理能力,判断公司合理运用资金的能力以及支持日常周转的资金来源是否充分并且有可持续性;通过会计报表附注,可以了解企业使用的会计政策,以及会计报表中的一些重大变化与重大事项。

阅读与分析上市公司的财务报表,是投资者分析上市公司经营业绩、判断股票品质优劣最直截了当、最有效的手段。

无论是正处于选股阶段的投资者,还是已投资于某公司的股东,要想做一名理性的投资者,要想维护并发展自身的经济利益,就必须认认真真地研读上市公司的财务报表,这正是"磨刀不误砍柴工"。如果你在股市投资时还是如同过去那样盲目跟风,或者"跟着感觉走",对你所投资的公司知之甚少,则无异于盲人骑瞎马,瞎猫捉老鼠。

2）财务分析是选择股票的依据

股票投资是一门学问，而不是赌博。我们不能以侥幸的心理赌这只股票有庄家，赌那只股票有好的分配，而应该是通过认真分析上市公司的经营情况，比较和研究股票的运行轨迹，从中挑选出有成长潜力、有投资价值的优质股票。炒股6年、资产增值100倍的散户高手崔伟宏选择股票从不人云亦云，而是利用业余时间通过大量收集和研究上市公司的动态来选择优质潜力股。他选股的原则是着重于公司的成长性，在别人尚未发掘的时候就提前介入，俗称"卧底"。有时他还要对上市公司做一番调查，如他曾自费到厦门信达公司实地访问了解公司情况等。另外一位散户高手杨卫东，从1996年3月至2000年2月，4年时间中，他主要做了7只股，每只股所赚基本都翻番。分析他的投资经历可知，这并不是投机得来的奇迹，而是踏踏实实研究上千家上市公司后的结果。据他介绍，每逢年报或中报出场，杨卫东就投入了繁忙的工作：依次将财务报表中的应收账款、经营性现金流量、投资性现金流量、净利润增长率及构成、主营业务增长率、资产盈利率、资产周转率和应收账款周转率等这些指标居于前100名的公司找出（依据不是当年一年的数据，而是过去五年的），挑出它们之中的重合者；再排除净资产收益率在15%以下者（以别除"配股资格线"可能导致的虚假成分）。此时所剩的备选对象，就不再令人眼花缭乱，而是屈指可数了。接下来的工作是将这些物有所值的股票放到行业背景中去透视。如果兼具一个颇有成长潜力的行业，则肯定是只好股，只待选择时机介入了。

有的散户把股市当作赌场，把股票投资当作赌博，认为只要有庄家就可以粪土变黄金，只要有题材就可以鸡毛飞上天，不料聪明反被聪明误，不是落进庄家的圈套就是跌进炒作的陷阱。乍一看，像杨卫东这样埋头研究上市公司的中报、年报，是很笨的做法，但就是这种笨办法却使他在4年之内赚了20倍，而那些跟庄跟风的散户，自以为聪明，但有几个赚了钱？不套牢、不亏损就阿弥陀佛了！以前，我国绝大多数投资者忽视财务报表的分析，而以打探消息、跟踪庄家、炒作题材来决定股票的选择与买进卖出，实际上是盲目跟风、草率行事，虽然也偶有获利者，但大多数人在大多数时候都是追涨杀跌，劳而无获，亏多赢少。现实已经无数次地教育投资者，不注重财务分析，不重视股票的内在价值，是难以在股市里立足的。号称中国第一大庄家的吕梁，纵然聚集了54亿元的资金，使尽了千般手段，还是没有逃脱市场亘古不变的价值规律，最终落个仓皇逃亡的结局。

阅读与分析上市公司的财务报表有两大重要功能：一是通过分析各只股票品质的好坏来反映出它的内在价值，进而帮助你选股；二是通过阅读与分析你所投资的上市公司的财务报表，了解你所应有的权益，进而帮助你维护自己应得的利益。分析2007年第二大高价股山东黄金的财务状况（见表2-11），我们可以发现，从2006年开始，该股的每股收益、每股净资产、净资产收益率、主营业务收入、主营业务利润、净利润大幅提高。以每股收益为例，2006年年报显示为每股0.8元，而2007年第一季度便达到0.27元，上半年达到0.58元，显示出高速增长的态势。正因为有强大的获利能力作基础，该股一跃成为股市黑马，股价一路狂奔。2007年年初该股还只有20多元，而到2007年9月14日便一举越过200元的高价位，最高达到201.5元，短短9个月时间，股价上涨了7倍。如果你早在2006年年底或者2007年年初认真分析了该股的财务状况，便会发现这是一个让你赚得盆满钵满的大金矿。

表 2-11 营业收入项目的趋势分析

每股指标(单位)	2007-6-30	2007-3-31	2006-12-31	2006-9-30
每股收益(元)	0.5800	0.2700	0.8000	0.5100
每股收益扣除(元)	0.5900	0.2700	0.8200	0.5000
每股净资产(元)	4.4300	4.6300	4.2700	4.0700
调整后每股净资产(元)	—	—	4.1500	3.9400
净资产收益率	13.0500%	5.9000%	18.7600%	12.4700%
每股资本公积(元)	1.8063	1.8063	1.8063	1.8921
每股未分配利润(元)	1.1619	1.3622	1.0076	0.8212
主营业务收入(元)	298 431.17	187 999.24	356 194.28	227 891.49
主营业务利润(元)	—	—	47 081.70	33 209.81
投资收益(元)	1 623.56	−56.08	−327.52	85.80
净利润(元)	9 260.92	4 366.46	12 821.60	8 114.30

在对待财务报表和财务分析上,目前有两种较为极端的态度:一种是全盘否定,认为没有什么用处,其理由一则是现在财务造假太严重,二则是认为股价与财务数据关系不是很大,许多业绩优良的股票股价却相当低迷,倒是一些亏损股、垃圾股却大涨特涨。另一种态度则把财务报表和财务分析视为公司分析的核心甚至全部,言必称财务数据如何如何,完全按财务分析选择股票并进行操作。可以说,这两种态度都是没有真正了解财务报表的作用和局限性所导致的。

财务报表既是了解公司价值的基础,也是产生不真实情况的温床。由于不能完全纠正会计扭曲以及公司财务报表中内在价值的隐蔽性,使得投资者对公司的真实情况认识不清。因此,我们不仅要学会看财务报表,更重要的是要学会进行有效的财务报表分析。有效的财务分析,并不是单纯靠分析财务数据即做出价值评估,而是要根据多方面的信息与资料,探明虚实,辨别真假,去其猫腻,准确、客观地做出综合判断。一般来说,在对一家公司进行投资之前,我们首先要了解该公司的下列情况:公司所属行业及其所处的位置、经营范围、产品及市场前景;公司股本结构和流通股的数量;公司的经营状况,尤其是每股收益和净资产;公司股票的历史及目前价格的横向、纵向比较情况等等。其次,通过对财务报表所传递的信息进行分析、加工,得出反映公司发展趋势、竞争能力等方面的信息,计算投资收益率,评价投资风险,并比较该公司和其他公司的风险和收益,以决定自己的投资策略。最后,只有全面、准确地分析财务报表,才能总览公司的财务全貌,判断公司的经营状况,衡量其股票的价值,达到选择优质股票的目的。(来源:根据网络资料整理:零点财经 https://www.zcaijing.com/cwfxxg)

2. 阅读以下材料,领会并理解财务信息的重要性。

【阅读材料 2-2】经典案例分析——"银广夏"虚假陈述案

1) 案例背景介绍

广夏(银川)实业股份有限公司(简称"银广夏")的股票于 1994 年在深交易所上市交易。

公司上市后,相继3次配股,从证券市场共筹集5.74亿元资金。1996年公司开始治沙种草,创建了闻名于世的银广厦麻黄草种植基地,1998年10月,天津广夏(集团)有限公司与德国诚信贸易公司签订了蛋黄卵磷脂和桂皮、生姜精油、含油树脂等萃取产品出口供货协议,供货金额5 600万马克。1999年天津广夏实际对德国诚信公司出口1.1亿马克。

此后两年,银广厦从股价到业绩,均创下了令人炫目记录,根据银广厦公开报表资料计算,1998年、1999年和2000年的主营业务利润率分别为9.64%、24.29%和45.95%,1999年的净利润比上年增长118.54%,银广厦的股价从13.97元飞涨到35.83元,其骄人的业绩和诱人的前景而被称为"中国第一蓝筹股"。自银广厦上市时起,深圳中天勤会计师事务所一直负责银广厦的审计工作,银广厦的审计每年均顺利过关,其中1999年和2000年负责审计的注册会计师均为刘加容和徐林文。

2001年8月,《财经》杂志发表"银广厦陷阱"一文,银广厦虚构财务报表事件被曝光。随后证监会组织专家能对银广厦进行调查,专家意见认为,天津广夏出口德国诚信贸易公司的为"不可能的产量、不可能的价格、不可能的产品"。以天津广夏萃取设备的产能,即使通宵达旦运作,也生产不出所宣称的数量;天津广夏萃取产品出口价格高到近乎荒谬;对德出口合同中的某些产品,根本不能用二氧化碳超临界萃取设备提取。从8月3日,证监会立案稽查银广厦,8月9日起银广厦股票停牌30天。9月1日,银广厦迟来的中报显示,公司每股收益为负0.039元。9月10日,公司股票复牌,连续15个跌停,股价从30.97元跌至6.59元,近68亿的银广厦市值被蒸发,持有银广厦的股票的投资者遭受重创。

2) 疑点

(1) 利润率高达46%(2000年),而深沪两市农业类、中草药类和葡萄酿酒类上市公司的利润率鲜有超过20%的。

(2) 如果天津广夏宣称的出口属实,按照我国税法,应办理几千万的出口退税,但年报里根本找不到出口退税的项目。2000年公司工业生产性的收入形成毛利5.43亿元,按17%税率计算,公司应当计交的增值税至少为9 231万元,但公司披露2000年年末应交增值税余额为负数,不但不欠,而且还没有抵扣完。

(3) 公司2000年销售收入与应收款项保持大体比例的同步增长,货币资金和应收款项合计与短期借款也保持大体比例的同步增长,考虑到公司当年销售及资金回笼并不理想,显然公司希望以巨额货币资金的囤积来显示销售及回款情况。

(4) 签下总金额达60亿元合同的德国诚信公司只与银广厦单线联系,据称为一家百年老店,但事实上却是注册资本仅为10万马克的一家小型贸易公司。

(5) 原材料购买批量很大,都是整数吨位,一次购买上千吨桂皮、生姜,整个厂区恐怕都盛不下,而库房、工艺却不许外人察看。

(6) 萃取技术高温高压高耗电,但水电费1999年仅20万元,2000年仅70万元。

(7) 1998年及之前的财务资料全部神秘"消失"。

3) 造假与违规情况

证监会调查表明,银广厦存在年度财务报告披露虚假利润和隐瞒重大事项,披露虚假资讯行为。具体事实如下:

(1) 年度财务报告披露虚假利润。

自1998年至2001年期间,银广夏累计虚构销售收入104 962.60万元,少计费用4 845.34万元,导致虚增利润77 156.70万元。

(2) 隐瞒重大事项,披露虚假资讯。

① 隐瞒下属公司的设立、关停情况。1997年3月17日,银广夏董事局作出对深圳广夏软碟配件有限公司、深圳广夏微型软碟有限公司、深圳广夏录影器材有限公司报停和注销的决定,但公司未按有关规定进行披露,并在1999年至2001年中报中继续虚假披露。同年3月18日,银广夏在未履行资产收购相关程序情况下,非法收购已关停的深圳广夏软碟配件公司,此重大事项公司未按有关规定进行披露。

② 银广夏1999年、2000年年报均披露1999年配股资金30 388.96万元已全部投入承诺的配股资金项目。经查,配股承诺投资项目的投入为17 876.88万元,其余配股资金被银广夏董事局及其控股子公司占用及借款,其中支付董事局经费1 200万元。

③ 银广夏在2000年年报中披露,以价值4 351万元的超临界萃取设备作为投资,对芜湖广夏华东玻璃制品股份公司进行增资扩股,并在此基础上设立了芜湖广夏生物科技股份公司,公司注册资本7 535万元,其中:银广夏出资3 337.59万元,持股44.29%;天津广夏出资2 637.25万元,持股35%。经查,芜湖广夏华东玻璃制品股份公司是在2001年3月6日才更名为芜湖广夏生物技术股份公司,注册资本仍为3 184万元,股东构成及其持股比例也未发生变化,银广夏持股比例为30%,天津广夏并无出资。

4) 案情处理

2002年4月23日,证监会决定根据《证券法》第177条规定,对银广夏处以罚款60万元,并责令其改正;同时,鉴于银广夏部分责任人员已移送司法机关追究其刑事责任,待司法机关责任人员予以行政处罚。2003年9月,宁夏银川市中级人民法院对银广夏刑事案做出一审判决:原天津广夏董事长兼财务总监董博因提供虚假财会报告罪被判处有期徒刑三年,并处罚金人民币10万元;法院以提供虚假财会报告罪分别判处原银川广夏董事局副主席兼总裁李有强、原银川广夏董事兼财务总监兼总会计师丁功民、原天津广夏副董事长兼总经理阎金岱有期徒刑二年零六个月,并处罚金3万元至8万元;以出具证明文件重大失实罪分别判处被告人深圳中天勤会计师事务所刘加荣、徐林文有期徒刑二年零六个月、二年零三个月,并各处罚金3万元。为银广夏出具财务审计报告的原深圳中天勤会计师事务所在广夏案事发不久即被有关部门取缔。(来源:根据百度文库"银广夏案例分析与启示"等网络资料整理)

3 了解会计核算程序

> 财务报表的数据来自会计核算资料,会计是借助会计凭证、会计账簿等载体对一个公司的经济活动进行记录、归类和汇总处理,最后将相关财务数据浓缩到几张财务报表上以对外披露。
>
> 会计核算的方法是借贷复式记账法,将经济业务所涉及的财务数据按照会计账户进行归类、汇总和整理,形成编制财务报表所需的财务信息。

3.1 经济业务的核算

3.1.1 会计科目与账户

公司每天都会发生大量的经济业务,如支付采购材料款、支付办公费、生产车间到仓库领用原材料、收取销货款等,这些业务或经济事项涉及公司生产经营的方方面面,面对这些大量杂陈的经济活动,会计人员又是如何对这些业务进行归类和汇总,整理出公司管理层或公司外部利益相关者们所需的财务信息呢?会计人员所运用的工具是会计账户①,并采用借贷记账法②在账户中对经济业务进行归类登记。

由于公司的经济业务多且复杂,所以会计人员就需要设置很多会计账户(会计科目)为了对外编报会计报表,就需要统一账户归集内容的口径,这样不同公司的信息才能相互比较和分析,所以财政部门统一制定了会计制度,对会计科目进行了明确的规定,表 3-1 是财政部门规定的小企业会计科目表。

表 3-1 小企业会计科目表

编号	会计科目	编号	会计科目
	一、资产类	1012	其他货币资金
1001	库存现金	1101	短期投资
1002	银行存款	1121	应收票据

---

① 账户是对同一类经济业务进行归类登记的会计工具,其名称往往称作会计科目。
② 借贷记账法是对每一笔经济业务都同时在两个或两个以上的有关账户中登记的方法,并分为"借"和"贷"两个方向分别反映该项业务所涉及到资金的来龙去脉。

(续表)

编号	会计科目	编号	会计科目
1122	应收账款	2221	应交税费
1123	预付账款	2231	应付利息
1131	应收股利	2232	应付利润
1132	应收利息	2241	其他应付款
1221	其他应收款	2401	递延收益
1401	材料采购	2501	长期借款
1402	在途材料	2701	长期应付款
1402	原材料		三、所有者权益类
1404	材料成本差异	3001	实收资本
1405	库存商品	3002	资本公积
1407	商品进销差价	3101	盈余公积
1408	委托加工物资	3103	本年利润
1411	周转材料	3104	利润分配
1421	消耗性生物资产		四、成本类
1501	长期债券投资	4001	生产成本
1511	长期股权投资	4101	制造费用
1601	固定资产	4301	研发支出
1602	累计折旧	4401	工程施工
1604	在建工程	4403	机械作业
1605	工程物资		五、损益类
1606	固定资产清理	5001	主营业务收入
1621	生产性生物资产	5051	其他业务收入
1622	生产性生物资产累计折旧	5111	投资收益
1701	无形资产	5301	营业外收入
1702	累计摊销	5401	主营业务成本
1801	长期待摊费用	5402	其他业务成本
1901	待处理财产损溢	5403	税金及附加
	二、负债类	5601	销售费用
2001	短期借款	5602	管理费用
2201	应付票据	5603	财务费用
2202	应付账款	5711	营业外支出
2203	预收账款	5801	所得税费用
2211	应付职工薪酬		

会计人员在日常工作中,经常会涉及银行存款收付业务,如支付广告费、收取销货款、支付材料款等,为此就需要设置"银行存款"账户①,来归类汇总银行存款的增减变动过程和结果。在进行会计核算时,公司在生产经营中涉及的各类银行存款增减变动业务,在"银行存款"账户中登记。一般将"银行存款"账户设置成左右两个部分,左方称为借方,右方称为贷方,在借方登记银行存款的增加业务,在贷方登记银行存款的减少业务,月末通过汇总计算本月银行存款总共增加了多少、总共减少了多少,最后可以计算出月末银行存款还结余多少。

会计通过将每一个账户设置成左侧(借方)和右侧(贷方)两个部分,分别汇总该类业务的增加和减少,就可以归类汇总确定该类业务增减变动的过程和结果信息。

假设本月公司发生的涉及银行存款的业务主要有:

第 1 笔业务:通过银行收到上个月的一笔销货款 50 000 元。

第 2 笔业务:销售商品,收到一张 24 000 元的支票,存入银行。

第 3 笔业务:通过银行支付 12 800 元的广告费。

第 4 笔业务:收到客户退还的包装物押金 5 000 元,存入银行。

第 5 笔业务:购置办公用品 8 500 元,开出转账支票支付。

第 6 笔业务:采购原材料一批,价税合计 21 000 元,通过银行付讫。

第 7 笔业务:出纳员将 240 元零星款项存入银行。

对于上述经济业务,会计人员需要按照时间顺序在银行存款账户中登记。其中,增加的金额在银行存款账户的借方登记、减少的金额在银行存款的贷方登记,具体如表 3-2 所示。

表 3-2　银行存款的"T"型账户

借方	银行存款		贷方
期初余额:	23 000		
①	50 000		
②	24 000		
		③	12 800
④	5 000		
		⑤	8 500
		⑥	21 000
⑦	480		
本期借方发生额	79 480	本期贷方发生额	42 300
期末余额	60 180		

月末,会计人员需要将借方的各项增加金额进行合计,计算出本期借方发生额为 79 480 元,汇总计算本期银行存款减少总额即本期贷方发生额为 42 300 元,最后再加上期

---

①　由于每一个账户都需要分别登记增加和减少两个方向的变动数据,所以通常将账户设置成"T"型左右结构,左侧为借方、右侧为贷方,银行存款的增加业务,登记在银行存款"T"型账户的"借方"(左方),银行存款的减少业务,逐笔登记在银行存款"T"型账户的"贷方"(右方)。

初结余的 23 000 元后,期末银行存款结存额为 60 180 元。

会计人员在登记账户时,一般需要把握两个重点,一是按照经济业务发生的时间顺序来登记,二是分别借贷方归类登记增加或减少。

3.1.2 借贷记账法

将一个账户分别设置借贷两个方向,是借贷记账法的重要规定,借贷记账法是对每一笔经济业务都分"借"和"贷"两个方向反映资金运动的来龙去脉。

例如,将 10 000 元现金存入银行这笔业务,当公司出纳员将 10 000 元现金存入银行后,公司的银行存款会增加 10 000 元,库存现金会相应地减少 10 000 元,这就同时涉及两个账户:"银行存款"和"库存现金"。与此同时,可以将这笔经济业务理解为公司的资金由库存现金流向银行存款,是一项资金的运动过程,用"借"代表资金运动的去向,用"贷"代表资金运动的来路,于是会计对这笔经济业务进行处理,会计分录①如下:

```
借  银行存款                                      10 000
    贷  库存现金                                  10 000
```

将 10 000 元增加登记在"银行存款"账户的借方,将 10 000 元减少登记在"库存现金"账户的贷方。

同样的道理,如果生产车间到仓库领用 25 000 元原材料,用于产品制造,则可以理解为公司的资金由仓库流向生产车间,会计分录如下:

```
借  生产成本                                      25 000
    贷  原材料                                    25 000
```

再比如生产车间制造的产品 2 300 件已全部完工,交付成品仓库验收保管,成本为 36 800 元,会计分录如下:

```
借  库存商品                                      36 800
    贷  生产成本                                  36 800
```

观察会计分录可知,用借贷记账法处理经济业务时,每一笔经济业务都是"有借必有贷、借贷必相等"②,这是因为将每一笔业务都看成是一个资金的运动过程,既有去向(借)又有来路(贷),因为是同一笔资金的两个方向,所以借方金额应该是等于贷方金额。

普通公司的会计科目一般都有几十个,通常将这些会计科目分为几个大类,即资产类、负债类、所有者权益类、成本类、收入类和费用类。后两类是用来计算利润的会计科目,所以统称为损益类。这些所有的会计科目都必须分为借贷两方,登记增加或减少,有的科目的借方登记增加、有的科目的贷方登记增加,具体规定在表 3-3 中进行了归纳。

---

① 用来反映一笔经济业务涉及到的会计科目、记账方向和金额的记录形式一般称为会计分录,它是会计记账凭证的简化格式,会计人员常用会计分录来简化代替记账凭证。

② "有记必有贷、借贷必相等"是借贷记账法的记账规律。

表 3-3　借贷记账法下各类账户的结构

账户类别	借方	贷方	余额	期末余额计算
资产类	增加	减少	借方	期末余额＝期初余额＋本期借方发生额－本期贷方发生额
负债类	减少	增加	贷方	期末余额＝期初余额＋本期贷方发生额－本期借方发生额
所有者权益类	减少	增加	贷方	期末余额＝期初余额＋本期贷方发生额－本期借方发生额
成本类	增加	减少	无余额	
收入类	减少	增加	无余额	
费用类	增加	减少	无余额	

3.2　会计核算的程序

3.2.1　会计循环与账务处理程序

会计核算工作一般都是程序化的过程,期初建账,日常编制审核会计凭证、登记账簿,期末进行账项调整、结账、对账和编报会计报表,这一过程称为会计循环。

每一家公司在年初都需要建新账,从旧账(去年的账簿)中转入期初余额,作为本年度会计处理的起点;对于一间新设的公司来说,建新账则主要是设置账簿、开设账户,为经济业务发生后的会计处理做好准备,除此之外,新公司更重要的期初工作是要建立财会制度,对会计核算、内部控制、费用管理、资产管理以及利润的分配等设立规章制度。

日常的会计处理工作是对每一项经济业务按照借贷记账法的要求进行具体的会计核算,主要工作有两项,一是编制和审核会计凭证,二是登记账簿。会计凭证的编制与审核,包括取得和审核原始凭证、编制记账凭证、有的单位还需要进一步编制科目汇总表等。登记会计账簿,包括出纳员登记现金日记账和银行存款日记账,会计人员登记总账和明细账。

期末需要在短时间里集中处理多个会计事项:

(1)账项调整。期末的账项调整很多。包括确定有关费用和成本,如计算利息费用、分摊租赁费和修理费、计提固定资产折旧和无形资产摊销、需要确认收入、计算和结转成本等;计算税费,按照规定各类应缴税务机关的税和费,每期期末都要进行计缴,如企业所得税,每月预缴、年终汇算清缴;结转计算利润,期末需要计算本期的盈利情况,需要进行相应的账务结转等处理工作,以确定本期实现的财务成果;年终需要进行利润分配和决算等会计工作等。

(2)结账和对账。结账就是在将每一个账户结算出本期借方发生额、本期贷方发生额和期末余额。对账,这是为了保证日常会计处理的正确性而进行的核对工作,要做到账证相符、账账相符和账实相符。

(3)编制与报送会计报表。这是会计循环的最后一项工作。在期末处理的基础上,会计人员根据账户及相关资料整理编制资产负债表、利润表和现金流量表等会计报表,做到及时编制、计算正确和内容完整,以便报表的阅读者能够通过阅读公司的报表来把握公司有关偿债能力、盈利能力和现金流量等财务信息,以做出有效的决策。

会计核算的具体过程是从取得和审核原始凭证开始,再编制记账凭证、日常的账簿登记(包括日记账、明细账和总账)、期末的账目核对和编制和报送会计报表,这一过程称为账务处理程序(见图3-1)。

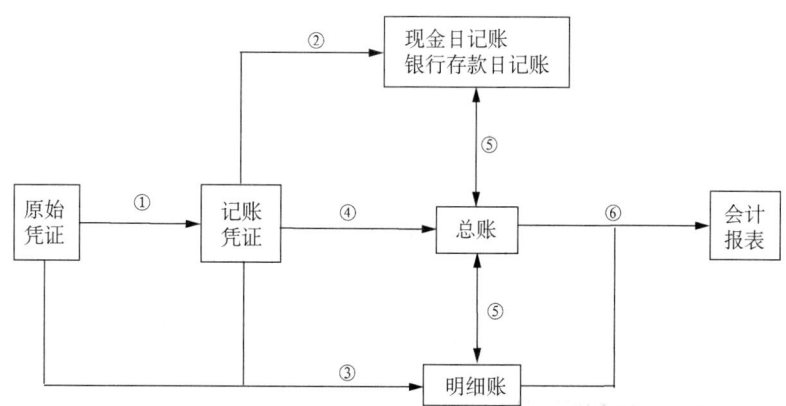

① 根据审核无误的原始凭证编制记账凭证;
② 根据记账凭证登记现金日记账和银行存款日记账(出纳员);
③ 根据记账凭证和原始凭证登记明细账;
④ 根据记账凭证登记总账;
⑤ 期末对账;
⑥ 根据总账和明细账编制会计报表。

图3-1 账务处理程序

3.2.2 会计凭证及其编制与审核

编制和审核会计凭证是会计日常工作的主要内容,是企业经济数据进入会计处理信息系统的入口,也是后续会计信息处理的起点。

会计凭证按照编制的程序分为原始凭证①和记账凭证②。

原始凭证记载了经济业务的具体内容,如乘飞机的机票、采购商品的发票、仓库发出材料的发料单等。这些单据上记载了经济业务的具体事项,是证明经济业务已经发生或完成的凭据,在会计处理时统称为原始凭证。

图3-2是一张销售发票,上面记载了一笔商品交易事项,包括交易双方、交易时间、交易内容、交易数量和交易金额,是会计核算的原始凭证。

---

① 原始凭证按照其来源分为自制原始凭证和外来原始凭证,是记账的原始依据。由公司相关人员填制的凭证,如借款单、验收单、出库单、成本计算单、销货发票,以及出纳员填写的收款收据等,属于自制原始凭证;由其他单位转入的,如车票、保险单、住宿单据、完税证明等,都是外来原始凭证。

② 记账凭证是记账的直接依据,是由单位财会人员根据原始凭证填制、记载经济业务简要内容、确定会计分录、作为记账依据的会计凭证。单位的记账凭证可以采用通用记账凭证形式,也可以采用专用记账凭证形式。在采用专用记账凭证时,需要分别不同业务编制收款凭证、付款凭证和转账凭证。

图 3-2　商品销售发票——原始凭证

会计人员拿到原始凭证后,需要对原始凭证进行审核,包括真实性、完整性和正确性等方面的审核,审核无误后才能进行下一步处理,编制记账凭证①。

原始凭证记载了经济业务的具体内容,但会计人员还需要根据原始凭证编制记账凭证。观察图 3-3 的记账凭证可知,记账凭证上反映了经济业务涉及的账户名称(总账科目和明细科目)、记账方向及金额,其实就是会计分录。

对记账凭证的审核主要由"复核"来完成,需要对所"附单据张数"、会计科目(包括总账科目和明细科目)、金额及其方向(借方或贷方)、完整性(相关人员是否签名或盖章)、正确性(金额计算是否正确)和一致性(记账凭证的内容与所附原始凭证的内容是否一致)等进行认真审核。

3.2.3　账簿的登记与核对

会计主要运用账簿进行记录,所以账簿是一个单位财务信息的主要载体,通常包括日记账、总账和明细账。

日记账是按照经济业务的时间顺序逐笔登记的账簿,其登记要点有两个:①按照时间顺序,注意前后不能颠倒,又称序时账;②需要逐笔登记,不能把多笔业务的金额合并登记,这

---

①　为什么会计人员不直接根据原始凭证登记账簿,而需要先根据原始凭证编制记账凭证,然后再根据记账凭证登记账簿呢?原因主要有两个,第一个原因是原始凭证大小规模不一,不便于整理归档,不利于会计档案的保管;另一个原因是原始凭证上没有标明应登记的会计科目与记账的方向,直接根据原始凭证记账容易出错。

记 账 凭 证
VOCHER

日期： 2020 年 5 月 18 日　　　　　　　第 05234 号

摘要 DESCRIPTION	总账科目 GEN.LED.A/C	明细科目 SUB.LED.C	借方金额 DEBIT AMT. 千百十万千百十元角分	贷方金额 CREDIT AMT. 千百十万千百十元角分	记账 √
销售A产品	银行存款		2 2 6 0 0 0 0 0		
	主营业务收入	A产品		2 0 0 0 0 0 0 0	
	应交税费	应交增值税		2 6 0 0 0 0 0	
附单据 3 张 ATTACHMENTS	合计 TOTAL		¥ 2 2 6 0 0 0 0 0	¥ 2 2 6 0 0 0 0 0	

核　准： 马三立　　复　核： 张宗逊　　记　账： 王欣　　出　纳： 麦嘉敏　　制　单： 陈嘉玲
APPROVED　　CHECKED　　ENTERED　　CASHIER　　PREPARED

图 3-3　记账凭证

是日记账的特点。公司一般对库存现金和银行存款两类业务设置日记账,即现金日记账和银行存款日记账,具体由出纳员负责登记,出纳员对涉及库存现金和银行存款的每一笔业务都应当按照时间顺序逐笔在现金日记账和银行存款日记账上登记,并随时结出余额,动态地反映库存现金和银行存款的增减变动过程和结果,以便检查和核对每一笔现金和银行存款的收付事项,防止出现差错(见图3-4)。

现金日记账

第 21 页

20X7年 月 日	凭证字号	摘要	对应科目	借方 亿千百十万千百十元角分	贷方 亿千百十万千百十元角分	余额 亿千百十万千百十元角分
12 1		期初余额				3 1 4 0 0 0
3	记1203	收到南方公司押金	其他应付款			6 6 4 0 0 0

图 3-4　现金日记账

总账是根据会计科目开户的账户，反映某一类经济业务的总体变化情况，包括增减变动的过程和结果。会计人员一般根据记账凭证来登记总账，有些公司为了减少登记总账的工作量，先根据记账凭证编制科目汇总表，然后根据科目汇总表登记总账（见图 3-5）。

总分类账

GENERALLEDGER

第 46 页

会计科目及编号银行存款

ACCOUNTNO .1002

20X7年 月	日	凭证字号 VOU.N	摘要 DESCRIPTION	借方 DEBIT（亿千百十万千百十元角分）	贷方 CREDIT（亿千百十万千百十元角分）	借或贷	余额 BALANCE（亿千百十万千百十元角分）
12	28		承上页	263548900	238495000		1218152800
							664000

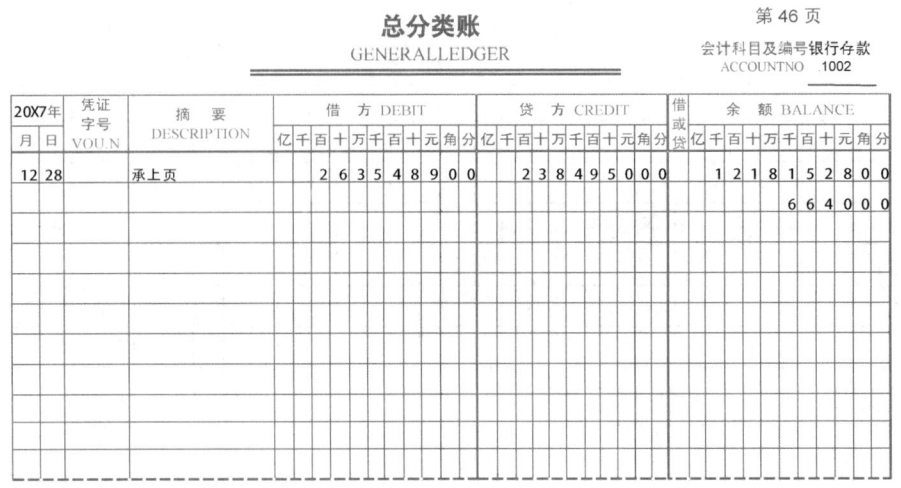

图 3-5　总账账页

明细账是在总账的基础上按照更加详细的内容设置的账户，反映某一类经济业务详细信息的账户，如原材料总账，在原材料总账账户基础上，还需要分别甲材料、乙材料、丙材料等具体材料进行分类设账，以反映各个具体材料的增减变动过程和结果，这就需要进一步设置甲材料、乙材料、丙材料等明细账户（见图 3-6）；再如应收账款总账是反映所有公司应收的外部销货款，提供的是总括应收销货款数据，为了进一步反映哪些公司欠本公司的货款，就需要进一步按照不同公司来开设明细账，具体提供每一个客户公司欠本公司的货款及其变动的详细信息。

原材料明细分类账

SUBSIDIARYLEDGER

总第 029 页

分第 002 页

部类：部　　产地：　　单位：千克　　规格：　　品名：乙材料

20X7年 月	日	凭证字号 VOU.NO.	摘要 DESCRIPTION	借方 DEBIT 数量	单价	金额AMT（百十万千百十元角分）	贷方 CREDIT 数量	单价	金额AMT（百十万千百十元角分）	余额 BALANCE 数量	单价	金额AMT（百十万千百十元角分）
12	1		期初结余							240	50	1200000
	13	入1602	购入	200	50	1000000				440	50	2200000
	14	出3704	A产品生产领用				100	50	500000	340	50	1700000

图 3-6　明细账账页

设置和登记明细账,可以为相关的管理工作提供有益的财务信息,为加强对各类原材料、各个客户或供应商等的管理提供信息支持。

3.3 一个小型商贸公司经济业务的核算

张立人是刚毕业的旅游管理专业大学生,在校期间和其他同学一起有过在旅行社做导游的实习经历,毕业后他开始自主创业,和大学期间同宿舍选修过会计专业课程的王文志同学在于 2020 年 5 月份深圳成立一家小型旅游公司——双人旅行社。

张立人负责旅行社的业务管理,王文志负责旅行社内部事务管理兼任会计。

3.3.1 根据经济业务编制会计分录(记账凭证)

【业务 1】张立人和王文志分别向公司注资 12 000 元和 8 000 元。

这是双人旅行社成立后的第一笔业务,收到股东的投资 20 000 元现金。旅行社的现金资产增加,同时股东的资本增加,股东的资本属于股东权益。

需要编制下列会计分录进行账务处理:

```
借  库存现金                          20 000
    贷  实收资本——张立人                  12 000
            ——王文志                   8 000
```

观察上述会计分录可知,两位股东共向公司注资 20 000 元现金,所以公司开始有资产(库存现金)20 000 元。同时,这笔现金是股东出资的,从权益归属上看,归属于张立人的是 12 000 元,归属于王文志的为 8 000 元。

【业务 2】为了扩大业务规模,旅行社向银行申请了一笔小额贷款 25 000 元,期限 6 个月,贷款收到存入旅行社的银行账户。

会计处理是:

```
借  银行存款                          25 000
    贷  短期借款                        25 000
```

观察上述会计分录可知,银行存款增加了 25 000 元,登记在银行存款的借方;同时,这笔资金是来源于银行 6 个月期限的借款,要登记在短期借款的贷方。

【业务 3】王文志将 20 000 元现金中的 18 000 元存入旅行社银行存款账户。

这项业务发生后,旅行社的资产总额没有发生变化,但资产具体项目则由现金一部分转化为银行存款,所以银行存款增加,记借方;库存现金减少,记贷方。

```
借  银行存款                          18 000
    贷  库存现金                        18 000
```

【业务 4】购置电脑 5 000 元、购置办公桌椅 12 000 元,由银行存款支付。

上述业务中,银行存款中的17 000元转化为固定资产①,旅行社资产总额没发生变化,资产内部项目有增有减,固定资产增加记借方,银行存款减少记贷方。

借　固定资产　　　　　　　　　　　　　　　　　　　　　　　　　17 000
　　贷　银行存款　　　　　　　　　　　　　　　　　　　　　　　　17 000

【业务5】旅行社开张后,接到第一笔订单,承接东方集团组织的团体活动,收到东方集团28 840元,东方集团通过银行转入旅行社的银行存款账号。

接了这单业务后,旅行社的资产中增加了28 840元存款,这笔增加的存款是在旅行社提供服务前预收取客户的旅游服务费,会计处理是:

借　银行存款　　　　　　　　　　　　　　　　　　　　　　　　　28 840
　　贷　预收账款——东方集团　　　　　　　　　　　　　　　　　　28 840

预收客户服务费,在没有完成服务之前,属于旅行社的负债(预收账款)。

【业务6】旅行社组织完成了东方集团的团体活动,用银行存款支付了相关费用,并收回相应的费用支付单据,共计15 244元,费用支出明细是:参观门票费850元、餐费8 040元、车辆及场地费4 500元及其他费用1 854元。

借　营业成本　　　　　　　　　　　　　　　　　　　　　　　　　15 244
　　贷　银行存款　　　　　　　　　　　　　　　　　　　　　　　　15 244

分析旅行社这笔业务可知:共收取东方集团28 840元团费,在旅行社提供了组织团体活动的服务后,预收的团费就可以确定为旅行社的营业收入。28 840元包括两部分,一部分是旅行社的营业收入,另一部分是应交税务机关的增值税。根据增值税税法的规定,旅行社应交增值税为396元。应交增值税属于应付给税务机关的各类税款,是公司的负债。

借　预收账款——东方集团　　　　　　　　　　　　　　　　　　　28 840
　　贷　营业收入　　　　　　　　　　　　　　　　　　　　　　　　28 444
　　　　应交税费——应交增值税　　　　　　　　　　　　　　　　　　396

【业务7】以银行存款支付旅行社本月房租2 500元、临时人员劳务费2 050元和广告印刷费300元、支付水电费等其他杂项费用支出计350元。

这些业务发生后,银行存款减少了5 200元,其中房租和水电费等属于管理费用,临时人员的劳务费和广告印刷费属于营业费用,为了简化核算,现将本例的几笔支出合并为一笔分录②如下。

借　管理费用——房租　　　　　　　　　　　　　　　　　　　　　2 850
　　营业费用——劳务费　　　　　　　　　　　　　　　　　　　　2 050
　　　　　　——广告费　　　　　　　　　　　　　　　　　　　　　300
　　贷　银行存款　　　　　　　　　　　　　　　　　　　　　　　　5 200

---

① 固定资产是公司所拥有的单位价值比较大、使用期限长的劳动资料,包括房屋建筑物、机器设备、运输工具、办公设备等。

② 在实际会计处理工作中,不同的业务不能合并处理,如本项业务的几笔银行存款支出业务,应当分别每一笔进行会计处理。

【业务8】 根据规定,双人旅行社属于小微企业,月收入在30 000元以下的,免征增值税,故上述396元增值税转入旅行社的营业外收入。

  借 应交税费——应交增值税   396
    贷 营业外收入   396

【业务9】 月末,王文志通过汇总确定旅行社开业的第一个月为盈利,具体计算过程是:

$$本月利润 = 营业收入 - 营业成本 - 营业费用 - 管理费用 + 营业外收入$$
$$= 28\,444 - 15\,244 - 2\,350 - 2\,850 + 396 = 8\,396(元)$$

编制损益结转的会计分录:

  借 营业收入   28 444
    营业外收入   396
    贷 本年利润   28 840

同时:

  借 本年利润   20 444
    贷 营业成本   15 244
      营业费用   2 350
      管理费用   2 850

3.3.2 双人旅行社本月试算平衡

认真观察上述每一笔业务的会计处理可以发现,双人旅行社的每一笔经济业务都会引起资产、负债、所有者权益等具体项目发生数额变动,但每一笔业务都遵循了"有借必有贷、借贷必相等"的记账规律,所以总是能够保持着会计的恒等关系:

$$资产 = 负债 + 所有者权益$$

双人旅行社本月的9笔业务汇总反映如表3-4所示。

表3-4 双人旅行社本月经济业务汇总

业务号	业务描述	资产	负债	所有者权益		
				股东投资	利润	
					收入	费用
业务1	股东向公司注资20 000元	+库存现金 20 000		+实收资本 20 000		
业务2	获得短期借款25 000元,存入银行	+银行存款 25 000	+短期借款 25 000			
业务3	将18 000元现金存入银行存款账户	+银行存款 18 000 -库存现金 18 000				

(续表)

业务号	业务描述	资产	负债	所有者权益		
				股东投资	利润	
					收入	费用
业务 4	以银行存款购置电脑 5 000 元、办公桌椅 12 000 元	－银行存款 17 000 ＋固定资产 17 000				
业务 5	收到客户 28 840 元，客户通过银行转入旅行社的银行存款	＋银行存款 28 840	＋预收账款 28 840			
业务 6	以银行存款支付门票费 850 元、餐费 8 040 元、场地费 4 500 元及其他费用 1 854 元	－银行存款 15 244	－预收账款 28 840 ＋应交税费 396		营业收入 28 444	营业成本 15 244
业务 7	以银行存款支付房租 2 500 元、劳务费 2 050 元、广告费 300 元、水电费和其他杂费 350 元	－银行存款 5 200				管理费用 2 850 营业费用 2 350
业务 8	增值税免税 396 元		－应交税费 396		营业外收入 396	
业务 9	损益结转				－营业收入 28 444 －营业外收入 396	－营业成本 15 244 －管理费用 2 850 －营业费用 2 350
合计		53 396	25 000	20 000	28 396	

3.3.3 登记"T"型账户，并结账

表 3-5 双人旅行社"T"型账户

借方	库存现金		贷方	借方	实收资本		贷方
①	20 000					①	20 000
		③	18 000	本期合计	0	本期合计	20 000
本期合计	20 000	本期合计	18 000			期末余额	20 000
期末余额	2 000						

借方	银行存款		贷方		借方	短期借款		贷方
②	25 000						②	25 000
③	18 000	④	17 000		本期合计	0	本期合计	25 000
⑤	28 840	⑥	15 244				期末余额	25 000
		⑦	5 200		借方	应交税费		贷方
							⑥	396
本期合计	71 840	本期合计	37 444		⑧	396		
期末余额	34 396				本期合计	396	本期合计	396
							期末余额	0

借方	固定资产		贷方		借方	营业收入		贷方
④	17 000						⑥	28 444
本期合计	17 000	本期合计	0		⑨	28 444		
期末余额	17 000				本期合计	28 444	本期合计	28 444
							期末余额	0

借方	预收账款		贷方		借方	营业外收入		贷方
		⑤	28 840				⑧	396
⑥	28 840				⑨	396		
本期合计	28 840	本期合计	28 840		本期合计	396	本期合计	396
		期末余额	0				期末余额	0

借方	营业成本		贷方		借方	营业费用		贷方
⑥	15 244				⑦	2 350		
		⑨	15 244				⑨	2 350
本期合计	15 244	本期合计	15 244		本期合计	2 350	本期合计	2 350
期末余额	0				期末余额	0		

借方	管理费用		贷方		借方	本年利润		贷方
⑦	2 850				⑨	20 444	⑨	28 840
		⑨	2 850		本期合计	20 444	本期合计	28 840
本期合计	2 850	本期合计	2 850				期末余额	8 396
期末余额	0							

3.3.4 双人旅行社期末会计报表

双人旅行社需要在 2020 年 5 月末根据账户资料编制会计报表,包括资产负债表和利润表。

作为股东兼会计,王文志于 2020 年 5 月 31 日编制资产负债表和利润表(见表 3-6、表 3-7)。

表 3-6　资产负债表

编制单位：双人旅行社　　　　　　2020 年 5 月 31 日　　　　　　　　　　　　单位：元

资产	年初数	期末数	负债和所有者权益（或股东权益）	年初数	期末数
流动资产：			流动负债：		
货币资金		36 396	短期借款		25 000
交易性金融资产		0	应付票据		0
应收票据		0	应付账款		0
应收股利		0	预收账款		0
应收利息		0	应付职工薪酬		0
应收账款		0	应交税费		0
其他应收款		0	应付股利		0
预付账款		0	应付利息		0
应收补贴款		0	其他应付款		0
存货		0	一年内到期的非流动负债		0
一年内到期的长期债权投资		0	其他流动负债		0
其他流动资产		0	流动负债合计		25 000
流动资产合计		36 396	非流动负债：		
非流动资产：			长期借款		0
可供出售的金融资产		0	应付债券		0
持有至到期投资		0	长期应付款		0
长期股权投资		0	其他长期负债		0
投资性房地产		0	非流动负债合计		0
固定资产		17 000	负债合计		25 000
在建工程		0	所有者(股东)权益：		
无形资产		0	实收资本(或股本)		20 000
开发支出		0	资本公积		0
长期待摊费用		0	盈余公积		0
其他非流动资产		0	未分配利润		8 396
非流动资产合计		17 000	所有者(股东)权益合计		28 396
资产总计		53 396	负债和所有者权益总计		53 396

表 3-7 利润表(简表)

编制单位:双人旅行社　　　2020 年 5 月 31 日　　　　　　　　　　　　单位:元

项目	本月数	本年累计数
一、营业收入	28 444	28 444
减:营业成本	15 244	15 244
税金及附加	0	0
营业费用	2 350	2 350
管理费用	2 850	2 850
财务费用	0	0
二、营业利润	8 000	8 000
加:营业外收入	396	396
减:营业外支出	0	0
三、利润总额(亏损总额以"—"号填列)	8 396	8 396
减:所得税费用	0	0
四、净利润(净亏损以"—"号填列)	8 396	8 396

讨论与练习

1. 查阅相关资料,了解"会计学之父"卢卡·巴其阿勒的生平及主要贡献,进一步了解增减记账法、收付记账法等复式记账法与借贷记账法的不同。

2. 请对某公司下列业务编制会计分录(用借贷记账法):

(1) 收到股东公司投资,通过银行转账转入投资款 200 000 元。

(2) 以银行存款 500 000 元支付到期的长期借款。

(3) 车间到仓库领用原材料 23 000 元,用于产品制造。

(4) 销售商品一批,销售收入 56 000 元,另收销项增值税 9 520 元。

(5) 收回南方公司原欠本公司货款 76 000 元,存入银行。

(6) 出纳员从银行提取 2 000 元备用。

4 出纳工作

> 出纳员是非常重要的财会工作岗位。出纳员的主要工作是现金和银行存款的管理，从事现金的收付和银行存款的结算业务，负责库存现金和银行存款账户的管理。
> 由于出纳员是从事"钱"的工作，除了具有一般的财会业务能力外，还必须认真细致，要有很强的法制意识和安全意识。

4.1 出纳工作概述

4.1.1 出纳员工作职责

每个单位的财会部门都设置了出纳员[①]岗位，出纳员究竟都做什么工作呢？简单地说就是负责单位的现金收付管理、银行存款的收支管理。

(1) 负责现金的收付，保管单位的库存现金。根据《现金管理暂行条例》中有关现金开支范围的规定进行的收付业务；根据现金收付业务逐笔登记现金日记账，随时结出余额；每日下班前要与现金日记账对核对一致，做到日清月结；对超限额的现金按规定及时送存银行。

(2) 负责银行存款的结算，管理银行存款账户。根据银行结算制度规定，办理银行存款的收付结算业务；将每一笔银行存款的收支业务逐笔在银行存款日记账中登记，并随时结出余额；定期将银行存款日记账与银行对账单核对一致，如有不符，应立即与银行核对调整；掌握银行存款余额，不准签发空头支票和远期支票，不准出租、出借银行账户为其他单位办理结算。

(3) 根据公司业务经营和财务管理的需要，遵照国家外汇管理相关规定，及时办理购汇、付汇事项，及时登记外币资金的日记账，保管好外币资产，确保其安全与完整。

(4) 负责保管国债、债券和股票等有价证券，确保安全与完整。杜绝发生短缺等造成的管理损失。

(5) 负责保管财务印章、空白收据和空白支票。印章包括公司财务专用章和法人代表名章，出纳员必须严格执行印章、空白支票和空白收据的管理办法，财务专用章和法人代表名章要由出纳员和会计分别保管，交由出纳员保管的印章要严格按规定用途使用，空白支票和空白收据等空白票据要按照领用和注销的规定严格执行相关手续。

---

① 出纳员是负责货币及货币兑换业的工作，"出"表示支出、付出，"纳"表示收入、收纳，所以出纳员是管理货币资金、票据、有价证券等收付和保管工作的专职财会人员，设在业务部门的收银员也属于出纳员工作的一种。

4.1.2 出纳员工作要求

由于出纳员的工作始终要与"钱"打交道,所以对出纳员有着严格要求。

(1) 工作要认真细致。出纳员做的是"钱"的工作,每天都和大量的金钱打交道,稍一不慎就会造成损失。出纳员必须养成认真细致的工作作风,做到精力集中、有条不紊、严谨细致。工作起来就要全身心地投入,不为外界杂事所干扰;计算器具要摆放整齐,钱款票据要存放有序,办公环境要洁而不乱;业务处理要认真仔细,认真核对每一笔钱款、认真登记每一项业务、收支计算要准确无误,认真审核收付款的凭证与手续,确保手续完备,不发生工作差错。

(2) 要有很好的业务技能。出纳员日常用电脑、填票据、点钞票,都需要深厚的基本功,要练就一手很好的出纳技能,能够熟练地运用计算器具、点钞与验钞技术、熟练操作财务软件和办公系统。作为专职出纳人员,不但要具备处理一般会计事务的财会专业基本知识,还要具备较高的出纳专业知识水平和处理出纳事务的能力。首先,出纳人员要有很强的数字运算能力,不管用计算机、算盘、计算器,还是其他的计算器具,都必须快而准。其次,在现金收付工作中,必须做到"唱收唱付"。再次,在填制支票或其他单据时,要书写清晰、计算正确、手续完整,所以出纳员要苦练汉字、阿拉伯数字的写法,提高写作概括能力,一张书写工整、填写齐全、摘要精炼的票据能表现一个出纳员的工作能力。

(3) 要有很强的安全意识。出纳员保管的现金、支票、有价证券、票据、印鉴等,都有极强的"流动性",出纳员必须要有很强的安全防范意识,以确保其安全与完整。从内部管理上,要严格按照内部控制制度的要求遵守分工负责、审核复核、定期盘点的制度规定;对外要加强安保措施,办公用房的门窗、抽屉、保管柜配置锁具,严格保险柜的密码管理,网上银行的账号与支付密码、第三方支付密码等均不得向他人泄露。出纳人员既要密切配合安保部门的工作,又要增强自身的安保意识,学习安保知识,把保护好分管财产物资的安全与完整作为首要任务来完成。

(4) 要有很高的职业操守。出纳人员必须具备良好的职业道德修养,要敬业爱岗、遵纪守法、清正廉洁、保守秘密。①出纳员要热爱出纳工作,要敬畏自己的职业,出纳工作是自己及家庭赖以生活之资,要有敬畏之心办理好每一项出纳事务;②出纳员要遵纪守法,一方面要以身作则,做到清正廉洁,洁身自好,不贪、不腐、不占便宜,不挪用公款,更不能贪污舞弊、监守自盗,另一方面,出纳员要坚持原则,正确地处理好各种利益关系,维护法律、法规的尊严,坚持原则,无私无畏地维护财经纪律;③出纳员要注意保守机密,在遵守法规的基础上,始终维护本单位和投资人的利益,做好相关服务工作。

4.2 现 金 管 理

4.2.1 现金管理制度

出纳员负责现金管理,必须严格执行《现金管理暂行条例》的相关规定,包括现金开支范围和库存现金限额的规定。

1) 现金使用范围

下列情况可以支付现金：

（1）职工工资、津贴。

（2）个人劳务报酬。

（3）根据国家规定颁发给个人的科学技术、文化艺术、体育等各种奖金。

（4）各种劳保、福利费用以及国家规定的对个人的其他支出。

（5）向个人收购农副产品和其他物资的价款。

（6）出差人员必须随身携带的差旅费。

（7）结算起点以下的零星支出。

（8）中国人民银行确定需要支付现金的其他支出。

结算起点目前为 1 000 元。结算起点的调整，由中国人民银行确定，报国务院备案。

企业与其他单位发生的经济往来，除上述规定的范围外，应当通过开户银行进行转账结算，以便银行进行监督。

2) 库存现金限额

单位应当保留一定数额的现金，以应付日常零星开支的需要，如采购零星办公用品、支付零星费用等，但出纳员手中的现金不宜保留太多，一方面是出于安全考虑，另一方面则是银行监管的需要，所以每个单位都要与开户银行商定库存现金的最高数额。核定库存现金限额一般按 3 天至 5 天的日常零星开支所需的现金，边远或交通不便地区单位的库存现金限额，可以多于 5 天，但不得超过 15 天的日常零星开支所需。

经核定的库存现金限额，企业必须严格执行。企业每日的现金结存数，不得超过核定的限额，超过部分应及时送存银行，不足部分则可以从银行提取补足。企业由于生产经营业务的变化，需要增加或减少库存现金限额时，应向开户银行提出申请，经重新核定后才可调整。

4.2.2 办理现金收付业务

出纳员必须根据审核无误的现金收付原始凭证，办理现金的收付业务，办理现金收付后，要在原始凭证上加盖"收讫"和"付讫"印章，表示款项已经收付，以免重收重付或漏收漏付，并根据据现金收付款的记账凭证登记现金日记账。

1) 收现业务流程

出纳员根据审核无误的收据或发票收款，具体流程如图 4-1 所示。

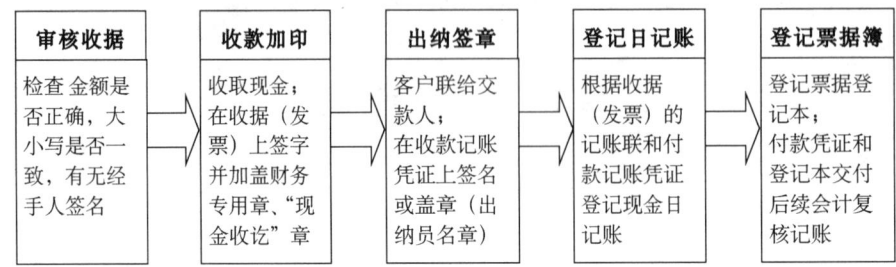

图 4-1 出纳员收现业务流程

2) 付现业务流程

出纳员支付现金主要是支付相关费用,包括报销费用支付现金和支付劳务费等零星开支,出纳员付现也必须依据支付现金的相关凭证进行,具体流程如图4-2所示。

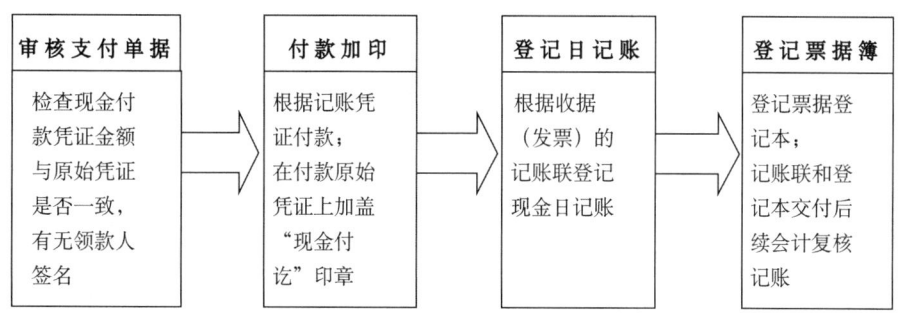

图 4-2 出纳员付现业务流程

3) 备用金管理

公司内部有些部门或有的员工由于其工作性质,经常发生一些零星开支,如总务部门经常报销办公用品费、采购员经常报销差旅费等,为了简化管理、明确职责,以备用金①的方式进行管理。

备用金一般采用定额管理的方法,预先拨付给有关部门或人员一定数额的款项作为备用金,该部门或人员的零星开支直接由其手中的备用金支付,并定期向财会部门集中报账,财会部门核准报账后,再补足其备用金定额。

4.2.3 现金清查

为了保证账款相符,保护现金的安全与完整,及时、如实地反映库存现金余额,应该对库存现金进行定期清点(见表4-1)。

表 4-1 现金盘点报告表

单位名称:　　　　　　　　　　年　月　日　　　　　　　No

项目名称	金额（元）	清点现金(币别:　)		
		货币面额	张(个)数	金额
一、现金清点账面余额		100元		
二、现金清点实际金额		50元		
三、差异数		20元		
1. 长款		10元		
2. 短款		5元		

---

① 备用金(petty cash)是拨付给内部部门或人员用于零星开支或差旅费所需的款项。

(续表)

项目名称	金额（元）	清点现金(币别：)		
		货币面额	张(个)数	金额
四、说明		2元		
		1元		
		5角		
		2角		
五、处理意见		1角		
		5分		
单位负责人：		2分		
		1分		

财务负责人：　　　　　　出纳：　　　　　　监盘人：　　　　　　盘点人：

出纳员应该对本人经管的现金做到日清月结，每日进行一次盘点；财务部门还应安排人员对出纳员管理的库存现金进行定期或不定期清点，不定期清点一般采用随机突袭检查的方式，重点检查是否存在用借条、白条等不符合制度规定的凭证顶替库存现金、是否存在超过库存现金限额的情况等。现金清点中如发现短缺或溢余等情况，应及时查明原因，按照规定进行处理。

4.3 银行存款管理

4.3.1 银行存款管理制度

银行存款是公司存放在银行和其他金融机构的款项。公司在银行开立存款账户，用于存取款项和转账结算，和现金一样，银行存款由出纳员负责管理。

1) 银行开户制度

公司可以自主地在当地(注册地)选定一家银行开设银行结算账户，银行结算账户包括基本存款账户、一般存款账户、临时存款账户和专用存款账户。

每一个公司只能开设一个基本存款账户。基本存款账户是存款人的主办账户，用于办理日常转账结算和现金收付需要，提取现金、工资和奖金的发放等必须通过基本存款账户。

除基本存款账户以外，公司还可以开立一般存款账户，用于办理存款人借款转存、借款归还和其他结算的资金收付，一般存款账户可以办理现金缴存，但不得办理现金支取。

专用存款账户是对特定用途资金进行专项管理和使用而开立的银行结算账户。如公司办理单位银行信用卡的备用金、基本建设资金和更新改造资金等，该账户对支取现金有着严格规定。开立单位银行卡帐户时，其资金必须由公司基本存款账户转账存入。

公司因注册验资、异地临时经营活动或设立临时机构等需要，可以开立临时存款账户，临时存款账户用于办理临时机构以及存款人临时经营活动发生的资金收付,有效期最长不得超过2年。

2) 银行结算制度

传统的银行转账结算方式有支票、汇兑、委托收款、银行本票、银行汇票、商业汇票、托收承付、信用证等。随着互联网金融的发展,网上银行和第三方支付方式正蓬勃发展,大有取代传统结算方式之势。

按照《银行结算办法》的规定,通过银行转账结算,应当遵循如下原则:

(1) 恪守信用,履约付款。
(2) 谁的钱进谁的账、由谁支配。
(3) 银行不垫款。

4.3.2 支票结算

公司可以签发支票①支付款项。在签发支票时,要详细列明收款单位或收款人,并列明款项用途和金额,同时出纳员必须认真检查银行存款的账面结存,既不要签发空头支票②,也不要签发远期支票③,收款人必须在有效期内到银行取款或办理转账手续(见图4-3)。

出纳员签发支票,要加盖与预留开户银行相同的印章,包括财务专用章和法人代表名章,并将支票交付收款人或提款人,出纳员根据支票的存根登记银行存款日记账,进行会计处理。

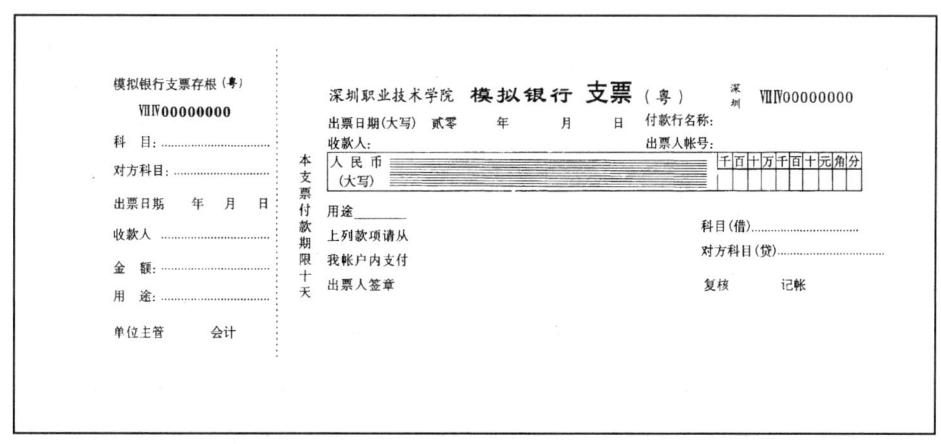

图4-3 支票(票样)

公司收到支票时,出纳员应当关注支票的到期日,在到期日前及时送存银行,并根据银行签发的银行进账单回单登记银行存款日记账和后续会计处理(见图4-4)。

---

① 支票是公司签发的,委托存款银行或其他金融机构,在见票时无条件支付确定金额给收款人或持票人的票据。支票分为普通支票、现金支票、转账支票3种。现金支票只能用于支取现金;转账支票只能用于转账;普通支票可以用于支取现金,也可以用于转账,但在普通支票左上角划两条平行线的,为划线支票,只能用于转账,不能支取现金。支票的有效期为10天,有效期从开票日期次日算起,T+10天有效,比如1日开的支票,有效期到11日,遇节假日顺延。

② 公司签发的支票票面金额,超过公司在银行存款的余额或透支限额而不能生效的支票。

③ 远期支票就是把出票日期不按规定的当日填写,而是向后推迟了,这样的支票就是远期支票。

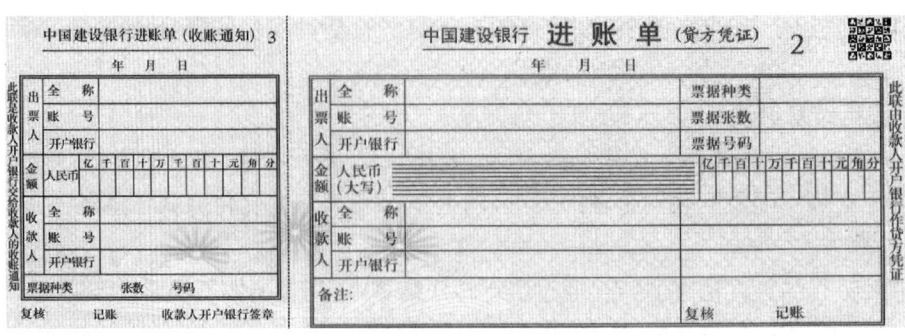

图 4-4　银行进账单(票样)

4.3.3　银行汇票

公司也可以运用银行汇票①进行结算,与支票不同,银行汇票是由出票银行签发的票据,公司需要预先向出票银行存入相应款项,然后才能向银行申请出具银行汇票。

由于银行汇票既适用于在银行开户的单位、个体经济户和个人,也适用于未在银行开立账户的个体经济户和个人,比支票有更长的结算期限(1个月)。最重要的是,银行汇票是由银行签发的,信用度高,安全可靠,银行汇票能够做到票随人走,钱货两清,所以是一种被广泛使用的结算方式。

汇款人办理银行汇票时,应将款项交存签发银行并填写"银行汇票申请书"(需要在兑付地支取现金的,应填写"现金"字样),银行受理并办理转账或收妥现金后,据以签发银行汇票,将汇票和解讫通知连同汇票委托书的回单交给汇款人。汇款人持银行汇票和解讫通知可以向收款人办理结算(见图4-5)。

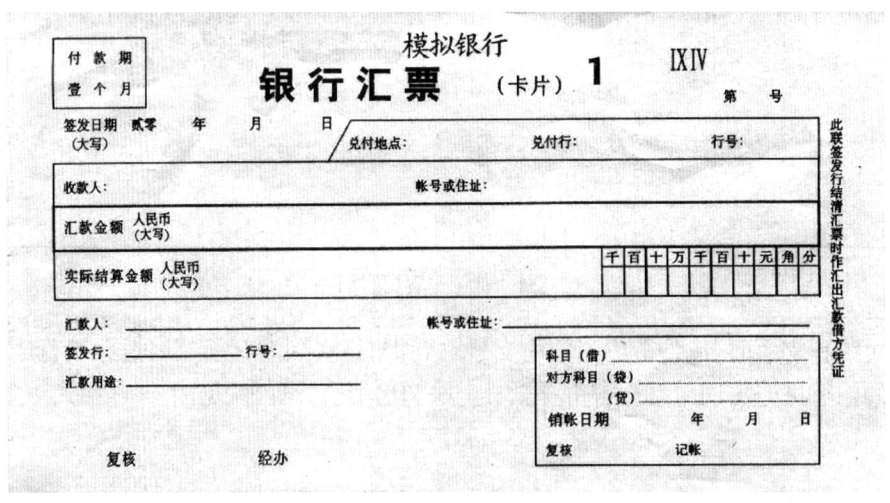

图 4-5　银行汇票(票样)

---

① 银行汇票是汇款人将款项存入当地出票银行,由出票银行签发的,由其在见票时,按照实际结算金额无条件支付给持票人或收款人的票据。银行汇票的金额起点为500元。

在交易活动中,采用银行汇票结算,对于销货方来说,由银行保证付款、信用高,可以迅速取得货款。对于购货方来说,由于票随人走,人到票到,避免长途携带现金,钱货两清;公司持银行汇票购货,凡在汇票的出票金额之内的,可根据实际采购金额办理支付,多余款项将由银行自动退回,能有效地防止交易尾欠的发生。

4.3.4 商业汇票

商业汇票①,主要用于商品交易的货款结算。

商业汇票分商业承兑汇票和银行承兑汇票。前者是由收款人签发,经付款人承兑,或由付款人签发并承兑;后者是由收款人或承兑申请人(付款人)签发,并由承兑申请人向开户银行申请承兑的票据(见图4-6)。

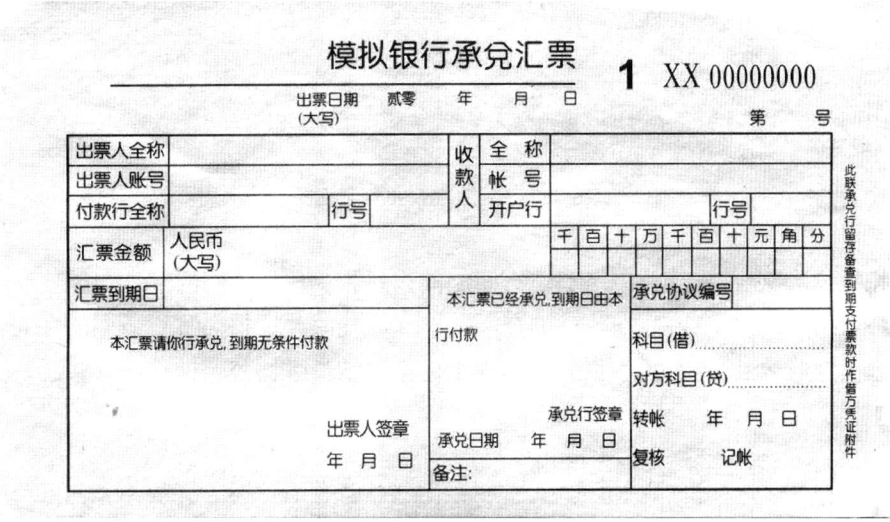

图4-6 商业汇票(银行承兑汇票)(票样)

商业承兑汇票的收款人或背书人对将要到期的商业承兑汇票,送交银行办理收款手续,付款人应于到期前将票款足额交存银行,银行凭票将款项划转给收款人或被背书人或贴现银行,如果付款人存款不足付款,开户银行将汇票退给收款人或被背书人,银行不负责付款,由收付款双方自行解决,同时,银行对付款人按票面金额处以5‰但最低不能低于1 000元的罚款。

银行承兑汇票的承兑申请人应于汇票到期前将票款足额交存其开户银行,承兑银行待到期日凭票将款项付给收款人;付款人到期前未能足额交存票款时,承兑银行除凭票向收款人或被背书人或贴现银行无条件支付票款外,按逾期借款对承兑申请人执行扣款,对尚未扣回部分,按每天万分之五计收罚息。

商业汇票贴现。收款单位在商业汇票未到期前急需资金时,可填写"贴现凭证",持未到

---

① 商业汇票是由收款人或付款人(或承兑申请人)签发,由承兑人承兑并于到期日向收款人或被背书人支付款项的票据。按照承兑人的不同,商业汇票包括银行承兑汇票和商业承兑汇票。商业汇票的承兑期限由交易双方商定,但最长不超过6个月。

期商业汇票到开户银行申请贴现。银行审查后按票面金额扣除贴现日至汇票到期前一日的利息后的款项给贴现申请人。

4.3.5 委托收款和异地托收承付

公司也可以采用委托收款方式委托银行办理收款手续,付款人无论在同城还是异地均可采用这种方式收款,且不受金额起点的限制,流程如图4-7所示。

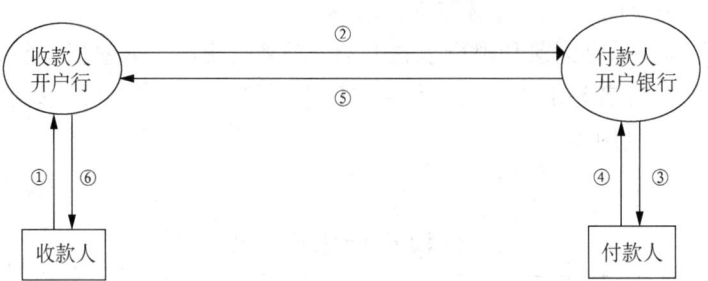

注:①委托银行办理收款手续;②递送结算凭证;③通知付款人付款;④通知银行付款;⑤划款;⑥通知收账。

图4-7 委托收款业务流程图

委托银行收款时,出纳员应填写银行印制的委托收款凭证,在委托收款凭证上写明付款单位名称、账号、开户银行、委托收款的金额、款项、委托收款凭据名称以及附寄单证等内容,银行办理受托收款后,将委托收款凭证的回单返给出纳员带回公司处理(见图4-8)。

图4-8 委托收款凭证(回单)

付款公司的出纳员在收到委托收款通知次日起3天内要会同业务部门审核付款事项,如决定全部或部分拒绝支付,应在付款期内填写拒绝付款理由书,连同有关证明单据送交开户银行办理全部拒付手续;部分拒绝付款的,通知银行办理部分转账结算;如未向银行提出异议，银行视作同意付款，并在付款期满的次日主动将款项从公司账户付出（见图 4-9）。

托收承付/委托收款 结算 全部/部分 拒绝付款理由书（代通知/或收账通知）4

拒付日期 2009 年 9 月 15 日　　原托收号码 3300090101

付款人	全称	长江设备经销公司		收款人	全称	黄河设备制造厂	
	账号	67091139507001040			账号	585815800021010	
	开户行	农行滨河支行			开户行	建行处州支行	
托收金额	￥14040.00	拒付金额	￥14040.00	部分付款金额		千百十万千百拾元角分	￥000
附寄单据		部分付款金额（大写）		零元整			
拒付理由：型号不符							
长江设备经销公司财务专用章　王小　付款人签章							

此联作收款单位收账通知或全部拒付通知书

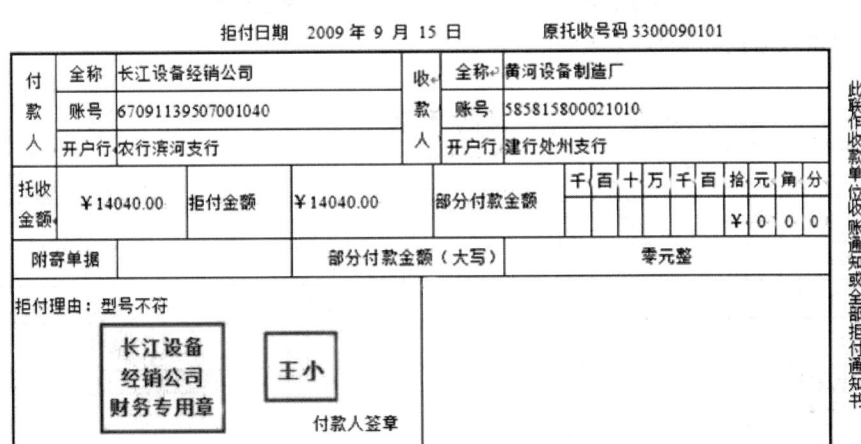

图 4-9　拒付理由书

采用委托收款结算方式时，收付款双方必须有可靠的信用基础。因为对付款方的拒付理由，银行没有审核合理性的义务，只是代为传递，所以收款公司应先了解对方的信用和支付能力的情况，然后再发货或提供劳务（见图 4-10）。这样通过委托收款结算时，可防止付款单位不守信用，任意拒绝付款或拖欠货款。

货物指定于　　　　搬入　　　　★　★　铁　路　　货物运单

货　位：

计划号码或运输号码：

运到期限：　　　　日　　　　托运人 发站 → 到站 → 收货人

承运人/托运人装车
承运人/托运人施封

托运人填写						承运人填写				
发站		到站（局）				车种车号		货车标重		
到站所属省（市）自治区						施封号码				
托运人	名称		电话			经由	铁路货车棚车号码			
	住址									
收货人	名称		电话			运价里程	集装箱号码			
	住址									
货物名称	件数	包装	货物价格	托运人确定重量（公斤）		承运人确定重量（公斤）	计费重量	运价号	运价率	运费
合计										
托运人记载事项						承运人记载事项				
注：本单不作为收款凭。托运人签约须知见背面。		托运人（签章）				到站交付日期戳		发站承运日期戳		

图 4-10　铁路货运单据

异地托收承付也是委托银行收取款项,但必须是商品交易签订合同,收款方办妥发货手续,所以一旦付款方拒付,银行则负责审查拒付理由,如理由不充分,则执行扣款。托收承付适用于向异地单位收款,又称异地托收承付。

托收承付结算方式,可以促使销货单位按照合同规定发货,购货单位按照合同规定付款,维护购销双方的正当权益(见图4-11)。

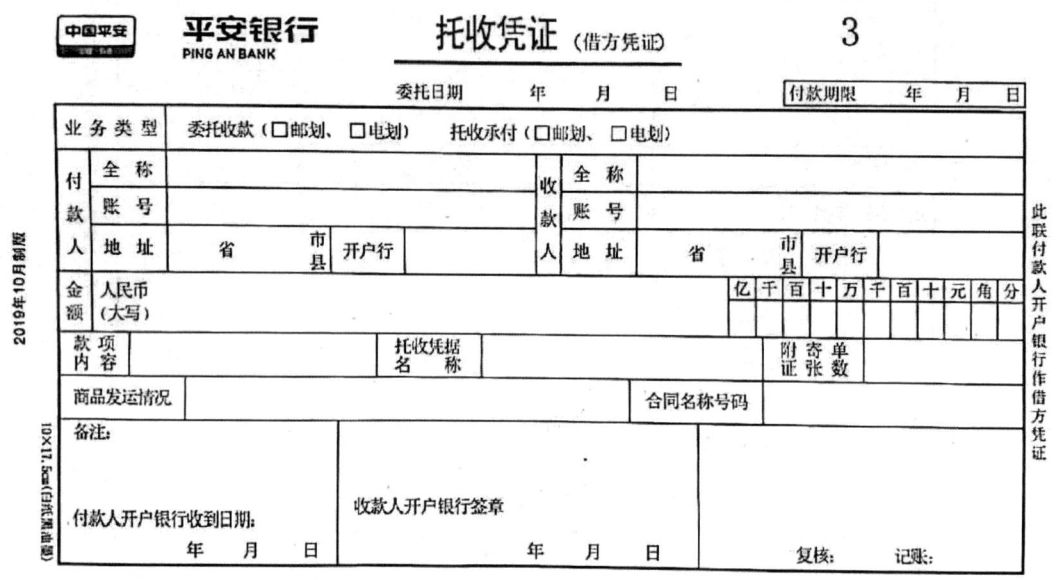

图 4-11 托收承付结算凭证

4.3.6 信用证

公司涉及进出口业务时,常用的国际结算方式是信用证①结算。

在信用证结算方式下,一般要经过开证申请、开证行开立信用证、通知行通知受益人、交单议付、寄单索偿、申请人付款赎单等业务流程。

采用信用证付款的结算方式时,买家是根据买卖合同填写开证申请书并向开证银行交纳信用证保证金或提供其他保证后,请开证银行开具信用证。信用证是开给卖方的,以卖方为受益人。卖家在按照合约要求的货物付运,取得一套单证,其中包括最重要的已装船提单(B/L),然后就向银行(议付行)申请结汇。议付行按信用证条款审核单据无误后,即把货款垫付给受益人,然后通知开证人付款赎单(实际上是从原来交纳的保证金中扣除,多余的款再还给买家)(见图4-12)。

4.3.7 单位信用卡

有的员工经常需要支付零星费用,如支付差旅费、购置办公用品、支付业务招待费等,可

---

① 信用证是进口国银行应进口商要求向出口商开立的、在一定期限内支付一定金额的保证文件。信用证结算是国际贸易结算中最重要的方式之一。

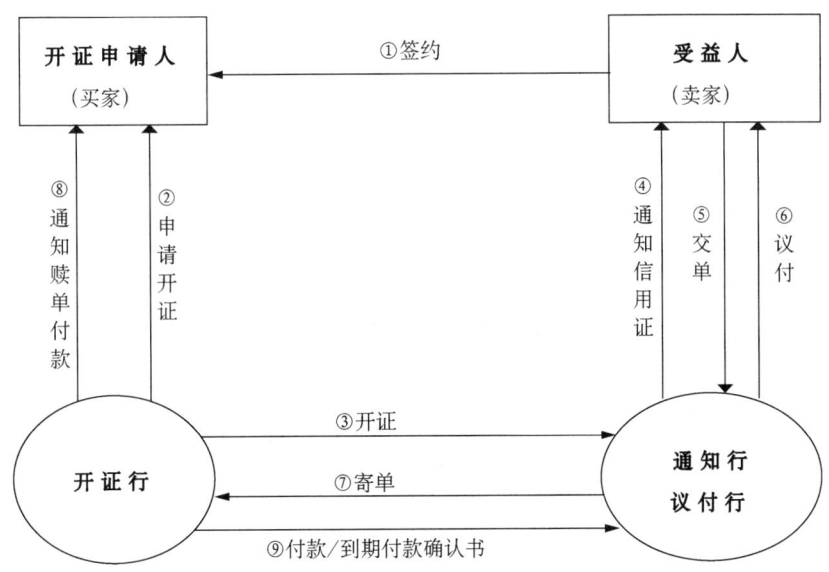

图 4-12 信用证结算业务流程图

以为其办理单位信用卡,用于日常消费或转账需要。

单位信用卡在使用过程中,所需资金一律从公司基本存款账户转账存入,不得交存现金,也不得将销货收入的款项存入单位卡账户;单位卡不得用于 10 万元以上的款项的结算;不得支取现金。单位卡的单笔透支额不得超过 5 万元。出纳员应定期与发卡银行核对信用卡的使用情况,及时向信用卡账户转入足额的资金,防止逾期。

4.3.8　第三方支付与网上银行

支票、委托收款等传统结算方式大多属于直接支付,由收付款双方在基于交易的款项结算,由于交易标的在流转验收过程中,货物流和资金流的异步和分离的矛盾不可避免,结算风险也不可避免。在网络交易日趋发达的今天,第三方结算平台应运而生。

第三方结算平台是买卖双方在缺乏信用保障或法律支持情况下的资金支付"中间平台",买方将货款付给买卖双方之外的第三方,第三方提供安全交易服务,其运作实质是在收付款人之间设立中间过渡账户,当双方意见达成一致时才能决定资金去向。第三方担当中介保管及监督的职能,并不承担什么风险,所以确切的说,这是一种支付托管行为,通过支付托管实现支付保证。

目前比较流行的网上第三方支付平台主要有微信钱包、支付宝、财付通等。

开通网上银行,可以利用网络平台对公司银行存款账户进行查询、对账、行内转账、跨行转账、信贷、网上证券、投资理财等业务操作,所以掌握网上银行操作技巧是出纳员的必修课。

4.3.9　银行存款的核对

为了检查银行存款的正确性,出纳员需要按照银行存款的每一个账户设置一个银行存款日记账,将每一笔银行存款的收付业务及时在银行存款日记账上登记,以便定期与银行对账单相核对(见图 4-13)。

中国工商银行济南市分行对账单

账号：　　　单位名称：北方正林有限公司　　　第　　页

日期	交易	凭证号	借方	贷方	余额
承上页					100 000
3.2	取得贷款	#4500		100 000	
3.3	提取现金	#4504	2 000		
3.5	支付采购款	#4506	3 510		
3.6	支付采购款	#4507	40 800		
3.10	支付广告费	#4509	20 00		
3.15	收销货款	#4512		32 500	
3.18	存款利息	#4513		1 930	
3.20	支付电费	#4515	1 000		
3.26	提取现金	#4517	38 000		
3.30	支付专利款	#4518	50 800		96 320

图 4-13　银行对账单

出纳员的银行存款日记账与银行对账单采用序时方式登录,应逐笔核对检查有无记账错误。由于结算票据在传递过程中客观上需要时间,有些业务出纳员在日记账上登记了,但银行对账单上还未记,同样有的业务在银行登记了,但在出纳员的日记账上未记,这就是所谓的未达账项①。为了检查有无记账错误,出纳员需要编制"银行存款余额调节表",在银行存款余额调节表上,如果双方余额一致,说明双方记账没有错误;如果双方余额不相等,则表明存在着记账差错,就需要进一步查对,找出原因,更正错误的记录(见图 4-14)。

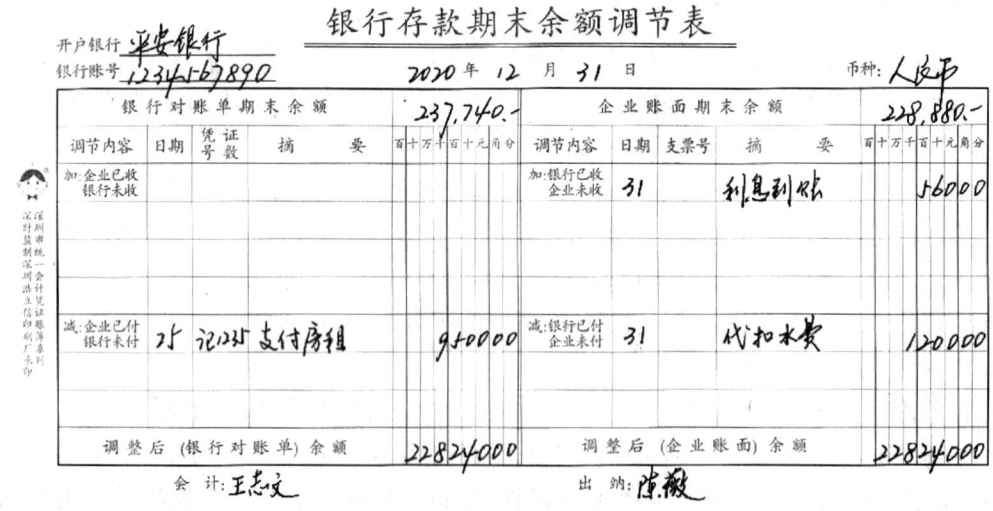

图 4-14　银行存款余额调节表

---

① 未达账项是指企业与银行一方已经入账,而另一方因尚未接到有关凭证而未入账的款项。未达账项一般有四种情况:银行已经收款记账而企业尚未记账的款项;银行已经付款记账而企业尚未记账的款项;企业已经收款记账而银行尚未记账的款项;企业已经付款记账而银行尚未记账的款项。

4.4　票据与印鉴管理

4.4.1　支票管理

支票由出纳员负责管理,包括空白支票的保管、支票签发等。

1) 空白支票的管理

公司向开户银行购买空白支票,并由专人保管,一般多由出纳员具体负责,出纳员要认真登记支票登记簿,详细记录每一张支票签发的日期、领用人、支票用途、批款人等具体情况,以跟踪每一张支票的去向,防止遗失(见图 4-15)。

领用日期	支票号码	领用人	支票用途	收款单位	限额	批款人	销号日期

图 4-15　支票登记簿

公司要严格控制携带空白支票外出采购,由于情况特殊而事先不能确定采购货物单价、金额的,经所属单位领导批准,可将填明收款人名称和签发日期的支票交采购人员,明确用途和款项限额,领用支票人员回单位必须及时交回财务部门处理。

2) 支票的签发

支票由出纳员负责签发。签发支票时,要及时在支票登记簿上登记,并经有关领导批准同意。

支票签发时必须同时盖有公司财务专用章和法人代表名章方为有效,根据内部控制制度的要求,空白支票、财务专用章和法人代表名章这三样不能同时由出纳员保管,一般将财务专用章或法人代表名章交由其他财务人员保管,所以在签发支票时,保管财务专用章或法人代表名章的财务人员必须认真审核支票的内容,确认无误后再予盖章。

支票交付相关人员后,要将支票的存根联留下,用于相应的账务处理。

4.4.2　其他票证管理

公司的保险柜一般由出纳员负责管理,所以出纳员除了保管现金、支票外,还保管其他票证,如股票债券等有价证券、空白发票、收据、商业汇票等。

1) 设置和登记票证登记簿

要对每一种保管的票证设置一个登记簿,详细登记收、发、存等信息,对于空白票证,要在票证登记簿上列明票证编号,空白票证的领用,要详细登记领用日期、领用人、用途及审批人信息;对于未到期的商业汇票和债券,要登记票证的到期日信息。

2) 专项分类保管

各类票证应在保险柜的专门空间分类摆放,统一用专用票据夹或信封袋,统一贴明标签,编制目录;出纳员要定期(至少每月一次)对所保管的票证进行检查核对,防止遗失。

4.4.3 印鉴管理

公司涉及出纳工作的印章主要包括财务专用章、法人代表名章和出纳员名章。

出纳员要保管好自己的名章。财务专用章和法人代表名章一般由其他财会人员保管,也可以将其中的一项交由其他财会人员保管,以执行内部牵制制度。

签发支票使用印鉴时,先由出纳员填写好票据,盖上手中的印章,然后交复核人员审查无误后,再加盖其余印鉴正式签发。

不得携带印鉴外出使用。确因工作需要的,携带外出前,必须报请主管领导批准。

不得在空白凭证上加盖印章,确因工作需要加盖印章的,必须在空白凭证上注明"仅供(某具体事项)使用"等限制性字样,并报主管领导批准。

印鉴保管人员不得随意私自使用公章,不得擅自让他人代管、代盖印鉴。

4.5 出纳员转型与现代司库

4.5.1 出纳员工作的新变化

1) 出纳员是公司实施财务资产管控的关键岗位

财务资产是直接以财务形式表现的资产形态,是公司最重要的资产类别之一,也是公司价值创造的重要推手。财务资产主要包括现金和存款等货币性资产、应收账款和应收票据等债权性资产、股票投资和债券投资等投资性资产。财务资产的特点是有很强的流动性,所以安全性和流动性是财务资产管理的重中之重。

出纳员既是公司货币资金管理的核心岗位,也是实施财务资产管控的关键岗位。与其他资产不同,公司的财务资产是由出纳员直接管理的,传统的出纳员就是专司货币资金管理的基础财务岗位。出纳员具体负责现金和银行存款的管理,包括负责办理现金收付和银行结算业务,负责对库存现金、空白支票、财务印鉴及有价证券的管理等,及时登记日记账、收款和付款时要唱收唱付、款项与日记账要日清月结、要定期盘点库存现金、至少每月与银行做一次对账等。这些对出纳工作的要求,核心内容就是在完成收付结算的同时,保证财务资产的安全与完整。

财务资产管理的目标是安全性、流动性与有效性。首先是安全性,财务资产与其他资产一样,是公司资源配置的不同形态,安全性是第一位的。对财务资产来说安全性尤其重要,因为财务资产的高流动性特点决定了高风险性质,为出纳员专门配备保险箱、限制非财务人员接近等内部控制措施都是为了保证财务资产的安全与完整。其次,财务资产作为经营性资产的准备,随时处于支付准备状态,保有一定额度的财务资产从而保持资产的流动性是对财务资产管理最重要的要求之一,出纳人员要经常对各类应收款项进行跟踪和催收,要维持和经营好与包括银行在内的各类现实和潜在的资金供应者的关系,确保有足够的资金头寸用于经营和其他支付需要。最后,财务资产作为一项沉淀于资金池的临时性"闲置"资产,本身不能直接带来增值,比重过大则会直接拖累资产周转速度、降低公司资源的整体使用效率,所以财务人员应当在确保安全性和流动性前提下,通过对外证券投资等方式获得一定的财务资产收益。

2) 网络支付的兴起对传统的出纳工作产生了巨大的冲击

随着网络支付方式的兴起,网银、第三方支付如支付宝、移动支付如微信支付等新的支付方式的出现,出纳员的传统工作面临全新挑战,出纳员必须适应新环境,做好新环境下公司财务资产的管控。

新时期的出纳员需要掌握网络支付技能,同时要掌握网络支付的风险防控能力。首先,在网络支付日渐普及的时代,出纳员必须熟悉和熟练掌握网银、支付宝、微信、电子钱包以及公司经营管理中涉及的其他第三方支付平台的收付应用操作技能,每一笔收支都能及时结算,保证公司的生产经营活动的顺利进行。其次,网络支付为公司的财务资产管理带来了新的风险,包括计算机网络风险、支付平台风险、金融产品兑付风险等,出纳员需要掌握计算机的安全和网络安全知识、掌握包括防火墙在内的安全防护系统应用。同时,要管理好网络支付的安全防护装置,如电子U盾和U盾支付密码等。此外,要加强收付审核与内部控制、加强与开户银行联系和对账工作等。

4.5.2 现代司库管理

1) 现代司库管理

司库是一项古老的职业,唐代兵部所属库部为司库,库部郎中称司库大夫。在现代企业管理中,出于对市场和产品的重视,财务管理逐渐退居幕后变成企业的后台管家,司库也被出纳所取代,司库对财务资产的管理也就逐渐让位于出纳对货币资金的管理。

现代司库产生于西方大型集团公司资金管理的需要。最早在二十世纪七十年代欧美一些大型企业和跨国公司开始设置企业司库,专司资金的调度与资金头寸管理,并逐渐从传统的会计职能中分离出来,成为与会计部门平行的职能部门,会计主管称为主计长,资金部门主管称为司库,主计长和司库都隶属财务总监。

2) 现代司库赋予出纳员全新使命

现代司库是智能化时代出纳员的华丽转身。在智能化时代,出纳员执掌公司的司库,其职责是财务资产管理。与传统出纳工作不同的是,现代司库是站在公司全局和战略高度,负责将财务资产视为公司最重要的资源进行合理配置,专注于资金池与流动性管理、外汇及汇率风险管理、财务规划与决策、投资与融资管理、财务风险管理、资金结算与信用管理、与银行等各类资金供应者的关系管理等,实现公司加权平均资金成本最低化目标。由此可见,智能化时代的出纳员将转身为公司的司库,在更高层次继续履行公司财务资产管理职责。

 讨论与练习

1. 出纳员的主要工作职责有哪些?

【阅读材料 4-1】女出纳为老公铤而走险,职务犯罪近 280 万获刑 10 年

2014 年 10 月 15 日上午,浙江省嘉兴市海宁法院第 5 法庭的被告席上站着一对夫妻。他们因涉嫌职务犯罪近 280 万元被海宁检察院提起公诉。说起来,妻子小美(化名)之所以愿意为丈夫阿强(化名)铤而走险,利用出纳的职务便利挪用资金,这一切仅因为两个字——"信任"。

然而,小美无条件的"信任"却不禁让人感叹这个女人真是太傻太天真。

半年多挪用资金近 280 万元

2008 年,小美应聘进入海宁一家购物中心工作。她先是站柜台,再去做导购员、收银员。渐渐地,小美的能力逐渐显露出来,2009 年 5 月,她成为购物中心的出纳员。

2011 年的一天晚上,小美的丈夫阿强突然跪在小美的面前,声泪俱下:"老婆,这次你一定要救救我,我做生意欠了很多高利贷,再还不出钱,他们会把我关起来,还要打我!"

"怎么救?"

"你公司的银行账户都是你保管的,挪出来一点,不会被发现的,等我做生意赚钱了,一定会还上去的!"阿强说得信誓旦旦。

小美心里很纠结,她害怕。但是看着老公跪了半天,她的心又软了下去。小美最终决定帮她老公一把。

于是,从 2011 年 12 月起至 2012 年 7 月,小美利用保管公司账户及公司所有者黄某个人银行账户的职务便利,私自从公司账户及黄某个人银行账户取现及转账,并通过伪造银行对账单等方式多次挪用公司资金共计 215.52 万元。

同年 7 月下旬,小美听闻自己的工作岗位要调整,很是忐忑。"纸是包不住火的,我们先跑再说吧。"阿强听闻消息后心里也很慌,于是出了个馊主意。

然而跑路之前,阿强又说:"我的高利贷还没有还清,如果一走了之,会拖累父母的。"

两人商量后,决定再捞一笔。于是,小美通过现金支票及转账的方式,又转走公司资金共计 69.21 万元。2012 年 8 月,两人使用他人的身份信息,携款潜逃至山东潍坊。

赃款一分未花只为他

阿强比小美大 7 岁,两人自由恋爱,2008 年 2 月,两人修成正果,步入婚姻殿堂。小美觉得自己很幸福。"他是我的初恋,对我很好,所以我很相信他。"

阿强说,由于小美忘性比较大,所以家里的经济都是由他支配,小美的工资卡也是放在阿强这里。

小美个人花销并不大,2 000 多元的月工资,她根本就花不完。然而阿强却是无业在家,没有收入,还欠下高利贷。

"我以前在上海做机电生意,后来亏损了,就借了很多高利贷。"对于阿强的解释,小美深信不疑。

后来,小美为了帮阿强挪用公司资金,也会经常问阿强,高利贷到底还了没有,这么多钱到底哪里去了,什么时候能把公司的钱还上?

然而每次询问,阿强的回应都很冷淡,甚至会吵架,小美有过疑问:"你会不会骗我?"阿强的回答是:"放心吧,我骗谁,都不会骗你!"于是,小美又选择相信阿强,继续帮他"补窟窿"。

挪用来的钱,阿强说大部分都是还了高利贷,小部分自己拿去赌博,输掉了。"这些钱,都是我从银行取出来,她都听我的,一分没有花。对于我赌博的事情,她也是不知道的。"

后来,两人逃到山东后,租了一间房子,继续过日子。然而半年多的时间,几十万钱很快被阿强花光了。原来,阿强的赌瘾又犯了。

"我是到了山东之后,看到钱这么快没了,才怀疑他是去赌博了。"小美说道。

"坐吃山空"后,小美出来打工,赚钱养家。2014年3月,小美和阿强被公安机关抓获。被抓时,小美的第一句话是:"我终于可以回家乡了,我累了。"

丈夫愧对妻子向法官求情

庭审现场,小美和阿强的家人坐在旁听席上不停拭泪。小美和阿强面对公诉机关的指控表示自愿认罪。

庭审中,阿强说,挪用资金的时候,的确是想着以后做生意把钱挣回来还回去,但后来发现,这些钱连高利贷都不够还,所以才动了心思去赌博,希望"大赚一笔"。

法官问:"后来你们逃到山东后,为什么还要把钱用于赌博。"

阿强回答:"因为昏头了,在外面都不知道日子该怎么过。"

小美和阿强一共还了公司5万多元,而其余的钱,两人均表示已经没有能力归还了。

最后陈述时,阿强说:"我本人罪有应得,我无话可说,但是我老婆是在我的教唆下,才走上犯罪之路,希望法官能够宽大处理。"

法庭经审理后,当庭作出一审判决,被告人小美、阿强,以非法占用为目的,利用小美职务上的便利,挪用本单位资金215.52万元,数额巨大;后又以非法占有为目的,将本单位资金69.21万元占为己有,数额巨大,其行为均分别构成挪用资金罪、职务侵占罪,两人均一人犯两罪,应数罪并罚,对小美决定执行有期徒刑10年,并处没收财产15万元;对阿强决定执行有期徒刑11年,并处没收财产15万元。

宣判结束后,小美和阿强拖着脚步走出被告席,两人望着旁听席上的家属,欲言又止。阿强珍惜万分地望着家属的脸庞,最后隔空喊了句:"照顾妈!"而此时,小美也没能忍住,一下瘫倒在地上,嚎啕大哭。

(来源:《海宁日报》2014年10月16日)

5 资产管理与投资分析基础

> 资产是公司赖以经营的经济资源,加强对各项资产的会计核算与管理、提高资产利用率、控制资产的闲置与浪费是财会工作的重要方面。
>
> 财会人员应当为项目的投资提供决策支持,通过现金流量分析技术来判断单个投资项目的可行性、多个投资项目的选优。

5.1 资产管理基础

5.1.1 资产是资金运动的具体形态

资金如同血液在公司内部流动,贯穿于生产经营活动的全过程,推动着公司运营。公司任何生产经营活动都离不开资金的运动,其相对静止状态就呈现为各项资产,如厂房设备等固定资产、原材料等存货资产、应收款项等。

短期资金运动是伴随着公司日常生产经营活动产生的资金循环。在生产经营过程中,企业的现金首先要购买原材料,形成生产储备;原材料经过加工制造,支付人工费和其他加工及管理费,形成生产资金(在产品);产品加工完成后,形成商品资金(产成品);商品销售后,现款销售部分直接回到现金形式,赊销部分则首先形成应收债权(应收账款),最后通过收账,再回到现金形态。这种由现金形态出发,通过采购、生产、销售所完成的资金循环就是短期的资金循环过程。

长期资金循环是伴随着资本性投资而产生的资金循环。在长期资金循环中,现金转化为厂房、设备等固定资产形式,形成企业生产经营的基础性条件,这些固定资产投资最后通过折旧和处置(出售等)两种形式再回到现金形态。其中,折旧费的主要部分将加入产品制造成本,通过产品销售得以收回;而其他部分投资则通过固定资产的出售、报废等处置活动回到现金形态。

短期资金循环和长期资金循环构成了公司内部资金循环,都是以现金为起点,最后都回到现金形态,实现了内部资金运动从现金到现金的回归。

作为一个开放的系统,公司还需要与外部发生资金往来。首先是与投资人(股东)发生的资金往来,公司设立时投资人注入资本金,以及后续投资人的进一步增资,公司分配股利等;其次,向银行等债权人融资,以及到期还本付息;再次,公司的经营活动必须按规定向税务机关纳税。这些与外部的资金流入与流出、以及内部的资金循环共同构成了全部资金运动(见图 5-1)。

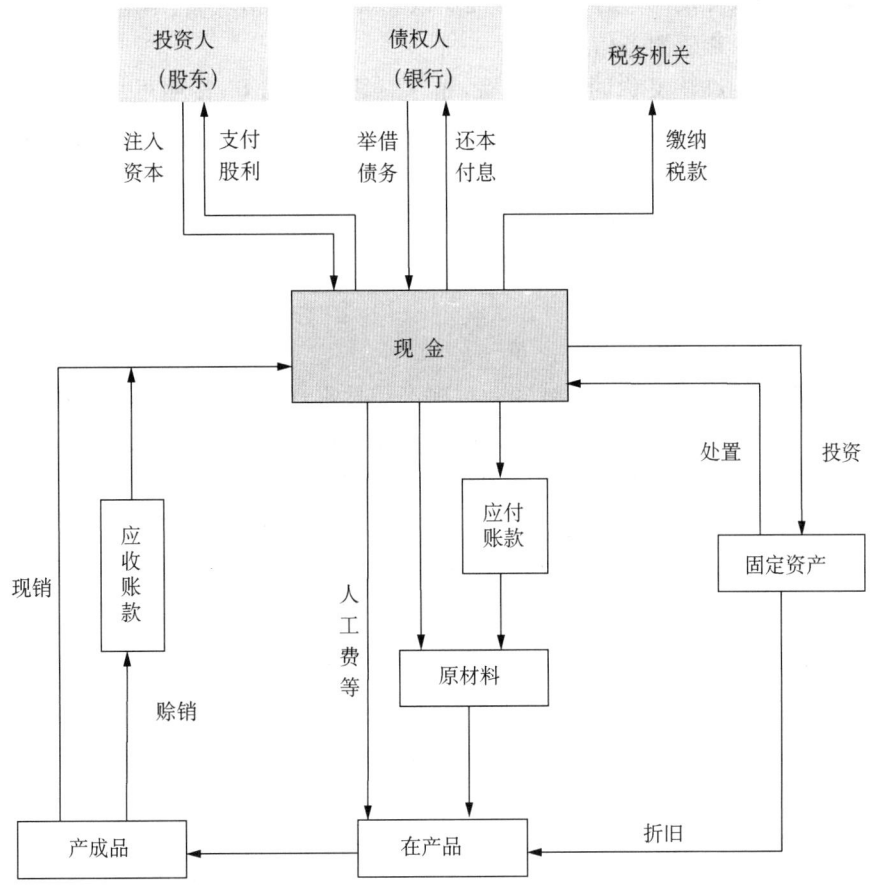

图 5-1 公司资金流转示意图

以财会视角看,资产是公司在资金运动过程中的相对静止状态,所以资产价值就是资产在取得时所支付的资金量,即资产的实际成本或历史成本[①]。

5.1.2 资产的核算与资产管理目标

财会人员要组织对资产的核算,按照会计科目设置相关资产类账户,并按照公司对资产管理的要求在相关资产账户的基础上进一步设置明细账。对资产的增加、使用、减少等,涉及资产价值变动的事项均及时予以记录,期末还需要对各类资产进行必要的清查与盘点,以保障资产的安全与完整。

1) 账簿设置

设置总账。总账又称总分类账,是按照会计科目设置的账户,资产类总账主要包括库存

---

① 实际成本又称历史成本,是资产在取得时的成本,如采购原材料,原材料的计价应当是在采购时所支付的全部成本,包括原材料的买价、运杂费、运输途中的损耗等,再如厂房建筑物,公司在建造厂房时所发生的全部费用,凡是在厂房投入使用前发生的,都应计入固定资产价值,包括获得土地及相关补偿费用、建筑安装成本、管理费用等。实际成本是资产计价的基础,也是会计核算的重要原则。

现金、银行存款、固定资产、应收账款、原材料、生产成本和库存商品等。每个总账账户都是核算某一类资产增减变动的过程和结果,提供该类资产的期初余额、本期增加发生额、本期减少发生额和期末余额等财务信息。

设置明细账。明细账又称明细分类账,是在总账的基础上,按照更加详细的项目设置的、反映更加详细数据的账户。设置明细账户,就是为了提供某一类资产中更加详细的财务信息,为资产的管理提供信息支持。

以应收账款为例,需要设置"应收账款"总账账户,核算公司各类客户所欠的销货款,同时还要进一步按照每一个客户(客户名称)设置明细账户,为后续的信用管理和收账管理提供更加详细的财务信息。

2) 日常核算

财会人员必须对资产的每一增减变动事项进行日常核算,当某一资产项目增加或减少的事项时,首先需要认真审核相关原始凭证、审核无误后再编制记账凭证(会计分录),然后再采用平行登记法①登记账簿,包括登记总账和登记明细账。

日常核算是获得资产信息的基础,财会人员必须认真办理、及时完成,日常核算提供的信息,也是对资产进行控制、杜绝浪费和损失的关键。

以下是某公司本月有关应收账款的业务,会计人员需要在业务发生时编制记账凭证(会计分录),并按照平行登记的要求在总账和明细账("T"型账户)中登记。

【业务1】接到银行通知,南方公司前欠货款 120 000 元已到账。

编制会计分录:

借　银行存款　　　　　　　　　　　　　　　　　　　　　　　120 000
　　贷　应收账款——南方公司　　　　　　　　　　　　　　　　　　　120 000

【业务2】销售商品一批给振兴商场,价税合计 565 000 元,其中增值税 65 000 元,货款尚未收回,已办妥银行托收手续。

编制会计分录:

借　应收账款——振兴商场　　　　　　　　　　　　　　　　　　565 000
　　贷　主营业务收入　　　　　　　　　　　　　　　　　　　　　　500 000
　　　　应交税费——应交增值税(销项税额)　　　　　　　　　　　　 65 000

【业务3】销售商品一批给南方公司,价税合计 936 000 元,其中增值税 104 000 元,货款尚未收回。

编制会计分录:

借　应收账款——南方公司　　　　　　　　　　　　　　　　　　904 000
　　贷　主营业务收入　　　　　　　　　　　　　　　　　　　　　　800 000
　　　　应交税费——应交增值税(销项税额)　　　　　　　　　　　　104 000

---

① 平行登记法是登记总账和登记明细账时所采用的方法,具体有三个要点:一是在登记总账的同时登记明细账,即同时登记;二是同方向登记,即在如登记在总账的借方,也要登记在明细账的借方,如果登记在总账的贷方,则也要登记在明细账的贷方;三是等金额登记,登记到总账的金额应该等于登记到明细账的金额,如果是多个明细账,则登记到总账的金额应当等于登记到多个明细账的金额之和。

【业务4】收到振兴商场前欠部分货款 500 000 元,存入银行。

编制会计分录:

借 银行存款　　　　　　　　　　　　　　　　　　　　　　　　　　　　　500 000
　　贷 应收账款——振兴商场　　　　　　　　　　　　　　　　　　　　　　　500 000

运用平行登记法登记总账和明细账("T"型账户)(见表5-1)。

表5-1 应收账款总账与明细账("T"型账户)

借方	应收账款		贷方	借方	应收账款——南方公司		贷方
期初余额	250 000			期初余额	180 000		
		①	120 000			①	120 000
②	585 000			③	936 000		
③	936 000			本期合计	936 000	本期合计	120 000
		④	500 000	期末余额	996 000		
本期合计	1 521 000	本期合计	620 000				
期末余额	1 151 000						

借方	应收账款——振兴商场		贷方
期初余额	70 000		
②	585 000		
		④	500 000
本期合计	585 000	本期合计	500 000
期末余额	155 000		

期末,检查总账与明细账登记的正确性(见表5-2)。

表5-2 应收账款明细账户本期发生额及期末余额表

明细账户	期初余额	本期借方发生额	本期贷方发生额	期初余额
南方公司	180 000	936 000	120 000	996 000
振兴商场	70 000	585 000	500 000	155 000
合计	250 000	1 521 000	620 000	1 151 000

经检查可知,某一总账账户的信息与其所属的明细账账户的信息之间关系是:

　　总账账户的期初余额＝全部明细账的期初余额合计数
　　总账账户本期借方发生额＝全部明细账本期借方发生额合计数
　　总账账户本期贷方发生额＝全部明细账本期贷方发生额合计数
　　总账账户的期末余额＝全部明细账的期末余额合计数

如果上述关系成立,则说明总账与明细账的登记是正确的。

3) 期末清查与计价

期末除了检查账簿记录的正确性外,还需要重点关注两个方面内容:①期末资产的账面记录与实际情况是否一致;②期末资产有没有发生贬值的情况。

期末需要运用财产清查①的方法检查财产物资的实际数与账面数是否一致,以保证各项财产物资的安全与完整。

如果某项资产存在活跃的市场,且市场价格发生巨大波动,此时,按购置时的实际成本反映的账面价值就会与市场实际价格相去甚远,《企业会计准则》规定,如果资产的市价明显低于账面价值、且预期很难转回,则需要按规定的方法和程序计算并确认资产的减值损失,冲减资产的账面价值,使得账面价值与市场价格保持一致。

4) 资产管理目标

对资产进行管理,主要是要实现下列三项目标:

(1) 保证资产的安全与完整,防止资产流失。

(2) 及时减少和处置闲置资产,控制浪费与损失。

(3) 督促资产的使用,提高资产的利用率。

5.2 主要资产管理

5.2.1 固定资产管理

固定资产是公司的主要劳动资料,通常包括厂房建筑物、机器设备、运输工具和用品器具等,其特点是单位价值比较大且使用期限比较长。固定资产可以在超过一年时间使用,且保持相对不变的外表形式。所以固定资产不能像原材料那样构成产品实体,最后通过销售一次性收回成本,而是在使用中发生磨损,通过折旧费的形式分期分批转入产品成本,分期分批地逐次收回。

折旧是固定资产价值的回收方式,通常根据固定资产的磨损程度②来计算折旧额,磨损程度越大,计算的折旧费越多。

【例5-1】假设有一幢厂房,原始价值③为2 000万元,预计能使用40年,假设厂房在40年后还有残值为80万元,则该厂房每月应计算折旧费为4万元。

$$月折旧费 = \frac{2\ 000 - 80}{40} \div 12 = 4(万元)$$

运用这种方法④计算该厂房每月应提取4万元折旧费,换句话说,该厂房平均每月价值减少4万元。根据规定,考虑到无形磨损的影响,固定资产折旧还可以采用快速折旧的方法

---

① 财产清查是重要的会计核算方法之一,通过定期或不定期的盘点或账目核对,查明各项财产物资的实有数,并与账面结余数相核对,以检查账实是否相符。

② 固定资产的磨损包括有形磨损和无形磨损,其中有形磨损如使用磨损、自然力作用等,无形磨损主要是技术进步或生产效率提高而带来的现有固定资产的贬值,财会人员在计算固定资产折旧时,必须同时考虑两方面磨损的综合影响。

③ 固定资产的原始价值是指固定资产在建造或取得时的全部成本,又称历史成本或实际成本。

④ 固定资产折旧方法包括直线法和快速折旧法两类,直线法包括平均年限法和工作量法,快速折旧法包括双倍余额递减法和年数总和法。

计算。

为了加强对固定资产的管理,需要按照每一类或每一项固定资产设置固定资产明细账(或固定资产卡片),详细登记固定资产的品名、产地、供应商、原始价值、预计残值、预计使用年限、大修理情况、责任部门等信息,并定期(至少每年一次)或不定期对固定资产进行盘点,防止损失(见图5-2)。

固定资产卡片

年　月　日　　　　　　　　　　　　　　　　　　　　No

编　　号		名　　称		责任部门		保管地点	
类　　别		规格型号		数　　量		来　　源	
购建日期		原始价值		折旧年限		净残值	
大修记录							
备　　注							

图 5-2　固定资产卡片

固定资产周转率是衡量固定资产利用效率的主要财务指标,固定资产周转率越快,表示固定资产完成一次周转所需的天数越少,所以固定资产的利用效率就越高,或者固定资产占用的资金量就越小。

5.2.2　应收款项与信用管理

公司在销售过程中经常会产生应收账款①,应收账款增加,意味着本公司的资金被其他公司占用,从管理的角度,应收账款数额应该是越少越好。

虽然赊销可以促进销售、减少库存,但赊销带来的应收款项不仅大大地占用了资金,更重要的是,容易引发坏账损失。为了加强对应收账款的管理,财会人员需要制定公司的信用政策,包括信用标准、信用条件和收账政策。

1) 信用标准

信用标准是向客户提供赊销所应具备的最低条件。在制定信用政策时,首先要确定信用标准,符合什么条件的公司才可以获得赊销优惠,财会人员需要对拟作为赊销对象的客户进行信用评估②,评价其信用状况,确定其信用等级。

如果公司采用的信用标准很严格,只对信誉很好的客户赊销,会减少坏账损失,但这可能不利于扩大销售量和市场占有率,甚至会使销售量减少;反之,如果信用标准定得比较宽松,虽然会增加销售,也但会增加坏账损失。所以,公司应对比提供赊销带来的收益和产生的成本来确定合理的信用标准。

---

① 应收账款是企业因对外赊销产品、供应劳务等而向购货单位或接受劳务单位收取的款项,是流动资产的重要组成部分。

② 目前有很多第三方独立信用评估机构提供公平的信用评估服务,美国穆迪公司就是一家具有世界影响力的信用评估机构,深圳的鹏元资信评估有限公司就是国内著名的信用评估公司。

2) 信用条件

信用标准是企业决定是否给予客户信用的依据，一旦企业决定给予客户信用优惠时，就需要考虑具体的信用条件，包括信用期限和现金折扣等。

信用期限又称赊销期限，给客户提供赊销，需要进一步确定收账期。信用期限过短，不足以吸引顾客，影响销售；延长赊销期限，收账管理成本会增加，并可能加剧坏账风险。财会人员公司应当权衡利弊得失，分析延长信用期限所增加的收益是否超过所增加的成本。

现金折扣。为了鼓励客户早日付款，公司可进一步提供现金折扣条件，如在一定期限内提前付款，则可享受一定比例的折扣。财会人员在制定折扣条件（包括折扣期限和现金折扣比率）时，需要综合比较收益与成本的关系，因为提供折扣意味着减少收益，但也会增加销售、减少资金占用。

【例5-2】公司每件产品的售价25元，变动成本①为60%，全年固定成本②总额600 000元。经测算，按60天付款期限（N/60）赊销商品时，全年预计销售量为130 000件，赊销管理费为50 000元，坏账损失率为1.5%。为了扩大产品销售，加速应收账款的回收，决定将信用条件改为"2/10，N/60"③，此时估计有60%的客户（按赊销额计算）会利用2%的折扣，坏账损失率降为1%，赊账管理费降至38 000元。试问企业采用信用期限60天（N/60）的方案办法推销，"2/10，N/60"方案是否可行。

根据以上资料，有关计算如表5-3所示。

表5-3 不同信用条件方案比较

单位：元

项目	N/60	2/10，N/60
年赊销额	3 250 000	3 250 000
变动成本	1 950 000	1 950 000
信用成本前收益	1 300 000	1 300 000
信用成本		
赊销管理费用	50 000	38 000
坏账损失	48 750	32 500
机会成本	65 000	32 500①
现金折扣成本	—	39 000②
小计	163 750	142 000
信用成本后收益	1 136 250	1 158 000

注：① 平均收账期 $=10\times 60\% + 60\times 40\% = 30$（天），机会成本 $= 3\ 250\ 000 \times \dfrac{30}{360} \times 60\% \times 20\% = 32\ 500$（元）；

② $3\ 250\ 000 \times 2\% \times 60\% = 39\ 000$（元）。

---

① 变动成本是单位成本保持不变、总成本随着销售量的变动而变动的成本，如产品的材料费、人工费等。

② 固定资产是不随销售量变动而变动的成本，如销售场所的租金支出、管理人员薪酬支出等，单位固定资产会随着销售量的增加而降低。

③ 表示在10天内付款可以享受2%的折扣，11～60天内付款，无折扣优惠。

分析结果表明,提供现金折扣后,收益增加 21 750 元(1 158 000－1 136 750)。因此,应采用"2/10,N/60"信用条件。

3) 收账政策

当客户违反信用条件,拖欠甚至拒付款时,公司应采取相应的收账策略和措施。如果收账政策过松,可能促使逾期付款的客户拖欠的时间更长;如果收账政策过严,催收过急,可能得罪无意拖欠的客户,从而使未来的销售和利润受损。因此,收账政策的确定必须十分谨慎,既不能过严,也不能过宽。通常,公司应为逾期付款的顾客规定一个允许拖欠的期限,同时应当检讨现有的信用标准及信用审批制度是否存在纰漏,重新对违约客户的资信等级进行调查、评价,对于信用品质恶劣的客户,应当从信用名单中排除。对于超过允许拖欠期的客户,首先应通知对方,有礼貌地提醒对方付款日期已过,如果没有效果,可以派催收人员或委派收账公司登门催收,如果客户确有困难,可以商讨延期付款的方法。如果上述各项措施都无效时,最后就要采取法律手段,通过法院裁决,但这往往要付出较高的费用,因而采取协商解决债务问题往往要比采取法律行动更好。

采取积极的收账政策,无疑可以减少企业的应收账款的投资,减少坏账损失及应收账款的机会成本,但同时也会增加收账费用。反之,企业若采取消极的收账政策,则会减少收账费用,但同时会增加应收账款的投资,增加坏账损失及应收账款的机会成本。因此,公司在制定收账政策时,应将它带来的收益与增加的成本进行权衡,并且结合管理的经验来确定。

4) 应收账款的日常监督

账龄分析法是通过编制账龄分析表来显示应收账款账龄长短、日常监管提供信息的方法(见表 5-4)。

表 5-4 账龄分析表

20×6 年 12 月 31 日

客户	未到期（元）	已过期（天数）				合计（元）
		1～30	31～60	61～90	90 以上	
A	2 000					2 000
B	2 400					2 400
C			1 800			1 800
D	400	350				750
E					420	420
F				600		600
其他	370 200	94 650	18 200	5 400	3 580	492 030
应收账款合计	375 000	95 000	20 000	6 000	4 000	500 000
百分比	75%	19%	4%	1.2%	0.8%	100%

利用账龄分析表,了解以下情况:

(1) 有多少货款尚在信用期内,占多大比例。表 5-4 中,有 375 000 元的货款尚未到期,占应收账款总额的75%。这些欠款是正常的,到期时能否收回,还要待到期时确定,但应及时进行监督。

(2) 有多少欠款超过了信用期限,超过各时间段的款项各占多大比例;有多少欠款可能会因为拖欠时间太久而成为坏账。表5-4显示,有125 000元的应收账款已超过信用期,占应收账款总额的25%。这些欠款中,拖欠时间在30天内的占19%,这部分欠款收回的可能性很大;拖欠时间超过90天的占0.8%,这部分欠款成为坏账的可能性较大。因此,公司应根据账龄分析表显示的资料,区别不同情况,具体分析客户拖欠应收账款的原因,分别采取不同的收账政策,加速货款的回收。

5.2.3 存货及其控制

存货包括在生产经营过程中为销售或者耗用而储备的物资,包括材料、燃料、低值易耗品、在产品、半成品、产成品、协作件以及商品等。

保持较多的存货同时会增加持有成本,包括储存成本和机会成本[①]等,存货管理的目标就是要在存货成本与存货效益之间进行权衡,使持有存货的收益大于存货成本。

1) 存货成本

存货成本包括进货成本、储存成本、缺货成本。

进货成本是为取得存货而发生的成本或采购成本,具体包括进价成本和订货成本两类。

进价成本就是购置成本,是购入存货本身的价值,用采购单价与采购数量的乘积来确定。若采购单价为P,全年存货需要量为A,则年进价成本TC_1的计算公式为:

$$TC_1 = P \times A$$

订货成本是为组织订货而发生的各项费用,是与订货批次相关的费用。采购部门的管理费、采购人员的薪酬等费用是在一定时期内维持采购部门正常业务活动所必须发生的,与订货次数无关,属于固定成本性质;订货过程中发生的文件处理费、邮电费、差旅费、验收、付款等方面的费用,与订货次数成正比,属于变动成本性质,与存货决策相关。若全年某种存货的需用量为A,每次的订货成本为C,订购批量为Q,则相关的订货成本TC_2的计算公式为:

$$TC_2 = C \times \frac{A}{Q}$$

储存成本是存货在储存过程中所发生的各项费用。储存成本按照与储存量的关系可分为固定性储存成本和变动性储存成本。房屋、设备的折旧费、维修费、通风照明费等具固定成本性质,是无关成本;在储存过程中发生的仓储费、搬运费、保险费、利息费或存货资金占用的机会成本等具变动成本性质,是相关成本。若设单位存货的年储存成本为S,平均储存量为$\bar{Q}$,则相关的储存成本TC_3的计算公式为:

---

① 机会成本是采取某一方案而放弃其他方案,其他方案所带来的收益即为采纳方案的机会成本。存货的机会成本则是指公司保留一定金额的存货,意味着一部分资金驻留在存货上,失去了投资于其他项目的机会,也就失去了其他的投资收益,这部分失去的投资收益就是保留存货的代价,即机会损失。

$$TC_3 = S \times \overline{Q} = S \times \frac{Q}{2}$$

缺货成本则是因存货不足无法及时满足生产经营的正常需要而造成的损失,如因存货不足造成停工待料的损失、因对客户延期交货而支付的违约金、因采取临时性补救措施而发生的额外采购支出等。

2) 存货规划

公司应该拥有多少存货,才能既满足生产经营上的需要,又使存货所耗费的总成本达到最小,这就需要规划。规划存货必须要解决两个问题:一是每次的订货的数量是多少,二是何时订货。

经济订货量。运用存货总成本最低来确定经济订货批量(只考虑订货成本与储存成本),则:

$$存货相关总成本(TC) = 订货成本(TC_2) + 储存成本(TC_3) = C \times \frac{A}{Q} + S \times \frac{Q}{2}$$

$$经济订购批量\ Q^* = \sqrt{\frac{2CA}{S}}$$

【例 5-3】 若公司每年需耗用 A 材料 1 200 吨,材料单价为每吨 1 460 元,每次订货成本为 100 元,单位材料的年储存成本为 6 元,则:

$$经济订购批量 = \sqrt{\frac{2 \times 100 \times 1\,200}{6}} = 200(吨)$$

$$每年应订购 = \frac{1\,200}{200} = 6(次)$$

再订货点。当库存下降到一定数量时必须及时补货,防止缺货损失,这就是再订货点,再订货点由订货提前期、每日耗用量以及保险储备量三个因素决定的(见图 5-3)。其计算公式如下:

$$再订货点 = 订货提前期 \times 每日耗用量 + 保险储备量$$

保险储备量。在实际工作中,订货提前期和每日耗用量并非稳定不变,为了保证不缺货,考虑到订货时间、供应商运货及存货日消耗量等不确定的影响,因防止发生库存中断造成损失,就必须设置保险库存。其计算公式如下:

$$保险储备量 = 保险日数 \times 每日耗用量$$

【例 5-4】 若全年生产需用 A 零件 4 800 个,经济订货批量为 800 个,交货期为 6 天,平均每日耗用量为 14 个,保险日数为 2 天,则:

$$保险储备量 = 2 \times 14 = 28(个)$$
$$再订货点 = 6 \times 14 + 28 = 112(个)$$

当 A 零件的库存量下降到 112 个时,企业应马上组织订货,每次订货的批量均为 800 个。

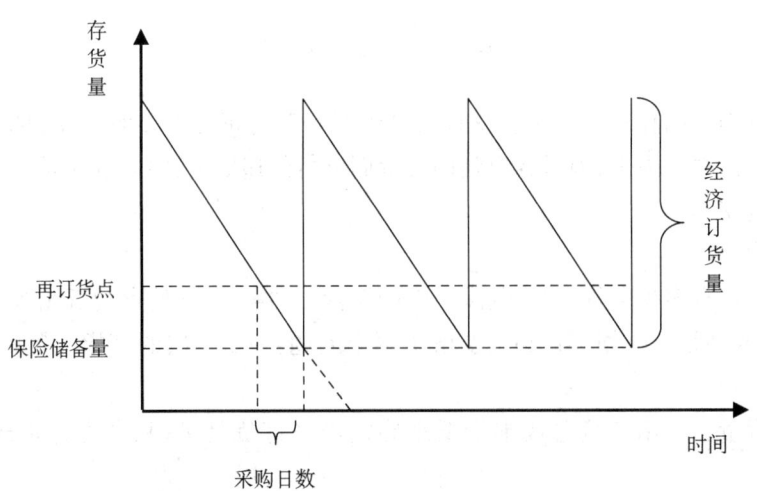

图 5-3 经济订货量、再订货点与保险储备量

5.2.4 存货日常管理

1）本量利分析[①]

商品或产成品一旦入库，就面临着如何尽快销售出去的问题。这是因为：一是商品或产成品在储存过程中要发生储存成本；二是市场供求关系变化莫测，储存期过长有可能导致企业的商品或产品滞销而给企业带来损失。因此，尽力缩短存货储存期，加速存货周转，是提高企业经济效益，降低企业经营风险的重要手段。

存货在储存过程中发生的费用，按照与储存时间的关系可以分为固定储存费用和变动储存费用。前者与存货储存期的长短无直接关系；后者则随储存期的长短变化成正比例增减变动，如存货资金占用费、仓储保管费等。

根据本量利分析的原理，上述费用与利润之间存在以下关系：

$$利润 = 毛利 - 销售税金 - 固定储存费用 - 日变动储存费 \times 储存天数$$

由上式可得：

$$存货保本储存天数 = \frac{毛利 - 销售税金 - 固定储存费}{日变动储存费}$$

$$存货保利储存天数 = \frac{毛利 - 销售税金 - 固定储存费 - 目标利润}{日变动储存费}$$

【例 5-5】 某百货批发公司购进甲商品 500 件，单位进价（不含增值税）90 元，单位售价 130 元（不含增值税），经销该批商品的固定储存费为 4 000 元，每日变动储存费为 100 元，销售税金及附加 1 500 元，则：

[①] 本量利分析是对成本、业务量和利润三者依存关系进行分析的简称，成本与业务量的关系称为成本习性，有些成本与销售量无关，而有些成本则与销售量直接相关，前者称为固定成本，后者是变动成本。例如，公司租赁某商场柜台销售商品时，柜台租金是固定的，无论销售多少商品租金都不会变化，属于固定成本，而如果销售员按照销售量计算工资，则销售员的工资属于变动成本，销售量越多，销售员的工资费用越大。本量利分析就是利用这种成本、销售量与利润的关系进行分析的方法。

$$该批存货的保本储存天数 = \frac{(130-90) \times 500 - 1\,500 - 4\,000}{100} = 145(天)$$

若该公司要实现 5 000 元的利润,则:

$$保利储存天数 = \frac{(130-90) \times 50 - 1\,500 - 1\,400 - 5\,000}{100} = 95(天)$$

若该批存货实际储存了 80 天,则:

$$该批存货实际获利额 = 100 \times (145-80) = 6\,500(元)$$

对存货储存期进行分析计算及控制,可以及时地为经营决策者提供存货的储存状态信息,以便决策者对不同的存货采取相应的措施。一般而言,凡是已过保本期的商品大多属于积压呆滞的存货,企业应该采取降价促销的办法,尽快将其推销出去;对超过保利期但未过保本期的存货,应当查明原因,找出对策,力争在保本期内将其销售出去;对于尚未超过保利期的存货,应当密切监督,防止发生过期损失。企业每隔一段时间应对各类商品或产品的销售状况作出总结,调整企业未来的产品结构,提高存货的周转速度和投资效益。

2) ABC 控制法

由于存货品种繁多,存货收发频繁,各种存货的单价也高低不一,如果不分主次,对每一种存货都进行同样周密的计划和严格的控制,势必抓不住重点,浪费人力物力。ABC 控制法正是针对这一问题而提出来的分类控制法。

采用 ABC 控制法时,按照一定的标准将企业的存货划分为 A、B、C 三类,分别采取不同的控制方法。"一定的标准"通常是指金额标准和数量标准。

A 类存货:其成本占全部存货成本的 70% 以上,而品种数量则不超过 20%。
B 类存货:其成本占全部存货成本的 20% 左右,而品种数量则一般不超过 30%。
C 类存货:品种数量比较多,约占整个存货的 50% 以上,而成本比重则一般不超过 10%。

在不同企业中,ABC 三类存货的划分可视具体情况决定。

【例 5-6】某如公司共有 20 种原材料,共占用资金 200 000 元,按占用资金大小顺序排列后,根据上述原则划分成 A、B、C 三类,具体情况如表 5-5 所示。

表 5-5 存货的 ABC 分类

类别	材料品种（编号）	存货成本（元）	各类存货的 品种数量（种）	各类存货的 比重	各类存货的 成本（元）	各类存货的 比重
A	1	80 000	2	10%	14 000	70%
	2	60 000				
B	3	15 000	4	20%	40 000	20%
	4	12 000				
	5	8 000				
	6	15 000				

(续表)

类别	材料品种（编号）	存货成本（元）	各类存货的品种数量（种）	各类存货的比重	各类存货的成本(元)	各类存货的比重
C	7	3 000	14	70%	20 000	10%
	8	2 500				
	9	2 200				
	10	2 100				
	11	2 000				
	12	1 800				
	13	1 350				
	14	1 300				
	15	1 050				
	16	700				
	17	600				
	18	550				
	19	450				
	20	400				
合计		200 000	20	100%	200 000	100%

由于A类存货价值大，品种数量小，其存货数量稍有过量，就会大量占用资金。因此，A类存货应作为重点控制对象，对其订购批量、订货点和保险储备量等，均应运用前述方法确定，严格执行，并根据情况的变动随时调整。对存货的收入、发出和结存应有永续盘存的详细记录。对库存动态应进行严密的监督。

对B类存货的控制可以略松于A类存货。作为一般控制对象，对其经济订购批量和订货点的调整、检查存货等，可每季或每半年进行一次，尽量多采用联合订购的方式。收发记录也可以从简。

对于C类存货，其品种数量多而价值低，因而不是控制的主要对象，只需采取简单的控制方法即可，如可以定期检查库存，凭经验确定订购批量，每季、每半年订购一次，保险储备量可以高些，不必为每次收发作详细记录。显然，按ABC控制法对存货进行控制，可以突出重点，区别对待，做到主次分明，抓住存货控制的主要矛盾。

5.3 项目投资分析

公司上新项目，由于涉及的资金量大、回收期长、投资风险巨大，有的甚至事关公司未来几年或几十年的发展，必须采用专门方法进行分析决策。

项目投资分析重点考虑资金的时间价值因素和项目的现金流问题。

5.3.1 资金时间价值

1) 货币时间价值的概念

货币时间价值是货币在周转使用中随着时间的推移而发生的增值,也称为资金时间价值。例如,现在将 100 元存入银行,一年后将从银行取回 105 元(假设银行存款年利率为5%),其中的 5 元利息或利率5%就是货币时间价值。

2) 现值、终值①与年金

终值(future value,F)是资金的未来价值,是一定数额的资金经过若干期后的价值(即本利和)。现值(present value,P)是指资金的现在价值,即未来某一时点上的一定数额的资金折合成现在的价值(即本金)(见图 5-4)。

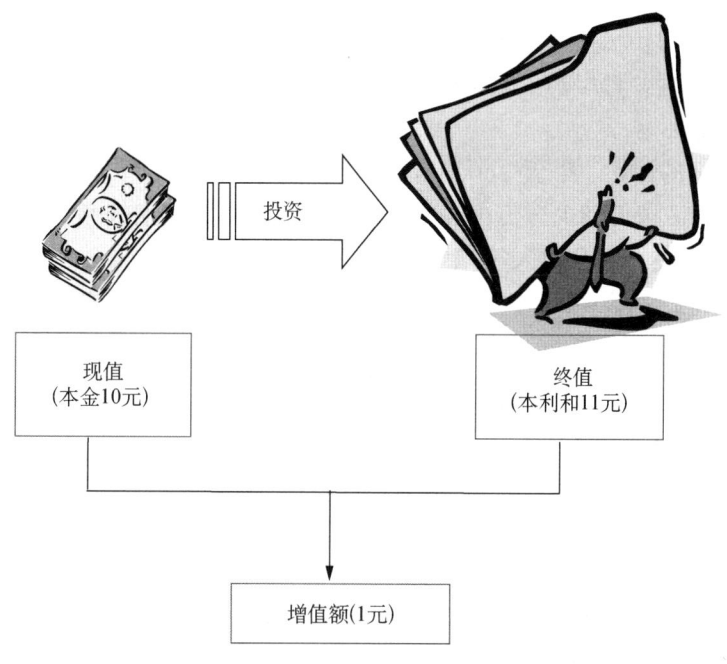

图 5-4 现值与终值

终值可按下列公式计算:

$$F = P \cdot (1+i)^n$$

式中,F 表示终值;P 表示现值;n 是期数;i 是每期的利率,其中"$(1+i)^n$"称为复利终值系数,记作$(F/P, i, n)$。可通过查"附表二:一元复利终值表"获得。

【**例 5-7**】某公司因投资需要,向银行贷款 1 000 万元,贷款年利率为10%,期限为 5 年。那么 5 年后到期需偿还本息和是 16 105.5 万元,计算如下:

---

① 终值与现值是基于复利计算的结果,复利又称"利滚利",上一期的利息计入下一期的本金一并计算利息。

$$F = 1\,000 \times (1+10\%)^5 \approx 16\,105.5(万元)$$

现值的计算公式是：

$$P = F \frac{1}{(1+i)^n}$$

式中，$\frac{1}{(1+i)^n}$ 称为复利现值系数，记作$(P/F, i, n)$，可查"附表一：一元复利现值系数表"获得。

【例5-8】 某公司希望5年后用250 000元购买一台新设备，若银行定期存款年利率为8%，按复利计息。试问现在需一次存入银行多少现金？

$$P = 250\,000 \times \frac{1}{(1+8\%)^5} \approx 170\,150(元)$$

【例5-9】 有一对年轻夫妇自其女儿出生那年开始，每年年末向银行存入一笔20 000元的款项，用于孩子18岁上大学时的费用，如果银行存款年利率为8%，则18年后可以提取多少上大学的资金？

这是有关年金的计算。年金(annuity, A)是在每隔相同时期(一年、半年、一个月等)发生一笔等额现金流入或等额现金流出，如分期等额偿还贷款、定期等额支付租金、分期等额支付工程款、每年相等的销售收入等，都属于年金的形式。

设 F_A 代表年金终值，A 代表年金(即每期的收付款)，则普通年金终值的计算公式为：

$$F_A = A + A(1+i) + A(1+i)^2 + A(1+i)^3 + \cdots + A(1+i)^{n-1}$$
$$= A \times \frac{(1+i)^n - 1}{i}$$

式中，$\frac{(1+i)^n - 1}{i}$ 称为普通年金终值系数，记作$(F/A, i, n)$，可查"附表四：一元年金终值系数表"得到。

上述年轻夫妇为其女儿定期存入的大学费用，需要计算年金的终值，即18年后的本利和为749 004元，计算如下(见图5-5)：

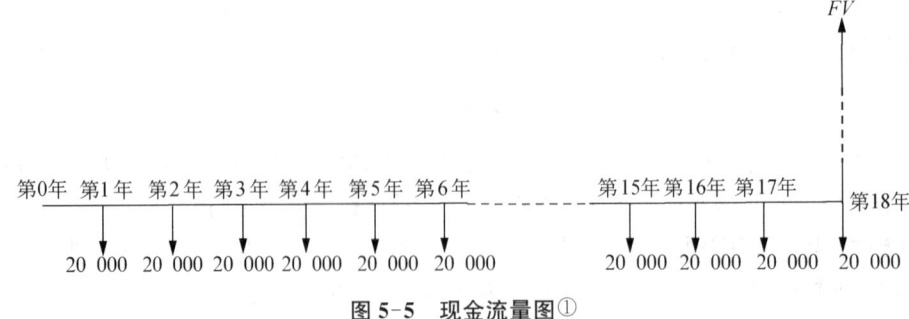

图5-5 现金流量图①

---

① 现金流量可用图形来直观地表示，在现金流量图上，向下箭头表示现金流出量，向上箭头表示现金流入量。

$$F = 20\,000 \times \frac{(1+8\%)^{18}-1}{8\%} = 20\,000 \times 37.4502 = 749\,004(元)$$

5.3.2 项目的现值分析

1) 决策分析规则①

一个项目是否可行,需要分析该项目的现金流入与现金流出,将投资的现金流出与收入产生的现金流入进行对比,确定项目的可行性。

(1) 当一个投资方案的净现值②大于零时,说明该方案的实际投资回报率大于资金成本率,所以该方案是可行的。

(2) 当存在两个可行方案,只能投资一个方案时,则选择净现值大的方案。

(3) 如果存在两个或多个可行方案,需要决定投资顺序时,应按照方案的现值指数③从大到小的顺序投资。

【例 5-10】 现有 3 个投资方案,项目初始投资分别是 7 000 万元、5 375 万元和 7 840 万元,有关资料如表 5-6 所示。

表 5-6 东方公司投资项目的利润与现金流量资料

金额单位:万元

年份	A 方案		B 方案		C 方案	
	净利润	现金净流量	净利润	现金净流量	净利润	现金净流量
0		(7 000)		(5 375)		(7 840)
1	1 050	2 800	850	2 100	320	2 200
2	1 050	2 800	920	2 405	410	2 600
3	1 050	2 800	720	2 140	360	2 480
4	1 050	2 800	950	2 170	478	2 128
合计	4 200	4 200	3 440	3 440	1 568	1 568

2) 净现值分析

观察上述 3 个项目可知,3 个项目的投资期限均为 4 年,可以分别计算这 3 个项目的净现值:将 3 个项目各年度的现金入流量统一折算成第 0 年(第一年年初)的现金流入量(即现金流量的现值),再与第 0 年的现金流出量抵减,算出各个项目在第 1 年年初(第 0 年)的净现值:

---

① 在项目决策分析时,常用的分析方法包括净现值法、现值指数法和内含报酬率法三种,其中净现值法和现值指数法是在给定的折现率或资金成本率的情况下测算项目的现值法和现值指数,以判断项目可行性的方法,内含报酬率法(internal rate of return, IRR)则是具体测算项目真实报酬率来判断项目可行性的方法,由于内含报酬率法需要经过逐步测试和插值等较为复杂的计算,所以这里只介绍净现值法和现值指数法。

② 净现值(net present value, NPV)是指在项目计算期内各年现金净流量的现值的代数和,它是一个投资项目的未来报酬总现值减去投资额现值的差额。

③ 现值指数(present index, PI)是净现值的相对数表示,是一个投资项目的未来报酬总现值除以投资额现值的商,现值指数反映投资效率,可以在投资额额不同的投资方案之间进行选优。

$$NPV = \sum_{t=0}^{n} \frac{NCF_t}{(1+i)^t}$$

或：

$$NVP = 未来报酬总现值 - 投资额现值$$

根据表 5-6 的资料，计算 A、B、C 三个方案的净现值（假设该公司的资金成本①为 10%）。

A 方案的净现值计算：项目投产后每年的现金净流量（NCF）相等，可计算年金现值：

$$NPV_{A方案} = 2\,800 \times (P/A, 10\%, 4) - 7\,000 = 2\,800 \times 3.169\,9 - 7\,000 = 1\,875.72(万元)$$

B、C 方案在项目投产后每年的 NCF 不相等，其未来报酬现值的计算如表 5-7 所示。

表 5-7　B、C 方案净现值计算表

年份	B 方案			C 方案		
	现金净流量（万元）	复利现值系数	现值（万元）	现金净流量（万元）	复利现值系数	现值（万元）
1	2 100	0.909 1	1 909.11	2 200	0.909 1	2 000.02
2	2 405	0.826 4	1 987.49	2 600	0.826 4	2 148.64
3	2 140	0.751 3	1 607.78	2 480	0.751 3	1 863.22
4	2 170	0.683 0	1 482.11	2 128	0.683 0	1 453.42
合计	3 440		6 986.49	2 352		7 465.30

$$NPV_{B方案} = 6\,986.49 - 5\,375 = 1\,611.49(万元)$$
$$NPV_{C方案} = 7\,465.30 - 7\,840 = -374.7(万元)$$

从上述计算可知，C 方案净现值小于零，所以 C 方案不可行。A 方案的净现值最大，为 1 875.72 万元，故 A 方案最优。

3）现值指数分析

现值指数又称为获利指数，是指投资方案的未来报酬的总现值与投资额的现值之比。其计算公式如下：

$$现值指数(PI) = \frac{未来报酬总现值}{投资额现值}$$

若投资项目的现值指数大于 1，表示该项目的未来报酬大于投资，项目可行；反之，现值指数小于 1，则项目不可行。项目的现值指数越高，表示该项目的投资效益越高。

上述 A 和 B 两个方案均可行，如果只投资一个方案，应该选择净现值最大的 A 方案，比较 A 和 B 两个方案的投资额可知，A 方案需要在第 1 年年初投资 7 000 万元，远远高于 B 方案所需的 5 373 万元，究竟哪个方案的投资效率更高呢？这就需要计算方案的现值指数。

根据上述资料，A、B、C 三个方案的现值指数分别计算如下：

---

① 资金成本是融资成本，通常用利率来表示。

$$PI_{A方案} = \frac{2\,800 \times (P/A, 10\%, 4)}{7\,000} = \frac{8\,875.72}{7\,000} = 1.2680$$

$$PI_{B方案} = \frac{6\,986.49}{5\,375} = 1.2999$$

$$PI_{C方案} = \frac{7\,465.30}{7\,480} = 0.9522$$

分析可知,C 方案现值指数小于 1,不可行;在 A、B 两个可行方案中,B 方案的的现值指数大于 A 方案,说明 B 方案的投资效率最高,如果同时可以投资 A 和 B 两个方案的话,应优先投资 B 方案。

讨论与练习

1. 东海公司有一笔资金 200 000 元,存入银行,假设存期 4 年,复利年利率 8%。试问该公司存入银行的存款到期本利和为多少?

2. 永乐公司 3 年后需要有 50 万元购买设备。如果银行复利年利率 8%,试问现在应一次存入多少款项?

3. 天山机械厂在第 1 年初投资 50 万元,建一条流水线,预计第 2 年初投产,从第 2 年末起,每年可收入 15 万元。试以年利率 12% 计算该项投资连续 10 年的收益在第 1 年初的现值。

4. 某公司计划投资一项目,该项目建设期 3 年,经营期 12 年。第 1 年年初投资 500 万元,第 1、2、3 年的年末再分别投资 400 万元,项目于第 4 年年初建成投产,从投产后的第 2 年到第 6 年,每年年末可获得 300 万元的现金流入,投产后的第 7 至第 11 年每年年末可获得 400 万元现金流入,第 12 年获得现金流入 200 万元,如果该公司要求的最低投资报酬率为 8%,试分析该项目是否可行。

5. 【阅读材料 5-1】诺贝尔奖金为何永不枯竭?

阿尔弗里德·伯恩纳德·诺贝尔(Alfred Bernhard Nobel)是瑞典的化学家、产业家、硝化甘油炸药的发明者,他用其巨额遗产创立了举世闻名的诺贝尔奖。

1833 年 10 月 21 日,诺贝尔出生在瑞典首都斯德哥尔摩。1841 年至 1842 年,他在斯德哥尔摩圣雅可比教会学校学习。1843 年至 1850 年,他在俄国首都彼得堡跟俄罗斯和瑞士籍家庭教师学习。1850 年至 1852 年,诺贝尔先后到欧美诸国进行广泛的旅游、学习,增长知识,开拓视野,年仅 16 岁的他已精通英语、德语、法语、瑞士语、瑞典语和俄语,为他今后的创造发明打下了坚实的基础。

诺贝尔的父亲伊曼纽尔·诺贝尔是位发明家,他发明了家用取暖的锅炉系统、设计了一种制造木轮的机器、设计制造了大锻锤、改造了工厂设备。1853 年,沙皇尼古拉一世为了表彰伊曼纽尔·诺贝尔的功绩,破例授予他勋章。在父亲创造精神影响和引导下,诺贝尔走上了光辉灿烂的科学发明道路。

1863 年 10 月,诺贝尔获得炸药发爆剂的发明专利权。这项发明人们称之为"诺贝尔引燃器"。1865 年,诺贝尔硝化甘油有限公司在斯德哥尔摩建立,这是世界上第一家生产危险性较小的硝化甘油的工厂。在液体硝化甘油的生产过程中,他多次实验,反复钻研,研制成了固体韧性燃料,并先后在瑞典、英国和美国取得炸药的专利。接着,于 1888 年又发明了用来制造军用炮弹、手雷和弹药的无烟炸药,亦称诺贝尔爆破炸药。诺贝尔不仅在炸药方面做出了贡献,而且在电化学、光学、生物学、生理学和文学等方面也有一定的建树。诺贝尔的一生中,仅在英国申请的发明专利就有355项之多。

诺贝尔不仅是个伟大发明家,还是一个具有卓越组织才能的产业家,他所经营的炸药工业,遍布欧美各国,还用炸药专利款购置了大面积的油田,使其迅速地成为一个百万富翁。然而,他对金钱和财物并不贪得无厌,对旁人,他慷慨施舍;对发展科学,他大力援助。他自己却生活俭朴,一生在艰苦中度过,他甚至从来没有请人画过肖像,目前仅存的一幅肖像是他死后才画的。他死后,根据他生前的愿望,墓室修建得非常简朴,他曾说过:"活人的肚皮比死人的纪念碑等荣誉,更值得我关心"。

诺贝尔对功利和荣誉十分淡漠,非常谦虚。他曾在一封信中对于他所获得的奖章的原因叙述道:他得奖章不是由于发明炸药的原故,瑞典政府授予他极星勋章,是因为他的烹调本领;他得到法国勋章,是因他与一位部长过往甚密;他得到巴西勋章,是因为偶尔认识了一位要人;他得到皮立华勋章,是因为授勋人想摹仿戏剧中授勋时的情形……。

就是这样一位"一生无重要事迹"而只是保持指甲干净整洁的人,不仅为人类创造了大量物质文明财富,还为人类留下了艰苦创业,不慕功利、虚名的崇高精神。1896年12月10日,诺贝尔因心脏病突然发作,抢救无效,在意大利圣雷莫与世长辞,终年63岁。

1895年11月27日,诺贝尔签署了他死后遗留下来的所有可变卖财产的遗嘱:将全部财产作为设立诺贝尔奖金的基金,每年取出基金利息,奖给对人类文化科学事业做出重大贡献的人。根据当时估计,他的遗产约有3 300万克朗(瑞典币,约折合920万美元)。诺贝尔奖金分为物理学、化学、生理学和医学、文学、和平奖五项。物理学和化学奖由瑞典皇家科学院负责颁发,生理学和医学奖由瑞典卡罗琳医学研究院负责颁发,文学奖由瑞典文学院负责颁发,和平奖由挪威议会(当时挪威与瑞典同存于一个王国)负责颁发。1968年瑞典银行决定增设经济学奖,这项奖金由瑞典银行提供。诺贝尔在遗嘱中强调指出"在评选得奖人时必须不分国籍、不分肤色、不问宗教信仰和政治信仰,一视同仁,唯一标准视其实际成就。"

诺贝尔逝世后,有关机构筹建了诺贝尔基金会,并于1901年1月1日开始管理基金,同年举行了第一次颁奖仪式。有关机构还对诺贝尔奖金做了进一步的规定:每项奖金可由两个获奖青年平均分享(最多不超过三人);如果当年无人得奖,则该奖金可留待翌年;每一项奖金在五年内至少应颁发一次,实际上,从1901年开始授奖以来,都是每年颁发一次,只有在两次世界大战期间(1940~1942年),因战争关系,才停顿了几年。按规定,每年要从基金利息中抽出10%加入基金,另加上一部分没有发出的奖金也并入基金,因此基金的数目越来越大。在同一年里,各项奖金的数额是相同的,不同的年份,奖金数额有所变动,其幅度主要取决于市场行情,因为这些奖金是靠基金资本的年收入来支付的。

诺贝尔奖金每年于12月10日,即诺贝尔逝世周年纪念日,以隆重的仪式在斯德哥尔摩宽敞的音乐厅里颁发,和平奖于同一天在奥斯陆挪威国会所召集的会议上颁发。

【阅读材料5-2】本案例对你有何启示?

如果你突然收到一张事先不知道的1 260亿美元的账单,你一定会大吃一惊,而这样的事件却发生在瑞士的田纳西镇的居民身上。纽约布鲁克林法院判决田纳西镇的居民应向美国投资者支付这笔钱。最初,田纳西镇的居民以为这是一件小事,但当他们收到账单时,被这巨额的账单惊呆了。他们的律师指出,若高级法院支持这一判决,为偿还债务,所有田纳西镇的居民在余生中不得不靠吃廉价快餐度日。田纳西镇的问题源于1986年的一笔存款。斯兰黑不动产公司在内部交换银行(田纳西镇的一个银行)存入的一笔6亿美元的存款。存款协议要求银行按每周1%的利率(复利)付息(难怪该银行第2年破产)。1994年,纽约布鲁克林法院作出判决:从存款日到田纳西镇对该银行进行清算的约7年中,这笔存款应按每周1%的复利计息,而在银行清算后的21年中,每年按8.54%的复利计息。

根据上述资料,分组讨论以下问题:

(1) 请用你所学的知识说明1 260亿美元是如何计算出来的?

(2) 如利率为每周1%,按复利计算,6亿美元增加到12亿美元需多长时间?增加到1 000亿美元需多长时间?

6 融资与股利政策

> 通过什么方式融资,既能满足公司生产经营的需要,又能快捷高效、成本低廉和风险可控,是财会人员始终面临的问题,融资难、融资贵更是中小型公司特别是处于创业发展阶段公司的主要难题之一。
>
> 财会人员必须仔细甄别各类融资渠道与方式,正确地处理好公司发展的资金需要与股利分配所需资金之间的关系,对各类可能的融资方案成本和风险进行科学分析,为公司融资方案的抉择出谋划策。

6.1 融资环境

6.1.1 融资渠道与融资方式

财会人员必须熟知公司的融资环境,对运用哪些渠道和以什么方式融资,做到心中有数。

1) 主要筹资渠道

融资渠道包括外部融资和内部融资两个方面,其中外部融资有政府财政资金、银行等金融机构信贷资金,其他单位和组织资金以及个人资金等,内部融资则是公司的利润留成和员工集资等。

政府财政资金主要有财政拨款、国有资产入股以及政府补助等具体形式,财政拨款和国有资产入股是国有公司的主要资本来源,一般公司可以去争取政府财政补助。

信贷资金主要是来自银行或非银行金融机构的资金。银行信贷资金是从商业银行获得的各类贷款,非银行金融机构资金是指信托投资公司、保险公司、租赁公司、证券公司、企业集团所属的财务公司等,这些机构也可以一定的方式向公司提供资金,包括提供物资形式的资金融通。

其他单位和组织如其他公司、非盈利组织等,公司进货时暂欠供应商的货款就是一种从其他公司获得短期资金的渠道。从母公司、子公司、关联公司以及其他公司,从各种基金会、各社会团体等获得的投资款或临时拆借的资金等,均是公司资金的重要来源。

随着人们生活水平的提高,个人手中的资金也越来越多,个人投资日趋活跃。公司通过发行股票或债券从居民个人手中筹集资金,通过中介机构、互联网平台或直接从个人手中借入资金逐渐成为公司融资的重要渠道。

利润留成是指每年从公司的盈利中按照一定比例提留的盈余公积金和未分配利润,其中,提留的盈余公积包括法定盈余公积、任意盈余公积和公益金。按照《公司法》的规定,公司(有限责任公司和股份有限公司)必须按照当年实现税后利润的10%提取法定法定盈余公积,按照5%～10%提取公益金,经股东大会或类似机构批准按照自行规定的比例提取任意盈余公积。此外,公司在向股东分配利润后剩余的未分配利润,也是公司生产经营资金的重要补充。

有的公司为了增强公司员工的凝聚力或为了解决公司发展中的资金瓶颈,有的时候可能会内部职工集资。职工集资分为两类情况,一是内部职工入股,如华为技术公司的员工持股计划就是一个典型的内部职工入股的融资方式;二是内部债权性集资,公司向员工借入资金,到期还本付息。职工内部集资方式是创业型公司初创时期常用的融资方式之一。

2) 主要筹资方式

公司筹资的具体形式主要有吸收直接投资、发行股票、发行债券、银行借款、商业信用和融资租赁等。

6.1.2 中小型创新公司融资环境分析

创业公司的资金启动通常由投资人自己出资,或家人、朋友投资或借钱。有了一定的项目后,可以考虑天使投资、风险投资。公司有了一定的资产和规模后,可以考虑向银行等金融机构贷款(主要是抵押贷款或担保贷款)。当然,创业型和创新型公司,也应当去多争取政府的补助。

1) 政府补助或贷款

政府补助多为免费的,单方向对公司补助,不需要偿还,也不参与公司的分红,而财政性贷款一般是低息或财政贴息①。政府通常会运用财政资金支持民营中小企业的发展,特别

---

① 深圳市2016年科技型企业创业资助项目对单个最高不超过100万元的项目进行资助。资助对象包括科技型小微企业创业、留学回国人员创业、创新创业大赛[中国创新创业大赛、中国(深圳)创新创业大赛、全国农业科技创新创业大赛]的竞赛优胜者在深圳实施竞赛优胜项目等,并重点支持互联网、生物、新能源、新材料、新一代信息技术等战略性新兴产业,海洋、航空航天、生命健康等未来产业,先进制造和涉及民生改善的科技领域等。

深圳对大学生进行创业补贴。深圳市高校毕业生自毕业学年起3年内自主创业的可申请以下资金补贴项目(对符合当年年度深圳市接收普通高校应届毕业生条件的市外高校毕业生、在深圳成功创办企业的,可参照深圳市高校毕业生标准给予创业补贴);

项目贷款。高校毕业生自主创业项目经过评审的,可申请最高10万元的小额担保贷款;多人组织创业的,可按每人10万元、总额最高200万元的额度实行"捆绑式"贷款,除国家限制的行业均可给予财政贴息。申请小额担保贷款总额20万元之内的,经深圳市人力资源部门审核可免办理担保手续;高校毕业生进行网络创业的,经深圳市人力资源部门认定后可享受小额担保贷款。

场租补贴。在深圳市认定的创业示范基地或孵化园区创业的高校毕业生,按第一年每月1 000元、第二年每月800元、第三年每月600元标准予以场租补贴,月实际租金低于月场租补贴限额的,按实际租金补贴;高校毕业生在深圳市认定的创业示范基地(或孵化园区)外租用经营场地(或店铺)从事个体经营或创办小微企业,自工商注册登记之日起正常运营6个月以上并吸纳3人以上就业的,给予最长2年、每年最多3 000元的租金补贴。

税费减免。高校毕业生自主创业的,首次注册登记之日起3年内,免收登记类、证照类和管理类等行政事业性收费。高校毕业生在毕业年度内从事个体经营(除建筑业、娱乐业以及销售不动产、转让土地使用权、广告业、房屋中介、桑拿、按摩、网吧、氧吧)的,3年内以每户每年8 000元为限,依次扣减其当年实际应缴纳的增值税、城市维护建设税、教育附加费和个人所得税。

创业资助。高校毕业生自主创业、符合《深圳市自主创业补贴办法》规定的,可给予一次性初创企业资助5 000元(属于合伙创办企业的,经审核合伙人条件、出资比例等,按该初创企业首次申请时的商事登记合伙人人数每名计发5 000元、合计不超过5万元给予初创企业补贴,以同一初创企业申请初创补贴的合伙人或股东,最多不能超过10人)。 (转下页)

是创业创新型公司的发展,通常采取设立专项基金的方式,可分为两类:一是鼓励科技创新和劳动人口的就业方面基金,例如,财政对专项科技成果的采购资金、教育和科研基金、失业人口和小企业的创业基金等;另一类是帮助降低市场风险方面的基金,例如,农业风险补偿基金、特殊行业的再保险基金等,这些专项基金大部分属于一次性补贴。

公司财务人员应当密切关注相关行业或当地政府的各类财政补贴条件,及时申请政府的财政补助或贷款,以补充公司资金需要。

2) 天使投资

天使投资最早起源于19世纪的美国,通常指自由投资者或非正式风险投资机构对原创项目或小型初创企业进行的一次性的前期投资,是权益资本投资的一种形式。创新企业无论处于种子期、导入期,还是成长期、成熟期,只要有潜力,都能获得相应的帮助。

天使投资的模式主要有天使投资人、天使投资团队、天使投资基金和产业孵化器等。

天使投资人多指富裕的、拥有一定的资本金、投资于创业企业的专业投资家。目前我国天使投资人主要有两大类,一类是以成功企业家、成功创业者、风险投资(VC)等为主的个人天使投资人,他们了解企业的难处,并能给予创业企业帮助,往往积极为公司提供一些增值服务,比如战略规划、人才引进、公关、人脉资源、后续融资等,在带来资金的同时也带来联系网络,是早期创业和创新的重要支柱。另一类是专业人士,比如律师、会计师、大型企业的高管以及一些行业专家,他们虽然没有太多创业经验和投资经验,但拥有闲置可投资金,以及相关行业资源。目前国内成功的民营企业家正逐渐成为天使投资的主力军,一批活跃在南方几省的"富二代"投资人也有参与其中。

天使投资团队[①]。很多个体天使投资人除投资人的身份外还有自己本职工作,投资项目来源渠道少、资金实力和专业精力都有限,于是,一些天使投资人组成天使俱乐部、天使联盟或天使投资协会,汇集项目来源、定期交流和评估、分享行业经验和投资经验,以提高投资额度和承担风险。

天使投资基金[②]。天使投资基金的出现使得天使投资从根本上改变了它原有的分散、零星、个体、非正规的性质,是天使投资趋于正规化的关键,让更多没有时间和经验选择公司或管理投资的被动投资者参与到天使投资中来。在我国一些投资活跃、资金量充足的天使投资人,设立了天使投资基金,进行更为专业化运作。

孵化器形式的天使投资。企业孵化器在推动高新技术产业的发展、孵化和培育中小科

(接上页)带动就业补贴。高校毕业生创办企业,每吸纳一名深圳户籍失业人员就业并签订1年以上劳动合同,按每个岗位1 000元标准给予企业一次性奖励。自主创业的高校毕业生招用应届高校毕业生,签订1年以上期限劳动合同并缴纳社会保险费的,可按实际招用人数,参照用人单位招用就业困难人员的社会保险补贴和岗位补贴标准,给予最长3年期限的补贴。

社保补贴。高校毕业生实现自主创业并持续正常经营,其本人已缴纳社会保险费的,单位缴纳的养老保险部分按我市养老保险最低缴费标准给予不超过3年的社会保险补贴,其个人应交的社会保险费仍由其本人承担。

免除人事代理费。公共就业服务、人才服务和高校毕业生就业指导机构为自主创业的高校毕业生提供人事档案挂靠服务,免收3年人事档案保管费、代理服务费。

① 上海天使投资俱乐部、深圳天使投资人俱乐部、亚杰商会天使团、K4论坛北京分会、中关村企业家天使投资联盟等。

② 张野设立的青山资本,庞小伟发起设立的天使湾基金,新东方董事徐小平设立的真格基金、乐百氏董事长何伯全的广东今日投资、腾讯联合创始人曾李青的德讯投资等。还有一些资金从外部机构、企业、个人募集而来的天使投资基金,比如创业邦天使基金、青阳天使投资、泰山投资等。

技型企业,以及振兴区域经济、培养新的经济增长点等方面发挥了巨大作用,引起了世界各国政府的高度重视,孵化器也因此在全世界范围内得到了较快的发展,在欧洲,企业孵化器也被称为"创新中心"。深圳南山高科技创业园区、陕西杨陵高科技农业园区、深圳盐田生物高科技园区等,属于"产业化平台＋机构天使＋开放式创新"模式,解决了初创企业需求精准和快速营销的难题,通过开展创业培训、辅导、咨询,提供研发、试制、经营的场地和共享设施,以及政策、法律、财务、投融资、企业管理、人力资源、市场推广和加速成长等全方位全过程的服务,以降低创业风险和创业成本,为中小企业发展提供社会融资渠道,以提高企业的成活率和成长性,培养成功的科技企业和创业家。

3) 风险投资

风险投资[①],或称创业投资,是由专业化人才管理下的投资中介对新兴的、迅速发展的、具有巨大竞争潜力的企业进行投资。风险投资是把资本投向隐藏着失败风险的高新技术及其产品的研究开发领域,促使高新技术成果尽快商品化、产业化,以取得高额资本收益。

风险投资的期限至少3～5年以上,投资方式一般为股权投资,通常占被投资企业30%左右股权,而不要求控股权,也不需要任何担保或抵押。天使投资通常发生在公司初创期,有了产品初步的模样,可以拿去见人了,或者是有了初步的商业模式;积累了一些核心用户,投资量级一般在100万元到1000万元。种子期过后一般是风险投资,包括A轮融资、B轮融资、C轮融资。A轮融资是公司产品有了成熟模样,开始正常运作一段时间并有完整详细的商业及盈利模式,在行业内拥有一定地位和口碑,公司可能依旧处于亏损状态,投资量级在1000万元到1亿元;B轮融资是公司经过一轮烧钱后,获得较大发展。一些公司已经开始盈利,商业模式盈利模式没有任何问题,可能需要推出新业务、拓展新领域,资金来源大多是上一轮的风险投资机构跟投、新的风投机构加入、私募股权投资机构(PE)加入,投资量级在2亿元以上;C轮融资时公司已经非常成熟,离上市不远了,应该已经开始盈利,这一轮除了拓展新业务,也补全商业闭环准备上市,资金来源主要是私募基金(PE),有些之前的VC也会选择跟投,投资量级10亿元以上,一般C轮后就是上市了。

4) 众筹

众筹是大众筹资或群众筹资,这是一种近年来活跃于网络平台的大众筹资形式,适用于创业者创业初期的筹资需要。对于有创造能力但缺乏资金的人,在有了创意项目之后,就可以通过网络平台发起众筹融资活动,对公众展示他们的创意和规划,争取大家的关注和支持,吸引有兴趣投资者的资金支持。目前众筹在互联网上得到了快速发展,既有淘宝网上的产品众筹,也有众筹网等专业化平台,并成为创业者筹集创业资金的重要方式。与传统融资渠道相比,众筹具有低门槛、多样性等特点。

(1) 低门槛,无论身份、地位、职业、年龄、性别,只要有想法有创新能力都可以发起众筹项目。

(2) 多样性,众筹的方向具有多样性,包括设计、科技、音乐、影视、食品、漫画、出版、游戏、摄影等。

---

① 深圳市创新投资集团有限公司、红杉资本、北极光创投、晨兴资本、达晨创投、经纬中国、启明创投等都是近年来非常有影响的风险投资。

(3) 依靠大众力量,支持者通常是普通的草根民众,而非公司、企业或是风险投资人。

(4) 注重创意,发起人必须先将自己的创意(设计图、成品、策划等)达到可展示的程度,并通过众筹平台的审核,而不单单是一个概念或者一个点子。

6.2 融资分析

6.2.1 融资原则

财会人员在组织融资活动时,必须遵循适度、适时、低成本、低风险和合法原则。

1) 适度原则

在融资过程中,无论通过何种渠道、采用何种方式筹资,都应预先确定资金的需要量,使筹资量和需要量相互平衡,防止融资不足而影响生产经营活动的正常开展,同时也避免融资过剩而产生的资金闲置。

2) 适时原则

适时原则就是要按照投资机会把握筹资的时机,确定合理的筹资计划与筹资时机,以避免因取得资金过早而造成投资前的闲置,或者取得资金的相对滞后而影响投资时机。

3) 低风险原则

由于筹资具有一定的风险,特别是借入资金在到期时需要足额地偿还本息,不如期支付或不能足额支付都会为企业带来财务风险,所以企业在筹资时,必须使企业的自有资金与借入资金保持合理的结构关系,必须使借入资金中的不同筹资方式保持合理的长短期结构和金额结构,防止负债过多或集中支付而增加企业的筹资风险,使筹资风险保持在可控的范围内。

4) 低成本原则

不同的筹资方式有不同的筹资成本,所以在筹资时,应当对不同的筹资成本进行测算,确定筹资成本最低的筹资方式或筹资方式组合。

5) 合法原则

企业在筹资过程中,必须接受国家有关法律法规及政策的指导,依法筹集资金,履行约定的责任,维护投资者和公司的合法权益。

6.2.2 发行股票融资

发行股票[①]是股份公司筹集权益资金[②]最重要的方式。

---

① 股票是股份公司为筹集自有资金而发行的有价证券,是公司签发的证明股东所持股份的凭证,它代表了股东对股份公司的所有权。1872年,北洋通商大臣、直隶总督李鸿章,委派淞沪巨商朱其昂、朱其诏筹建上海轮船招商局,向社会公开募集资金,每股白银100两,股票可以转让,股东有权参与企业的经营管理。由此,中国第一家股份制公司和中国自己发行的第一张股票正式诞生。

② 权益性资金是与债务性资金资金相对的概念,通常股东(或投资人)向公司投入的资金,包括公司成立时注入的原始投资、公司经营期间原有投资人追加投资和新投资人投入的资金,均属于权益性资金来源,投资人投入公司的权益性资金不需要偿还,但需要参与公司的利润分配,公司与投资人"荣辱与共",在公司资产负债表上属于所有者权益;债务性资金则是由银行、非银行金融机构以及其他各类债权人向公司提供的资金,这些资金有一定的使用期限,公司需要在到期时还本付息,但不参与公司的利润分配,在公司资产负债表上列为负债。

1) 普通股和优先股

普通股股票是股份公司依法发行的无特别权利的股票,是股份公司最基本的股票。优先股股票是股份公司依法发行的具有一定优先权的股票,优先股不承担法定的还本义务,是企业自有资金的一部分,但其股利分配比例是固定的,与债券相似,因此,优先股是一种具有股票和债券双重性质的证券。

优先股股东则拥有优先分配股利权和优先分配剩余财产权,但不具有普通股股东的如下权利:

(1) 公司经营管理权。

(2) 剩余财产要求权。

(3) 新股发行的优先认股权。

(4) 红利分配权。

2) 上市地点

我国上市公司发行的股票按照股票上市的地点分为 A 股、B 股、H 股、N 股和 S 股等。其中在我国内地发行的股票有 A 股和 B 股,A 股是以人民币标明票面金额,并以人民币认购和交易的股票;B 股是以人民币标明票面金额,以外币认购和交易的股票;H 股为在中国香港上市的内地公司股票;N 股是在纽约上市的我国上市公司股票;S 股是在新加坡上市的我国上市公司股票。

3) 发行股票的主要规定

根据《公司法》规定,股份有限公司发行股票必须符合以下主要规定。

(1) 每股金额相等。同次发行股票,每股的发行条件与价格应当相等。

(2) 股票发行价格可以按面值发行,也可以溢价发行,但不得折价发行。

(3) 股票应当载明下列主要事项:公司名称、公司登记成立日期、股票种类、票面金额及代表的股份数、股票的编号。股票应由董事长签名、公司盖章。

(4) 公司发行新股,必须满足以下条件:前一次发行的股份已募足,并间隔一年以上;在最近三年内连续盈利,并可向股东支付股利;在最近三年内财务会计文件无虚假记载;预期利润率可达同期银行存款利率。

4) 发行普通股筹资的优点

(1) 没有固定利息负担,股利分配取决于股东大会的决议。公司有盈余,并认为适合分配股利,就可以进行股利分配;公司盈利较少,或虽有盈余但资金短缺或有更有利的投资机会,就可少支付或不支付股利。

(2) 没有固定到期日,不用偿还。利用股票筹集的资金是永久性的资金,只有在企业清算时才需偿还,它对保证企业最低的资金需要有重要意义。

(3) 筹资风险小。普通股既没有固定到期日,也不用支付固定的利息,就不存在不能偿付的风险,因此融资风险最小。

(4) 增加公司信誉。普通股筹集的资金属于自有资金,自有资金的高低是评价公司信用等级的条件之一,自有资金的增加,有利于提高公司的信用价值,同时也为债权人提供较大的损失保障,增强了公司的举债能力。

5）普通股筹资的缺点

（1）资金成本较高。普通股筹资的成本要高于借入资金。一方面是由于投资于普通股的风险较高，要求的投资报酬较高；另一方面，股利是从税后利润支付的，融资成本加大；此外，普通股的发行成本也较高。

（2）容易分散控制权。利用普通股筹资，出售了新的股票，引进了新的股东，股权被稀释，导致公司控制权分散。

6.2.3 发行债券融资

发行债券①是公司筹集长期资金的重要方式之一。

1）固定利率债券和浮动利率债券

固定利率债券是指在债券发行时就确定了券面利率并在有效期内不能改变的债券。

浮动利率债券是指债券券面标明利率、发放利息时则会在券面利率的基础上随着银行存款利率等的变化而进行调整的债券。

2）可转换债券

可转换债券是指公司发行的，投资者在一定时期内可选择一定条件转换成公司股份的债券，又称可转债，这种债券兼具债权和股权双重属性。不能转换为公司股份的债券则是不可转换债券。

可转换债券给投资者以更多的选择权，在债券持有人可以同正常债券一样获得债券利息，在债券到期时，债券持有人可以选择收回债券本金，也可以选择将债券按照一定的比例转换为发行债券公司的股票。

3）发行债券的主要规定

根据《公司法》，企业发行债券必须符合下列主要规定。

（1）有资格发行债券的公司为股份有限公司、国有独资公司和两个以上的国有企业或者其他两个以上的国有投资主体投资设立的有限责任公司。

（2）有资格发行债券的公司，必须满足下列条件才允许发行债券。股份有限公司的净资产额不低于人民币三千万元，有限责任公司的净资产额不低于人民币六千万元；累计债券总额不超过公司净资产额的百分之四十；最近三年平均可分配利润足以支付公司债券一年的利息；筹集的资金投向符合国家产业政策，不得用于弥补亏损和非生产性支出；债券的利率不得超过国务院限定的利率水平等。

（3）凡有下列情形之一的，不得再次发行公司债券。前一次发行的公司债券尚未募足的；对已发行的公司债券或者其债务有违约或者延迟支付本息的事实，且仍处于继续发行状态的。

4）发行债券融资的优点

（1）与发行股票相比，发行债券筹资成本低，债券利息是在所得税前支付。

（2）与发行股票相比，发行债券筹资不会分散公司的经营管理权。

---

① 债券是债务人为筹集借入资金，依照法定程序发行的、约定在一定期间还本付息的有价证券，体现了持有人与发行企业之间的债权债务关系。1602年，荷兰成立了东印度公司，并发行了世界上第一个公司债券。

5）发行债券融资的缺点

（1）与股票相比，发行债券融资风险高，因为债券有固定的到期日，有到期还本付息的压力。

（2）与其他长期负债（如长期借款）相比，发行债券筹资的限制多。

6.2.4 银行借款融资

1）信用借款、抵押借款和担保借款

信用贷款是指以借款人的信用发放的借款，借款人不需要提供担保，其特征就是债务人无需提供抵押品或第三方担保，仅凭自己的信誉就能取得借款，以借款人信用程度作为还款保证。通常效益好、现金流充足、信用好的公司容易获得银行的信用借款。

抵押借款指借款人以一定的抵押品作为保证向银行取得的借款，抵押品通常包括有价证券、动产和不动产等。借款银行根据借款人提供抵押品的价值决定借款额度，一般为抵押品账面价值的30%～50%，这一比率的高低取决于抵押品变现能力和银行的风险偏好，如以房屋作抵押品时，最高可以获得房屋评估价70%的借款额度。抵押借款到期时，如果借款人未能偿还贷款，银行有权处理抵押品。

担保借款包括抵押借款和由第三方提供担保的借款，由第三方担保的借款，一旦借款人不能如期偿还贷款，第三方担保将负有连带偿还贷款的责任。

一般中小型、特别是创业初期的公司，很难获得银行信用借款，此时抵押借款、担保借款将是很好的选择。

2）银行借款筹资的优点

（1）筹资速度快。与发行证券等相比，银行借款的筹资速度快，省去了印刷证券、申请批准等时间，可以迅速获取所需的资金。

（2）筹资成本低。与发行证券筹资相比，银行借款不需要支付发行费用，筹资成本低。

（3）借款弹性好。采用银行借款方式筹集资金时，可以直接与银行商谈，确定借款的时间、数额和利息；如果企业的生产经营情况发生变化，还可以与银行协商，修改借款的数量与偿还条件，比较灵活方便。

3）银行借款筹资的缺点

（1）财务风险大。和发行债券筹资一样，企业通过银行借款方式筹资需要在到期时还本付息，企业偿债压力大、风险高，甚至有不能如期还本付息而导致企业破产的风险。

（2）限制条件多。向银行借款，借款银行一般要求与借款企业签订含有很多限制性条款的协议，如不准改变借款用途、在银行保留一定的借款余额等，从而在一定程度上限制了企业的经营活动。

（3）筹资数额有限。与发行股票、发行债券筹资相比，银行借款所筹集到的资金规模一般要小得多。

6.2.5 融资租赁

1）租赁与融资租赁

租赁是指出租人在承租人给予一定报酬的条件下，授予承租人在约定的期限内占有和使用财产权利的一种契约性行为。

融资租赁又称财务租赁,是区别于经营租赁的一种长期租赁形式,是指实质上转移了与资产所有权有关的全部风险和报酬的租赁。所有权最终可能转移,也可能不转移。由于它可满足企业对资产的长期需要,故有时也称为资本租赁。

融资租赁具有如下特点:

(1) 在租赁期届满时,租赁资产的所有权转移给承租人。

(2) 承租人有购买租赁资产的选择权,所订立的购价预计将远低于(5%)行使选择权时租赁资产的公允价值,因而在租赁开始日就可以合理确定承租人将会行使这种选择权。

(3) 租赁期占租赁资产尚可使用年限的大部分(75%)。

(4) 租赁资产性质特殊,如果不作较大修整,只有承租人才能使用。

2) 融资租赁的租金

融资租赁的租金由租赁设备的价款、利息和手续费等构成。

在融资租赁实务中,一般都采用等额年金法计算融资租赁的租金。

【例 6-1】某企业采用融资租赁方式从租赁公司租入一项设备,设备价款为 200 万元,租期 5 年,到期后设备归承租企业所有,如按 16% 为折现率,每年年末应支付 61.08 万元的等额租金。

$$每年年末应支付的租金 = \frac{200}{(P/A, 16\%, 5)} = \frac{200}{3.2743} \approx 61.08(万元)$$

3) 融资租赁筹资的优点

(1) 筹资速度快。由于融资租赁是直接将所需的设备租入,所以省去了借款购置设备的过程,速度更快。

(2) 限制条款少。相对于借款相比,融资租赁的限制性条款比较少。

(3) 设备淘汰风险少。融资租赁的期限一般为设备可使用年限的 75%,所以一部分设备陈旧风险由出租人承担,如果直接购置设备,全部陈旧风险都将由承租企业负担。

(4) 财务风险小。由于融资租赁的租金一般都是分期偿付,承租企业的还债压力会分散,财务风险小。

4) 融资租赁筹资的缺点

融资租赁的缺点是筹资成本高。一般来说其租金要比银行借款或发行债券所负担的利息高得多。在公司财务困难时,固定的租金支出也会构成一项较沉重的负担。

6.2.6 商业信用融资

商业信用融资[①],是一种形式多样、适用范围很广的短期资金来源。

1) 可利用的商业信用的形式

(1) 应付账款。应付账款是由赊购商品所形成的最典型的、最常见的商业信用形式。由于货款结算的时间延迟,其实质是销售方给购货方提供了一笔短期资金,形成了购货方的

---

① 商业信用是指商品交易中的延期付款或延期交货所形成的借贷关系,是企业之间的一种直接信用关系。

一项资金来源。

(2) 预收货款。预收货款是销货方在销货前向购货方预先收取的部分或全部货款，在预收货款时，购货方向销售方提供了一项短期信用。

(3) 应付票据。应付票据是企业之间在进行商品交易时，以书面形式载明的债务人按约定条件向债权人支付一定金额款项的商业信用形式。

2) 商业信用成本

利用购销过程中的应付款项和预收款项，是公司可以获得的一项免费短期融资方式。但如果对方提供了折扣条件，公司应尽量去争取获得此项折扣，因为丧失现金折扣的机会成本很高。究竟是要享受折扣提前付款还是延期付款而放弃折扣优惠，就需要比较放弃折扣的成本与银行借款利率的关系。

【例6-2】如公司在购买原材料时，供货单位提供的折扣条件是"2/20，N/60"，如果该公司放弃利用折扣，而在第60天付款，则承担的商业信用成本计算如下：

$$商业信用年利率 = \frac{放弃的折扣额}{折扣期内支付额} \times \frac{360}{延期付款天数} = \frac{2\%}{98\%} \times \frac{360}{40} \approx 18.37\%$$

如果公司可以从银行取得年利率低于18.37%的短期借款，财会人员应该建议选择获得银行借款以提前偿还购料款，以享受现金折扣的优惠。

3) 商业信用融资的优点

(1) 筹资便利。因为商业信用与商品买卖同时进行，属于一种自然性筹资，不用作非常正规的安排。

(2) 筹资及时。商业信用在交易发生需要资金时就及时获得信用，也即取得了资金来源。

(3) 限制条件少。商业信用不须经过谈判或协商即可获得，销售方很少提出其他授予信用的附加条件。而企业利用银行借款筹资，银行往往对贷款的使用规定一些限制条件。

4) 商业信用融资的缺点

商业信用的期限一般较短，如果企业取得现金折扣，则时间会更短；如果放弃现金折扣，则要付出较高的资金成本。

6.3 股 利 政 策

6.3.1 利润分配制度

向股东分配利润，直接影响到公司的资金流，影响到企业的投资与融资活动。确定合理的股利政策，就是要在股利分配与留存收益的比例之间做出决策。

1) 利润分配的内容与程序

企业实现的利润，在按规定缴纳所得税后，一部分留存企业，作为生产经营的资金积累，用于扩大再生产的资金需要；另一部分则向投资人分配股利或利润，形成投资人的投资收益。其中,留存企业的利润包括按规定提取的盈余公积金和公益金,向投资人分配的股利包括支付的优先股股利和普通股股利。根据《公司法》的规定,公司税后利润应当按照下列顺序分配:

(1) 弥补以前年度的亏损。

(2) 提取法定盈余公积金。按照税后利润 10% 提取法定盈余公积,用于弥补亏损或转增资本,盈余公积的余额不得低于注册资本的 25%,当累计达到注册资本 50% 时,可不再继续提取。

(3) 提取公益金。按照税后利润的 5%～10% 提取公益金,主要用于公司集体福利设施的建设,改善职工生产与生活条件,不得用于弥补亏损和转增资本。

(4) 支付优先股股利。

(5) 提取任意盈余公积金。可根据公司经营情况及投资和融资的需要,经股东大会决议,具体确定是否提取以及具体提取比例。

(6) 向投资者分配利润(支付普通股股利)。具体的分配标准及股利支付方式,由股东大会决议决定,公司以前年度未分配的利润,可以在本年度继续参与分配,企业当年无利润一般不得向投资者分配股利。如果公司用盈余公积弥补亏损后经股东大会特别决议可按较低比率以盈余公积支付股利,以维护企业信誉,避免股票价格大幅度变动。

2) 利润分配原则

(1) 资本保全原则。利润分配是投资者资本增值部分的分配,而不是投资者资本金的返回,只有在盈利情况下才能进行分配,以保证所有者权益的完整。

(2) 分配与积累并重原则。公司未来发展和抵御风险能力的提高需要积累,利润分配要留有余地,留用利润,用于发展生产,提高应付风险能力,促进公司长远发展。

(3) 平等一致原则。利润分配应公平、公正,投资与收益对等原则,按各方投入资本的多少进行分配,公开分配方案,保护投资者利益。

6.3.2 股利理论

1) 股利无关论

股利无关论认为,股利的支付不会对公司的股票市价产生影响,股价不是由股利政策决定的,股价是由公司资产的盈利能力或其投资决策决定,与股利政策无关。

2) 股利相关论

股利相关理论认为,股利政策与股票市价有较大的相关性。投资者比较倾向于现实,认为眼前的股利收益比由留存收益转作投资而产生收益更为可靠;增加股利发放可使投资者提高对公司的信任,从而引起股价上升。

公司的股利发放能将公司的盈利能力、资金状况以及其它相关的财务信息提供给投资者,投资据此采取抛售或买入行动将会引起股价变动,因此股利政策对股价有较大影响。

3) "在手之鸟"论

英国有个古老的成语,"A bird in the hand is worth two in the bush",说的是双鸟在林,不如一鸟在手,在手之鸟总会比在林之鸟更让人心里踏实。在手之鸟理论认为,股利分配能够消除投资者的不确定感,所以具有更大的价值,所以投资者总是希望公司能采取高股利政策。

6.3.3 主要股利政策

1) 剩余股利政策

剩余股利政策是首先测算出企业投资所需的权益资本,并从利润中扣除需要留存的部分后将剩余利润用于分配股利。这种政策主要考虑未来投资机会所需的自有资金。

2) 固定股利政策

公司每年都支付固定的股利额,股利不随经营状况变动而变动,除非公司预期未来收益将会有显著的、不可逆转的变化才会调整股利支付额。其优点是有利于公司树立良好的形象,增强投资者对公司的信心,稳定股票价格,缺点是固定股利额的支付可能会成为企业的财务负担,当盈利较低时会造成财务状况恶化。

3) 固定股利支付率政策

公司每年按固定比例从净利润中支付股利。由于公司的利润每年不稳定,因此每年股利也随利润变动而变动,股利与利润保持一定比例关系,又称变动的股利政策,体现了投资的风险与收益对等。

4) 正常股利加额外股利政策

公司每年按固定的数额向股东支付正常股利,当公司利润有较大幅度增加时再发放额外股利。

5) 不规则股利政策

公司按利润情况以及其他因素的变化不定期或不定额分配股利。

6.3.4 股利支付

1) 股利支付形式

(1) 现金股利。以现金形式发放股利,这是最常见的方式,公司支付压力增加,在现金充足时采用。

(2) 股票股利。采取增发普通股股票给股东,按现有股东持股比例分配每个股东应得新股数量。股票股利不会引起资产流出或负债增加,只涉及股东权益内部结构的调整,公司可保留现金用于投资,股东可得到免征所得税的好处。

(3) 财产股利。用现金以外的资产支付股东的股利。

2) 股利支付程序

公司决定分派股利后应由董事会将分派股利的事项向股东宣告,包括股利宣告日、股权登记日、除息日、股利支付日。

(1) 股利宣告日。董事会将股利支付情况予以公告的日期。

(2) 股权登记日。有权领取股利的股东资格登记截止日期,在股权登记日前在公司股东名册上有名的股东有权分享股利。

(3) 除息日。股权登记日的第二天,新进股东无权领取股利。

(4) 股利支付日。向股东发放股利的日期。

6.4 融资决策分析

6.4.1 个别融资成本

1) 资金成本

资金成本是指企业为筹集和使用资金而付出的代价,包括筹资费用和用资费用两部分。筹资费用是指企业在筹集资金过程中所支付的费用,如支付给银行的借款手续费、债券和股票的发行费等,通常是一次支付的。用资费用是指企业为使用资金而支付的费用,如利息、股利等。资金成本可以用绝对数来表示也可以用相对数表示,通常用相对数来表示,即资金成本率。

$$资金成本率 = \frac{每年的用资费用}{筹资数额 - 筹资费用} \times 100\%$$

2) 公司债券资金成本

债券成本由下列公式计算:

$$债券成本率(Kb) = \frac{债券年利息 \times (1 - 所得税税率)}{发行额 \times (1 - 筹资费率)} \times 100\%$$

债券的利息在所得税前扣除,具有抵税作用,统一到所得税后的实际利息为利息(1-所得税率)。另外,由于发行债券时会有一部分发行费用,如支付给代销单位的发行佣金等,所以实际筹得的资金应当扣除这部分发行费用。

【例6-3】公司发行三年期票面利率为12%的债券2 000万元,发行费率为3.25%,公司所得税税率25%,计算该债券成本。

$$Kb = \frac{2\,000 \times 12\% \times (1 - 25\%)}{2\,000 \times (1 - 3.25\%)} \approx 9.3\%$$

3) 长期借款资金成本

$$长期借款成本率(Kl) = \frac{借款年利息(1 - 所得税率)}{借款额(1 - 借款手续费率)} \times 100\%$$

银行借款的利息也在所得税前列支,具有抵税作用,所以在计算借款资金成本时,需要调整为税后资金成本口径计算。

【例6-4】某公司向银行借款200万元,年利率8%,期限5年,借款手续费率1%,所得税税率25%,计算借款的成本。

$$Kl = \frac{200 \times 8\%(1 - 25\%)}{200(1 - 1\%)} = 6.06\%$$

4) 普通股资金成本

由于普通股有多种股利政策和支付方式,普通股的资金成本从理论上说是股东在一定

风险条件下所要求的最低报酬率,在正常情况下最低报酬率应该表现为逐年增长。公式为:

$$普通股资金成本率(Kc) = \frac{第一年每股股利}{每股市价(1-筹资费率)} + 股利年增长率$$

公司普通股每股市价20元,拟增发10万股,筹资费率6%,第一年每股股利2元,股利增长率5%,计算其成本为15.52%。

5) 留存收益资金成本

留存收益属于公司股东,使用这部分资金好像不需要任何代价,事实上它的使用存在一种机会成本,如果将这部分收益用作购买股票、存入银行或者进行其他方面的投资也将获得收益。因此留存收益的成本视同普通股股东对企业的再投资的收益,可参照普通股的方法计算留存收益的资金成本。

6.4.2 综合资金成本

综合资金成本是以各种个别资金占全部资金比重为权数对个别资金成本进行加权而确定的加权平均资金成本,计算公式为:

$$综合资金成本率(Kw) = \sum_{j=1}^{n} W_j K_j$$

式中,n表示资金种类;W_j表示比重;K_j为第j种资金成本;Kw为综合资金成本率。

【例6-5】 如果公司长期资本500万元,其中长期借款80万元,债券120万元,普通股300万元,其成本率分别为7%,8.5%,14%,则综合资金成本为:

$$Kw = \frac{80}{500} \times 7\% + \frac{120}{500} \times 8.5\% + \frac{300}{500} \times 14\% = 11.56\%$$

6.4.3 融资方案的比较分析

对不同融资方案的综合资金成本进行比较,可以对融资方案进行决策分析,确定最佳融资结构。

【例6-6】 某公司长期资金总额为5 000万元,现有两个资本结构方案,甲方案的长期资金情况是:长期借款500万元,债券1 000万元,普通股3 500万元;乙方案的长期资金结构是:长期借款1 500万元,债券2 000万元,普通股1 500万元。如果企业的个别资金成本分别为长期借款6%、债券10%、股票15%,试确定哪个方案为最佳资本结构。

甲方案的综合资金成本:

$$Kw_甲 = \frac{500}{5\ 000} \times 6\% + \frac{1\ 000}{5\ 000} \times 10\% + \frac{3\ 500}{5\ 000} \times 15\% = 13.1\%$$

乙方案的综合资金成本:

$$Kw_乙 = \frac{1\ 500}{5\ 000} \times 6\% + \frac{2\ 000}{5\ 000} \times 10\% + \frac{1\ 500}{5\ 000} \times 15\% = 10.3\%$$

比较两个资本结构方案的综合资金成本率,由于乙方案的综合资金成本率低于甲方案的综合资金成本率,故乙方案为最佳资本结构。

6.5 创业融资策略

6.5.1 中小型创新公司融资的特点

1) 中小型创新公司融资环境更难

与成熟公司的融资环境不同,中小型创新公司的融资环境更加艰难。这不仅是因为新创公司自身对融资环境陌生而畏惧不前,更是因为包括各类投资者和债权人在内的出资者对新创公司风险的担忧而敬而远之,新创公司与融资市场之间就形成了一堵无形的墙。在融资风险、融资成本和融资渠道等多方面,创业公司的融资都会比一般公司大很多。

中小型创新公司融资的风险更大。创业初期尚未进行市场开发或尚未获得一定的市场占有率,未有社会影响,创业者或创业项目鲜为人知,出资者对创业者的资信或能力知之不多甚至一无所知,对创业项目的市场前景不能明确把握。投资风险不可预见,向创业者或创业项目投资会更谨慎,出资风险大。

中小型创新公司融资的成本更高。由于出资者对新创公司的出资风险比对成熟公司的出资风险具有更大的不可预见性,出资者的期望风险报酬率就更高,包括提高贷款利率、提供担保与抵押品、设置补偿性余额等都直接推高了新创公司的融资成本;新创公司的融资是小额度、高频率,也增加了融资评估、融资手续等融资费用。

中小型创新公司融资渠道更少。由于创业融资的风险更大,投资者的投资意愿受到制约,对创业者的投资更加谨慎,加上创业融资的管理成本高,也进一步阻碍了投资者的投资。而大型商业银行,出于风险控制和管理成本的原因,对新创公司也更加惜贷,所以能为创业者提供的融资渠道并不多。

2) 中小型创新公司的融资目标是创业者价值最大化

新创公司需要对公司的股东区别对待,将全部股东分为创业者和投资者,投资者包括天使投资者、风险投资者、战略投资者以及其他各类后续投资者,当创业者与投资者的利益发生冲突时,必须要站在创业者立场,维护创业者利益。坚持以创业者价值最大化为财务目标,真正推进全社会的创新创业。

只有创业者才是真正在乎创业公司成败的股东。新创公司的创业者、早期投资者和后来投资者的利益都与公司的发展绑在一起,虽然新创公司的全体股东都是股东价值最大化的坚定支持者和直接受益者,但各类股东之间的财务目标是相互冲突的。这不仅是因为所有股东都共同分享公司的既有利益,存在此多彼少的矛盾,而且,由于不同类型的股东的出发点不同,在公司的长短期利益追求上存在差异。包括风险投资者在内的外部投资者们,更多的是关注公司的财务收益、短期收益,"赚了就走"是他们普遍投资心态,至于公司长远发展和战略利益,那是创业者关心的事。在全部公司股东里,只有创业者真正关心公司的未来与成败,因为公司是他亲手创立的,从创意、萌芽、成长到壮大,创业者倾注了大量甚至是全部的心血。

只有构建对创业者利益的有效保护墙才能真正推进整个社会的创新创业。首先,与外部投资者不同,创业者经受比其他投资者更大的投资风险(非系统性风险)。创业者在创业初期投入了大量的精力和财力,不仅动用了个人和家庭的多年积蓄,有的甚至将家中的财产变现或抵押、向亲戚朋友借款,投入到创业中,基本上是"把全部鸡蛋放在一个篮子里",一旦创业失败,很多创业者会一无所有甚至倾家荡产;而外部投资者不同,由于投资于多个项目,"东方不亮西方亮",承担的个别风险(非系统性风险)比创业者要小得多,外部投资者可以通过投资组合大大分散非系统性风险,所以对创业者利益的保护更为重要。

其次,创新创业的成功率极低,必须在制度层面构建对创业者利益的有效保护墙,才能调动创业者的创新创业激情、促进整个社会的创业创新。创业是一个艰难的奋斗历程,基本上都是"九死一生",能安全度过种子期和幼苗期的生存威胁,是走向创业成功的前提。在创业初期,创业者上下求索殚精竭虑,此时的创业者根本找不到"老板"的感觉,而是公司的全勤打杂工,多少个不眠之夜,让创业者思考的不是成功创业赚大钱,而是公司怎样"活下去"。创业难、成功创业更难。从历史和统计数据来看,创业成功是个小概率事件,因为成功是要在一个漫长时间里每一个事件的链条上,不断做出正确的决定才能实现,而失败可能只要在一个事件上做出一个错误的决策就会产生。每年都有成千上万个企业被创立,但很多在很短的时间内倒闭。有幸生存下来的企业,绝大部分也仅仅取得了微不足道的成绩,部分新创企业所获得的收益刚刚抵得过最初投资额,只有极少数企业能够获得所谓的成功。

3) 必须重点关注创业者与投资者的收成价值

成熟公司的财务管理活动是基于持续经营假设进行的财务决策、规划和控制等财务管理活动,通常不会考虑公司被收购、兼并、IPO、管理层收购等重大事件。与成熟公司财务管理不同,创业公司的财务管理活动必须重点关注创业者(包括投资者)的收成,即创业价值的实现问题。

创业者和投资者更加关注价值回收。创业公司通过收购、兼并、IPO等形式,包括创业者和投资者在内的公司各类股东,可以将所持有的权益资本通过在公开或非公开资本市场上出售等形式,收回其对创业公司的投资,完成创业或投资的收成。

创业公司的财务管理者必须关注创业公司的收成时机和收成方式,以实现创业者和投资者价值实现的最大化任务。

4) 中小型创新公司要更多关注不可分散风险

中小型创新公司的财务管理者要站在创业者的特定视角,更加关注非系统性风险即特定项目的个别风险影响。在中小型创新公司,由于创业者将绝大部分财富都投入到创业项目中,所以创业项目的个别风险对创业者会产生巨大影响。天使投资者和风险投资者等后续投资者,一般是同时投资于多个项目,所以对某个创业项目的投资只占其全部投资的一部分。创业者对特定创业项目风险的敏感性程度要远远高于投资者对特定创业项目的敏感性程度,换句话说,如果创业项目失败,创业者会比投资者更"痛"。

6.5.2 创业公司融资策略

创业公司融资普遍存在融资难、融资贵,采用分阶段里程碑式融资策略,实现创业融资与创业进程相隅合,可以有效地抑制投资者的风险预期,降低创业公司的融资成本,有效地控制股权释放节奏,实现创业者控制权最大化。

1）创业融资要与创业进程相隅合

创业进程的五个阶段。创业进程一般包括种子期、幼苗生存期、高速成长期、成熟期和收成期五个阶段,不同阶段的目标不同,融资渠道策略也各不相同(见表6-1)。

表6-1 创业阶段及其融资特点

创业阶段	特点	主要融资策略
种子期	(1) 处于发明、创意、实验室研发阶段 (2) 标志:项目设计或商品开发完成 (3) 没有正向现金流 (4) 融资风险大、研发风险大 (5) 融资额度小	(1) 创业者及创业伙伴自筹 (2) 亲友团资助 (3) 天使投资
幼苗生存期	(1) 购置生产设备、雇佣人员、开始市场推广 (2) 标志:产品试销,正式推向市场 (3) 基本没有正向现金流 (4) 融资风险大、市场风险大 (5) 融资额度大	(1) 天使投资 (2) 风险投资
高速成长期	(1) 增加产能、扩大营销网络 (2) 标志:不断增加市场占有率 (3) 现金流大增 (4) 市场风险大、管理风险大增 (5) 融资额度骤增	(1) 风险投资 (2) 商业银行贷款 (3) 商业信用 (4) 战略投资者
成熟期	(1) 技术成熟,市场稳定,系列化产品得到开发 (2) 标志:现金流充足、财务状况良好、盈利稳定 (3) 市场风险相对较小、融资风险小 (4) 融资额度大且稳定	(1) 商业银行贷款 (2) 商业信用 (3) 战略投资者投资
收成期	(1) 创业者获取创业回报 (2) 后续投资者获取投资回报	(1) 股份上市公开转让 IPO (2) 兼并收购或回购 (3) 解散与破产

种子期的创业项目处于发明、创意或实验室初级产品阶段,创业者利用自己的兴趣爱好和专业特长设计和研发产品,并对商业模式进行初步设计。种子期所需的融资额度一般都不大,融资渠道主要是创业者的自筹资金,包括个人积蓄或个人资产变现、创业伙伴的投资、信用卡透支、亲朋好友的资助和众筹等,部分种子期的创业项目可以获得天使投资的关注和青睐。

幼苗生存期是创业项目或产品完成商品化,进入试销阶段。幼苗生存期一般需要更多的资金投入,用于购买生产设备、研发及试销与推广、搭建营销网络。此时,商业模式在探索阶段,常常伴随着亏损,基本没有财务回报,更重要的是,一旦产品不能为市场接受或进一步研发出现巨大障碍,创业项目很有可能会胎死腹中,投资风险极大。本阶段一般很难获得银行贷款,主要依靠天使资金,幸运的还可以获得风险投资,渡过生存关是这一时期的关键任务。

在高速成长期,产品被市场广泛接受,扩大产能、开拓市场,实现规模扩张和提高市场占有率是主要任务。在这一阶段,资金需求量猛增,市场风险和管理风险加大。除了风险投资以外,可以获得银行贷款,有时候也有战略投资者加入。

创业进入成熟期后,技术成熟,市场稳定,产能进一步扩大、系列化产品得到开发和推广,部分天使投资和风险投资会陆续选择收获退出,企业的现金流充足、财务状况良好、盈利业绩稳定,各类投资人能够获得必要的投资回报,成熟期大多通过银行贷款、商业信用等获得资金。

收成期对创业者来说意义重大。对于创业者以及一直相守到收成期的外部投资者来说,除了在成长和成熟期能够从创业公司获得利润分红的回报,通过上市、兼并、收购等方式实现投资退出。实现投资收成的回报更为重要,收成时机的选择对创业者和投资者都非常重要,通常会选择在高速成长期或成熟期,此时创业公司发展势头强劲、前景广阔、市场估值高,一般容易实现退出,而且能够获得比较好的收成。

运用分阶段里程碑式融资策略实现融资与创业进程的耦合。

里程碑的设计因创业公司的业务性质不同而有所不同,一个典型创业初期里程碑设计可以是创意和设计阶段、产品研发与定型阶段、产品试销阶段、市场开拓与推广阶段(见图6-1)。首先,每个阶段设定一个小目标,即分阶段的里程碑,如将种子期的目标设定为研发产品与商业模式的初步设计,当完成了产品的开发与商业模式的初步设计后,种子期的任务就实现,进入下一个阶段;其次,分阶段组织融资,在每一个阶段,只为实现本阶段的小目标(里程碑)而融资,虽然需要为下一阶段的融资提前预留出时间量,但不需要为实现下一阶段的目标而提前融资。

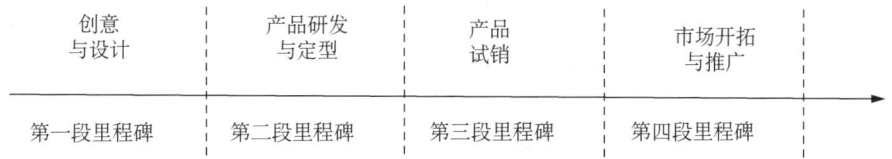

图 6-1 创业初期的里程碑设计

采用分阶段里程碑式融资对创业公司有着非常重要的意义。

第一,分阶段里程碑式融资策略可以降低投资者的风险预期。由于创新创业之路漫长而艰辛,成功率极低。为了降低投资者的风险预期,在创业融资管理中通过划小时间跨度,确定每一阶段的里程碑,从而使得每一阶段的小目标更清晰、更容易实现、实现的时间也更短,让投资者对创业过程更透明可见,以降低其风险预期,减少对其投资的对价。

第二,分阶段里程碑式融资策略可以控制融资成本。由于创业融资的风险较大,债权人就会要求更高的风险补偿,提高贷款利率、要求提供担保与抵押品、设置补偿性余额等。外部投资人也会要求获得更多的股份作为投资对价。同时,创业公司每次能够获得的融资额度小、融资频率高,融资评估费、融资手续费等融资管理费用高。有资料显示,初创企业的平均贷款额度只有大型企业的5%,而贷款的频率却是大型企业的5倍。分阶段组织融资后,预期风险更小,此时投资者要求的风险补偿更低,更重要的是,随着创业进程的推进,创业活动越来越接近最终创业目标,创业后期进入的投资者的预期风险会越来越小,进一步会从整体上摊薄创业融资成本。

第三,分阶段里程碑式融资策略使创业融资的可得性更强。由于是根据每一个里程碑确定资金需求量,需要的资金额度相对较小,投资者对于小额度投资的损失更容易接受,这种"小步快走"策略更容易获得投资者的投资。

第四,分阶段里程碑式融资策略可以有效地控制包括创业者和外部投资者在内的投资损失。对外部投资者来说,一旦创业进程没有达到预期里程碑目标,如产品定型阶段没有在预期的时间里完成,延期了六个月,外部投资者可能会做出是否要求创业者强制清算以收回投资或继续投资的决策,这既有利于便于投资者控制投资损失,也有利于创业者的进一步创业可能失败而发生的投资损失。

2) 分阶段里程碑式融资方略是实现创业者控制权最大化的有效方法

与创业者在创业初期筹足整个创业进程所需资金不同,采用分阶段里程碑式融资策略在降低创业融资成本的同时,可以有效地控制股权释放节奏,保持创业者最大化控制权。

【例6-7】设想有一个创业项目,预期在第5年年末能够以2亿元的价格变现,我们暂且不去设定具体的变现方式,如果该项目预期每年年初需要资金500万元,共2 500万元的总投资。假设某风险投资基金对该项目有兴趣,愿意为该项目投入权益性资本,目前市场年平均投资回报率为8%,根据风险投资者对该创业项目的风险程度评估,如果是初期(第0期)投入,需要有50%的年回报率才能补偿其投资风险,随着创业进程的推进,投资风险越来越低,此后的年回报率每年按5%递减。

方案1:单一阶段融资策略。

采用第0年(即第1年年初)一次性融得以后5年所需全部资金,即采取单一融资模式时,需要风险投资者在第0年投入的资本额为:

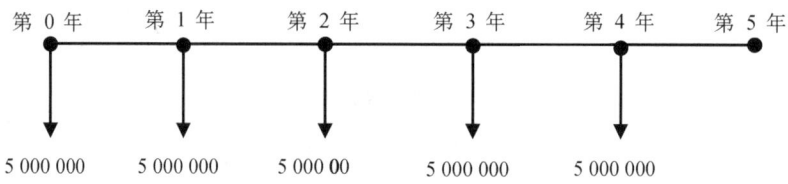

图6-2 创业初期的里程碑设计

采用年金现值法计算,风险投资者需要在第0年向创业项目投入资金为:

$$P_{方案1} = 5\,000\,000 \times (P/A, 8\%, 4) + 5\,000\,000$$
$$= 5\,000\,000 \times 3.3121 + 5\,000\,000$$
$$= 21\,560\,500(元)$$

由于风险投资者对该创业项目有着很高的风险预期,对其投资有着很高的投资回报,在第0年一次性投入了21 560 500元资本,在第5年年末的价值应采用50%的年回报率来折算,据此,风险投资者对其第0年的投资在第5年年末的期望价值为:

$$F_{方案1} = 21\,560\,500 \times (1+50\%)^5 = 163\,725\,046.875(元)$$

计算风险投资者要求的股权份额。由于风险投资者第0年投入的21 560 500元资本,折算到第 5 年末的价值是 16 372.504688 万元,而该项目在第 5 年末的变现价值是 2 亿元,风险投资者的投资占 81.86%。

表 6-2 单一阶段融资模式下权益份额的计算

项目	第 0 年	第 1 年	第 2 年	第 3 年	第 4 年	第 5 年
创业项目的资金需求(万元)	500	500	500	500	500	
风险投资投入资本(万元)	2 156.05					
剩余现金额(万元)	2 156.05	1 788.53	1 391.62	962.95	500	
创业项目期末价值(万元)						20 000
风险投资预期价值(万元)						16 372.5
风险投资者所占份额						81.86%

方案 2:分阶段融资模式。

与单一阶段融资策略不同,分阶段融资策略不要求风险投资者一次性于第 0 年缴足资本,而是在每年年初提供 500 万元资金就可以了,而且,随着时间的推移,风险投资者对创业项目的风险预期越来越小,所以预期的报酬率也越来越小(每年按 5% 递减,第一次出资的预期报酬率为 50%,第 2 年出资为 45%,直到第 5 年出资时预期的报酬率则降为 30%)。

风险投资者对其投资在第 5 年末的期望价值:

$$F_{方案2} = 5\,000\,000 \times (F/P, 50\%, 5) + 5\,000\,000 \times (F/P, 45\%, 4) + 5\,000\,000 \times (F/P, 40\%, 3) + 5\,000\,000 \times (F/P, 35\%, 2) + 5\,000\,000 \times (F/P, 30\%, 1)$$
$$= 37\,968\,750 + 22\,102\,531.25 + 13\,720\,000 + 9\,112\,500 + 6\,500\,000$$
$$= 89\,403\,781.25(元)$$

计算风险投资者要求的股权份额。在采用分阶段融资策略是,风险投资者对其每年年初 500 万元的投资在第 5 年年末的预期价值为 89 403 781.25 元,占创业项目第 5 年价值的 44.70%。

表 6-3 分阶段融资模式下权益份额的计算

项目	第 0 年	第 1 年	第 2 年	第 3 年	第 4 年	第 5 年
创业项目的资金需求(万元)	500	500	500	500	500	
风险投资投入资本(万元)	500	500	500	500	500	
风险投资预期报酬率	50%	45%	40%	35%	30%	
创业项目期末价值(万元)						20 000
风险投资预期价值(万元)	3 796.875	2 210.2531	1 372	911.25	650	8 940.3781
风险投资者所占份额						44.70%

上述分析可知,采用分阶段融资时,创业者只需要释放出 44.7% 的股权,比单一阶段融

资需要释放 81.86% 的股权要少释放出 45.39% 将近一半的股权。在创业项目融资时,应优先考虑分阶段的融资策略,这样可以在创业者筹集必要的资金时,尽可能地减少对其权益份额的侵蚀,以最小的权益份额获得最大的资本注入。由此可见,分阶段里程碑式融资策略是实现创业者控制权最大化的有效方法。

 讨论与练习

1. 分组讨论并整理企业组织形式。

【阅读材料 6-1】企业组织形式

企业是以盈利为目的的社会组织,从组织形式上看,包括个人独资企业、合伙企业和公司组织,其中,公司组织又分为无限公司、有限责任公司、股份有限公司和股份合作公司等。需要注意的是,个体工商户不属于企业性质(见图 6-3)。

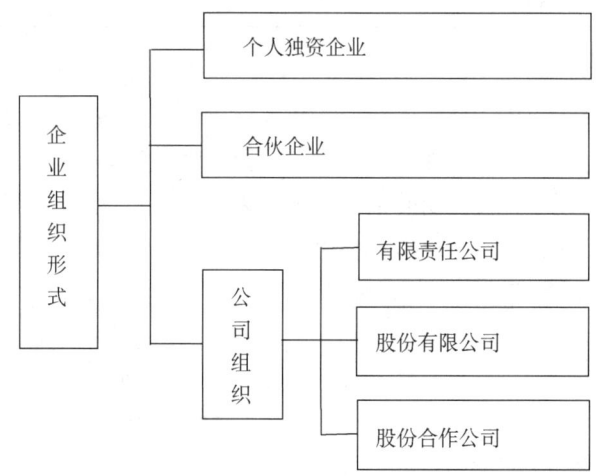

图 6-3 公司组织形式

1) 个体工商户

(1) 个体工商户是以个人名义在市场上从事工商活动,必须在工商部门登记,取得营业执照、办理税务登记,可申请银行账户。

(2) 个体工商户可以是公民个人,也可以是家庭单位,可以招聘员工。

(3) 个体工商户对其全部经营负无限责任。

(4) 个体工商户的纳税。

① 增值税:小规模纳税人,按销售收入的 3% 交纳税款,其中收入一般是核定的,根据经营面积、地段、租金,综合核定每月收入;一般纳税人,要有完整会计核算,实行查账征收,税率 17%,扣除进项税。

② 所得税:实行核定征收或查账征收,查账征收时适用五级超额累进税率(见表 6-4):

③ 个体工商户的税收优惠:残疾、孤老人员和烈属本人、退役士兵自谋职业、随军家属、下岗职工及大学生创业等均有不同程度税收优惠政策;在深圳大学生创业可享 10 万元资助金等。

表 6-4　个体工商户生产经营所得税税率表

级数	级距(元)	税率	速算扣除数
1	≤5 000	5%	0
2	5 000≤10 000	10%	250
3	10 000≤30 000	20%	1 250
4	30 000≤50 000	30%	4 250
5	>50 000	35%	6 750

2) 个人独资企业

个人独资企业只有一个出资人,属于自然人企业,由个人出资经营、归个人所有和控制、由个人承担经营风险和享有全部经营收益,出资人对企业的债务承担无限责任。

(1) 独资企业本质上属于自然人的范畴,对出资额没有限制,可以以个人名义命名,如"张胖子饭店"等。

(2) 独资企业承担无限责任。独资企业的财产不足以清偿债务时,投资人应当以其个人的其他财产予以清偿;独资企业解散后,原投资人对个人独资企业存续期间的债务仍应承担偿还责任,但债权人在"5 年"内未向债务人提出偿债要求的,该责任消灭。

(3) 个人独资企业与一人有限责任公司的区别。

① 一人有限责任公司投资主体可以是自然人,也可以是法人;独资企业的出资人是自然人。

② 一人有限责任公司注册资本最低额度是人民币 10 万元,股东一次性缴纳公司规定出资额;独资公司的设立没有规定最低出资额限制。

③ 一人有限责任公司需要缴纳企业所得税,个人独资企业不需要缴纳企业所得税,比照个体工商户缴纳个人所得税。

3) 合伙企业

合伙企业,是指由两个或两个以上的自然人通过订立合伙协议,共同出资经营、共负盈亏、共担风险的企业组织形式。

(1) 合伙企业包括普通合伙企业和有限合伙企业两个类型。

① 普通合伙企业由 2 人以上普通合伙人(没有上限规定)组成,合伙人对合伙企业债务承担无限连带责任。

② 有限合伙企业由 2 人以上 50 人以下的普通合伙人和有限合伙人组成,其中普通合伙人至少有 1 人,当有限合伙企业只剩下普通合伙人时,应当转为普通合伙企业,如果只剩下有限合伙人时,应当解散。普通合伙人对合伙企业债务承担无限连带责任,有限合伙人以其认缴的出资额为限对合伙企业债务承担责任。

(2) 合伙企业的特点。

① 责任无限。合伙组织作为一个整体对债权人承担无限责任。合伙企业破产时,当部分合伙人无个人资产抵偿企业所欠债务时,其他合伙人有义务用个人财产为其付清所欠的合伙债务;有限责任合伙企业的合伙人中至少有一个人要对企业的经营活动负无限责任。

② 相互代理、财产共有、利益共享。合伙企业的经营活动由合伙人共同决定,合伙人有执行和监督的权利。

③ 合伙企业和独资企业均不缴纳企业所得税,只对投资者个人取得的生产经营所得征收个人所得税。实行查账征税办法的,其税率比照"个体工商户的生产经营所得"应税项目,适用 5‰～35‰的五级超额累进税率。

4) 有限责任公司

有限责任公司,简称有限公司(Co.,Ltd.,全拼为 Limited Liability Company),股东以其认缴的出资额为限对公司承担有限责任,公司以其全部资产对其债务承担责任。有限责任公司的特点:

(1) 由 2～50 个股东共同出资设立(国有独资有限公司的股东只有 1 个)。

(2) 不能公开募集股份,不能发行股票;财务不必公开;股东出资不能随意转让(内部可转让、向外部转让需超过半数股东同意、且现有股东有优先购买权)。

(3) 组织结构。

① 股东会:由全体股东组成,是公司的最高权力机构,股东会会议由股东按照出资比例行使表决权。

② 董事会:设董事长一人,为公司法定代表人;董事会决议表决一人一票;负责召集股东会、向股东会报告;执行股东会决议;决定公司的经营计划和投资方案;制订公司的年度财务预算方案等。

③ 经理:由董事会聘任或者解聘,对董事会负责,列席董事会会议,负责公司日常经营与管理。

④ 监事会:规模较大的设立监事会,成员不少于三人,其中职工代表的比例不得低于三分之一;股东数少和规模小的,可设一至二名监事。负责对董事及经理的经营管理活动、公司财务等进行监督,监事列席董事会会议。

(4) 有限责任公司的注册资本不得少于下列最低限额。

① 以生产经营为主的公司人民币 50 万元;

② 以商品批发为主的公司人民币 50 万元;

③ 以商业零售为主的公司人民币 30 万元;

④ 科技开发、咨询、服务性公司人民币 10 万元。

5) 股份有限公司

股份公司(stock corporation)满足以下条件:①资本划分为等额股份;②通过发行股票筹集资本;③股东以其所认购的股份对公司承担责任,公司以其全部资产对公司债务承担责任;④股票可以自由转让;⑤财务公开。

(1) 股份有限公司的成立。先发起设立、后公开发行股票。

① 发起人。发起人资格:可以是自然人,也可以是法人,其中过半数发起人在中国境内有住所;发起人人数:2～200 人。

② 注册资本。不得低于 500 万元人民币,全体发起人的首次出资额不得低于注册资本的百分之二十。

③ 公开募集资金。以募集方式设立的,发起人认购的股份不得少于公司股份总数的百分之三十五;发起人向社会公开募集股份,应当由依法设立的证券公司承销;向社会公开发行股票的,还应取得国务院证券监督管理委员会的核准。

(2) 公司创立。

① 发行股份的股款缴足后,必须经验资机构验资并出具证明。

② 发起人应当自股款缴足之日起 30 日内主持召开公司创立大会。通过公司章程、选举董事会成员、选举监事会成员等。

③ 董事会应于创立大会结束后 30 日内,向公司登记机关报送相关文件,申请设立登记。

(3) 股份有限公司发行的股票在证券市场公开上市交易的,为上市公司。

2. 分组讨论大学生创业融资,谈谈你对创业融资的理解。

【阅读材料 6-2】"众筹创业"点亮 90 后大学生的梦想

"如果你真的想做一件事,全世界都会帮助你",时下正风靡的"众筹"让这句话有了更直接的方式照进现实。从一个创业想法到寻找合作伙伴,租下的铺位从一片荒芜到宾客满座,"比逗 BEPOTATO"咖啡馆用了 6 个月的时间。时髦的"众筹",让这群 90 后大学生的"白日梦"变成了现实。

1) 创业故事:90 后大学生众筹开咖啡厅

秋意渐浓的广州,"比逗 BEPOTATO"的联合创始人刘永杰和营销负责人王海与《信息时报》记者聊起比逗咖啡馆的创业故事。

"90 后都追求自由和个性,对于千篇一律的食堂充满了槽点,对校内毫无个性的聚会地点也早已厌倦"。正是基于这样的想法,今年年初,在华南理工大学就读的刘永杰和 3 个小伙伴萌生了开一间咖啡馆的创业想法。这时,"众筹"模式走入了他们的视野,众筹咖啡馆的计划也就列入了日程。

开一间大学生众筹咖啡馆在广州是头一遭。为了考察众筹在校园的可行性,今年 4 月,创业团队在华工和华农的校园进行了 300 份以上的问卷调查,高达 70% 的参与众筹意愿给予了团队正式启动的信心。

随后,他们以这两所学校的学生为目标群体进行股东招募。他们的众筹计划是众筹股东每股 1 000 元,每位需出资至少 1 000 元,至多 5 000 元,享有 1 至 5 股的分红权。经过一个多月的招募,加上核心团队的出资,他们共有 170 多位众筹股东和 70 多万元的启动资金。

筹得了资金,下一步就是选址。经过一段时间的考察,他们在五山地铁站附近租了一间临街的铺位,室内面积约 280 平米,露台约 200 平米。

90 后大学生充满个性的想法在比逗咖啡馆里随处可见,菜单上每一类菜品都有一句个性宣传语,如"芝士多么粘,就像你的思念"形容的正是披萨。自己设计的店铺装修风格有种古朴的时尚,刘永杰和王海告诉记者,就连店里照片墙的几根木头都是自己剥皮和打磨的。

170 多位众筹股东都竭力宣传这间咖啡馆,不仅自己来消费,也拉朋友来消费,开业两个月以来,咖啡馆的生意也越来越好。在比逗的募股计划里,他们预计咖啡馆每月的利润在 16 万元,10 个月左右可以回本。9 月 19 日正式营业以来,长假前的 10 个营业日中有 5 个单

日营收都超过了1万元,刘永杰认为这样的业绩还有很大的增长空间,实现盈利的目标指日可待。

"有了志同道合的创业团队,通过众筹获得了资金,创业虽然不简单,但也并没有想象中那么难。"刘永杰说。未来,他们计划将此模式标准化,在其他高校附近复制,广州大学城的分店已在筹备中。"以后每一间高校旁边都有一家这样的咖啡馆。"刘永杰和王海希冀着他们的未来。

2) 生意经:想方设法提高"众筹股东"活跃度

在咖啡馆最显眼的地方,整个墙面挂满了印有比逗LOGO的马克杯,仔细一看,这些马克杯上都刻着名字和编号。王海对记者说,每一个马克杯代表的正是咖啡馆的一位众筹股东。

"众筹"是这家咖啡馆最大的特色。不过,由于股东数量庞大,不少众筹咖啡馆最后变成了"看上去很美"而实际运营却举步维艰,落得散伙的下场。为了避免这种情况发生,咖啡馆建立了自己的董事会,由核心运营团队、校园股东、社会股东等7人构成,虽然每个众筹股东都拥有建议权,但最终的决策权是在专业的核心运营团队手中。"尽管有摩擦,但大家都奉行'专业的事给专业的人做'的原则,合作很顺利。"刘永杰说。

3) 应学生特点设置股权流转计划

而学生众筹创业面临的另一个问题则是"毕业"带来的股东流动。毕业以后,离开了广州的股东就很难给咖啡馆带来地域性的资源。为此,他们设置了学生股东毕业的股权流转计划。对于第一批学生股东,两年之后按贡献度排名,挑选一部分成为永久股东,其余在毕业时需将股份流转给五山高校在校生。对于之后加入的股东,均需要在毕业时将股份流转给在校合适的大学生。

除此之外,为了激励股东的活跃度,他们将运营团队分成了许多小组,如设计组、运营组、植物组、摄影组等,每一个小组就相当于孵化出来的一个创业小分队。例如他们与华农学生合作试运营"一米植物",利用室内外的可种植空间进行植物认养,这些植物可观赏也可贩卖。刘永杰说,将来或许会给每个小组增加一些盈利压力,以此来提高他们的积极性。

4) 举办各种创业交流活动

刘永杰对记者说,若是在4年前这家咖啡馆定然是开不起来的,而随着移动社交网络的发展,利用微信、微博等构建起来的熟人圈子,为咖啡馆的众筹提供了可能性。

在最初的时候,他们在微信上推广了一组"一抹华光"的华工校园明信片,3天内就获得了上万的阅读量,为微信平台积累了首批读者。因此,在后来使用微信推广众筹计划时,就获得了许多回应。

曾有人指出,众筹咖啡馆的成功在于咖啡馆的主题。利用校园优势,比逗的主题正是"创业交流"。除了承接下许多校园社团活动,他们还承办了广东天使会等的线下交流活动。通过举办类似的创业交流活动,也让店铺获得了更多的创业资源,一些更富有经验的专业团队还能够给予他们诸如薪酬制度设计的指导。

而一些兴趣小组也自发找到了比逗,如锤子科技、海星会、吴晓波读书会等,都在比逗举办了线下活动。刘永杰对记者说,目前下午时段主要承接一些线下活动,他们计划在晚上时段推出看电影等主题活动。

5）像打游戏一样开咖啡馆

在刘永杰的设想里，咖啡馆未来将借助移动互联网，发展O2O模式，实现线上与线下的互动。"90后不喜欢墨守成规，我希望把开咖啡馆也变成一场领任务、组队、打副本的游戏。"

目前，团队在微信平台上进行在线订餐的测试。同时，他们也在进行App的研发，App首先将面向所有众筹股东，主要的目的是加强股东之间的交流、增强股东活跃度等。

他举例说，可以将股东对店铺的贡献设置成一个一个的任务，例如来店消费或发布一篇推广文章就能获得"经验值+1"，带朋友来消费就能够获得更多经验值。王海还举例说，店铺中要新增一幅壁画，以此设置一个任务，那么股东就可以通过App来领取这个任务，在股东中找队友一起执行，完成后就获得相应的奖励。

通过这样的任务完成获得的奖励积分，就可以更直观地看到每个股东对咖啡馆的贡献值，这样在今后的分红、股权流转等环节也就有据可依。将来，这个App也可以应用在学校的社团中。

（《信息时报》记者王文佳）

3. 请分组讨论创业者与风险投资的关系，如果你准备创业，如何争取到风险投资的支持。

【阅读材料6-3】马化腾的腾讯与风投的几则小故事

故事1 出价60万没人买OICQ，马化腾首次接触风投

就在参加高交会的10月份，腾讯公司突然收到一封厚厚的、来自美国的信件包，打开一看，居然是美国在线的英文律师函，它已向美国的地方法庭状告OICQ侵犯了ICQ的知识产权，要求腾讯停止使用OICQ.com和OICQ.net域名，并将之归还给美国在线。拿到这份律师函，马化腾当夜把其他四位创始人召集到一起商量对策，大家均面面相觑，不知道如何应对。

读过法律专业的陈一丹对大家说："我们根本没有钱去打这个官司，即便去打了，也是凶多吉少，天要下雨，娘要嫁人，只好随它去了。"他们还商定，这个消息必须保密。

到11月，马化腾正焦头烂额地坐在自己的小办公室里，张志东和陈一丹同时走了进来。他们坐到他的对面，带来了一个好消息和一个坏消息：

好消息是，在距离发布之日仅仅9个月之后，OICQ的注册用户就已经超过100万，开始要放7位数的用户号了，CICQ、PICQ和网际精灵都被远远地甩在了后面。

坏消息是，腾讯公司的账上只剩下1万元现金了。

在开源无望情况下，此时的马化腾只有两件事可做：一是增资减薪，二是把腾讯卖掉。

股东们一致同意把股本从50万元增加到100万元，大家工作没几年，自身没有多少积蓄，但是都咬着牙再次投入。五个人的月薪也拦腰减半，在过去的一年里，马化腾和张志东每月领薪5 000元，其他三人为2 500元，现在分别减少到2 500元和1 250元，这在当时的深圳，只够填饱肚子。

相比增资减薪，把公司卖掉也许是一个更痛快的办法。马化腾的开价是300万元，他与

曾李青开始四处寻找愿意出钱的人。日后,马化腾等人都不太愿意谈及这一段十分不堪的经历,不过从不少人的回忆中还是可以看出当时的窘迫。据不完全统计,起码有6家公司拒绝购买腾讯公司的股份。

马化腾寻求的第一批投资人中,就包括腾讯公司的房东——深圳赛格集团。时任赛格电子副总经理的靳海涛回忆说,"马化腾找了我们好几次,那个时候也没有投。没有投的原因是什么呢?这玩意儿看不明白。当年如果投了,起码增值几千倍,那就非常开心。"

曾李青则找到了自己的老东家——广东电信,曾在广东电信旗下的21CN事业部担任高级经理一职的丁志峰曾向《沸腾十五年》的作者林军回忆过一个情节:当时,腾讯向21CN提出收购的申请,前来洽谈的就是马化腾和曾李青。"当两个人走进会议室的时候,我们所有的人都把曾李青误认为马化腾,很显然是因为曾李青的派头更足。即便是在讨论过程中,曾李青也比马化腾更具攻击性,更像是拿主意的人。"在靳海涛或丁志峰看来,OICQ也许是一个看上去增长很快的项目,"然而,全世界没有一个人知道它怎么赚钱"。

除了深圳当地的企业之外,马化腾还分别跑到北京和广州,先后找了4家公司谈判购买腾讯的事宜。

张志浩后来担任过腾讯北京公司总经理,当时他在华北地区最大的寻呼企业——中北寻呼集团工作。中北向腾讯采购了一套网络寻呼系统,马化腾亲自以工程师的身份到北京总部调试设备,在机房里,马化腾顺便教张志浩怎样使用OICQ,学习计算机应用出身的张志浩直觉地感到这可能是一个巨大的市场机会,也是中北寻呼集团转型的好方向。他向集团高层推荐OICQ,并怂恿他们把腾讯买下来。"可是,他们觉得我讲了一个并不太好笑的笑话。"

几乎所有接待过马化腾或曾李青的企业都表示"不理解腾讯技术和无形资产的价值",有的则提出只能按腾讯"有多少台电脑、多少个桌椅板凳来买",对公司的估值,最多的出到了60万元。马化腾日后沮丧地说:"谈判卖腾讯的时候,我的心情非常复杂和沮丧,一连谈了4家,都没有达到我们预计的底线。"

出身于金融家庭的陈一丹试图从银行那里弄些贷款。银行问,有什么可以抵押的固定资产?陈一丹答,有电脑。再问,电脑是新的还是旧的。答,旧的。银行笑着说,您走错门了。

当现金几乎断绝的时候,几个创始人不得不腆着脸四处向朋友们借钱,深圳城里稍稍认识的人都被他们借了个遍,至少有两位有钱朋友分别借给腾讯20万元和50万元。马化腾向他们提出,能否用腾讯的股票来还债时,他们都婉转地表示了拒绝,有一位甚至慷慨地说:"你真的没钱了,不还也可以,不过我不要你的股票。"

在出售公司不得其法之后,曾李青向马化腾提议,换一批人谈谈。

"我们之前找的都是信息产业里的企业和人,他们其实都看不见未来。现在要去找一些更疯狂的人,他们要的不是一家现在就赚钱的公司,而是未来能赚大钱的公司,他们不从眼前的利润中获取利益,而是通过上市或再出售,在资本市场上去套利。他们管这个叫VC,Venture Capital,风险投资。"

这是马化腾团队第一次听到风险投资这个名词。

(来源:吴晓波频道)

6 融资与股利政策

故事2 一碗面条换来IDG百万美元风投

1999年,怀揣创业激情与梦想的腾讯创始人马化腾却因缺乏资金而四处奔波。后来,马化腾通过一个朋友找到了IDG合伙人杨飞。当时马化腾只有27岁,有股初生牛犊的味道。杨飞清楚地记得那是一个星期五的中午,三人在深圳一家很小的面馆各吃了一碗面条,总共就花了十块钱。吃完后马化腾买了单,钻进了杨飞的车,让杨飞送他。

过了一个星期,马化腾又找了盈科数码的另一个投资人,让盈科数码与IDG各占20%股份。由于马化腾在技术和界面上都做得不错,杨飞便给腾讯投了100万美元,并在2000年获得了1 000万美元的回报。

据一位当年腾讯的员工回忆,在这次融资过程中,马化腾做了两次腰椎手术,第二次手术后,就平躺在床上举着笔记本电脑办公。

但对腾讯的投资却始终被IDG认为是一次"决策失误"的投资,因此至今IDG—VC内部都不愿意过多地谈论腾讯。究其原因,腾讯2001年在中国香港上市之前,IDG就从腾讯退出了,却没想到腾讯上市后涨幅迅猛,有着谁都未曾预测到的大空间。

经过短短10余年的发展,腾讯已经成为中国最大的互联网企业之一。

对于中国IT界的领导者来说,也许很多人都要羡慕马化腾。马化腾拥有QQ,这位即时通讯领域的老大由于强大QQ的存在,在中国互联网界成就了无往而不利的神话,不论是做门户、做游戏、做社区、做C2C,腾讯都获得了成功。

曾被称为中国电子商务第一人的资深互联网人士、现6688CEO的王峻涛写过一篇关于马化腾的一些往事的文章,文中写到,如果你认为马化腾一直只是一个程序员、技术爱好者或者网迷,那就错了。事实上,他已经迅速地从这些角色,成长为一位卓越的企业家。远大的战略,沉稳的脚步,健康的财务,良好的投资人关系,一直保持新鲜的企业文化,这一切,是他带给腾讯公司乃至整个中国网络产业的巨大影响。在此之前,很多人以为只要有一个好产品、好工具,自然就会带来一个好企业。马化腾用10年的路程说明,只有这些是远远不够的!

(资料来自腾讯网:"马化腾:一碗面条换来IDG百万美元风投")

故事3 IDG卖腾讯成为巨大心痛

这是王功权在3W咖啡馆庆典活动上的演讲,这个国内知名的投资人讲诉了他对创业的看法。以下为演讲内容:

我早期一直是做早期的风险投资。1995年、1996年在美国硅谷,那个时候对中国民营企业对外投资是限制的,地方政府能够批准的最高额度是100万美元,海南政府给我们批了99万美元,因为超过100万美元需要国务院批。我带着99万美元到美国做美国公司的业务,我没有办法,不是说我热爱早期投资,是我的资金只能分割成小块做早期的种子投资,所以我在美国做种子投资的时候,我不知道徐老师,在中国的投资界甚至中国的企业界很多人不知道什么是创业投资。后来我又加盟了IDG风险投资基金,IDG风险投资当时在中国主要是做早期投资的。我在IDG风险投资做了6年,先后投资的都是互联网的企业,然后是2005年我才到鼎辉来做合伙人,成为整个基金管理会的三个委员之一,其中我侧重负责创业基金,实际上我是做早期投资和创投的。

徐小平问我,"VC和PE之间界线有点模糊,它们到底有没有本质的区别?"

我认为,在今天的中国,大家把VC和PE搞得没有区别了。我很遗憾,我没有法混了,就不做了。实际上这个区别是非常明显的。PE主要是投资相对成熟的企业,确切地说企业的商务模型已经确立,企业的运营已经基本比较正常,在良性发展的时候,需要注入资金,向更高台阶迈步的时候,这个时候是需要PE基金、成长型基金进入的。而创投基金主要是未来商业模式还没有确立,甚至有一些市场还需要开发和启蒙,甚至是产品还不被社会理解。

就像当年我们在IDG做QQ的时候,今天说起来,腾讯是一个伟大的公司,在那个时候,连马化腾自己都不知道,未来腾讯是一个伟大公司。我们一起飞到广东,坐在那里,就逼着马化腾说这个东西到底怎么赚钱。那个时候马化腾不像今天神采奕奕,很自信。那个时候,QQ这个东西大家都用,用户在哪儿不知道,用户是谁也不知道,所以这个钱怎么收呢?所以我们几个人拷问了马化腾一个晚上,我的印象都过了凌晨。他只是在表示,知道这个东西大家喜欢,不知道向谁收钱。这样的时期,我觉得是属于早期的创业投资,除了操作之外,你有很多的理论研究,我不知道在理论上怎么界定。

就在这个时候,IDG投了腾讯,算是非常早了。投了几百万美元,后来有人出了五千万美元来买IDG持有腾讯的股份。很遗憾,IDG就在当时卖掉了腾讯的股份,要不然的话,腾讯这一笔投资能够给IDG赚的钱,差不多顶上IDG目前赚钱的总和。我离开IDG已经多年了,谈起这个事情,都是IDG朋友的一个巨大的心痛。

像徐小平老师这样的成功者给青年做创业指导这件事情,我自己一方面感动你们的热情,另一方面,我对青年捏了一把汗,因为我认为成功是不可复制的。所有社会科学方面的问题,都不可复制的,不像自然科学,这边加个什么,在什么样的温度压力下,就产生个什么东西,如果不产生出来,万一搞的东西是个镭,居里夫人就诞生了。但是社会学问题是不可重复的,很多成功的企业家到今天成功了,回过头跟大家讲成功的道理,实际上这是一个遗憾的知识,因为那个时间点过去了,那个时候的社会环境过去了,更重要的是,他们自己当初也不知道后来会成功的,我到目前为止,我还没有遇到谁,不管是王石也好,我当时就拍着胸脯说,我成为今天的这样领袖,至少我跟他们一起混的时候,没有发现。我们搞万通的时候,他太太就问他,你能赚大钱吗?他说我不知道,但我是走在赚钱路上的人。就这么牛的人,也只敢说走在赚钱路上的人。

前几天我和IDG的周全在一起,我说现在创新这一块怎么样?他说我们已经OUT了,我们已经不属于创业的群体,年轻人跟我们在一起的时候,像面对叔叔和长辈,根本不想说心里话,他说这是不得不面对的事。我当时第一次感觉到自己老了吗?多年来,我是跟创业的青年和同学们摸爬滚打在一起的,应该说,我对创业的青年有特别的偏爱。

很多的时候,大家都在关心创新应该怎么去实现等等这类事情,我不认为成功是可复制的,我不太认为成功的企业家给你们讲的这些东西,就你们直接学习,顶多是一个借鉴。

重要的问题,如果一个青年想走创业这条路的话,我认为有几点建议都是必须的。

第一点,你一定要志向远大,随时调整和纠正方向,与其设计未来不如调整现在。

你不一定知道未来你要做什么,如果你能够很清楚知道未来做什么,事实上,所有这种说法都是荒唐的。因为在你前行过程中,有很多的事情是具有不确定因素的。你不知道在社会的环境和自己创业摸索中自己走向哪里,所以一般来说,并不是说你创业的时候,未来一定要做成怎么样的。我常常讲,只要你有远大的理想,我要走很远的路,我要做很大跟大的事情,有了这样的志向就可以了。因为只有这样,你马上就会发现,你自己不会在一些小的事情去计较;你不会被眼前短暂的困难折服,也不会因为分钱不均的时候,伙伴之间打得不可开交,因为你要知道你要走很远的路,不管怎么样,一定要向前走,向远处走,向远大的目标走,实际上到这样的程度就够了。当然这里要有努力的学习,不停的战胜苦难,在这个过程中不停调整自己,像徐小平老师这样的导师帮助你们调整和纠正方向,千万不要迷惑,一定要明确设立自己走到哪里的目标。

我常常讲,与其设计未来不如调整现在。因为未来很多事情不确定的,我不信现在哪一个成功企业家,他们在创业的时候,知道今天走到这样的位置,如果谁有胆量的话,谁到这里跟我叫板,不管是谁。他们之所以能成功,是因为他们有远大的追求,不在小事磕拌住自己,这个是非常非常重要的。

第二点,时势造英雄,创业一定要跟时代的脉搏共鸣。

一个人的成功,在很大程度上,是一个时代的命运。假如说你们在改革开放前,你们不可能讨论创业的,你即便再有可能的商业潜力,也是没有办法发挥的。当年我年轻的时候,我跟王勇信先生,大家一起讨论问题,他说一个人的一生命运,就在关键的几步,这几步要踩在大浪潮上、正确的点上,这句话非常重要的。当年中国崛起了一批企业家,也成就了一批投资家,实质上正好是中国两件事同时发生,一个是互联网这种高新技术在全球广泛的应用;一种是新兴的,就是创业投资这个行业,在中国开始萌生并崛起,这两个东西成就了那个时期的创业者和企业家。

第三点,互联网行业已经进入传统行业,成功越来越难,不要指望太大的奇迹,寻找到切入口,一点点做大。

刚才有一个青年问互联网的1.0和2.0,我们不要这样去定义,我们不要随便定义什么样的时代,不管怎么样,实际上每个人都处在时代的过度点,每一代都认为自己是承上启下最重要的,都认为是继往开来的,但实质上每个人都在时代转换的过程中。互联网这个行业迅速老化了,就是迅速走到传统行业里面去了。

我说到这件事情的时候,很多人觉得这事有点荒唐,我也没有想到互联网这样的一个行业,能够这么快变成一个传统行业,因为传统行业有几个基本特点,第一,它已经不是技术密集型,是资本密集型。大家知道,现在互联网想干大的公司,需要砸进去多少钱?一千万美元都是小意思的。第二个是这个行业已经围绕传统企业产生了大量的中小企业与它配套,也就是形成行业链了。互联网这个行业已经有很多小企业为大企业配套。第三个就是青年的就业成为正常的就业行为,并且科研院校为这个行业培养人才。互联网行业就已经进入到很成熟的状态,否则院校不会给你培养学生的,互联网这个行业已经可以了。我记得我们当初搞互联网的时候,那时候有很多人在互联网行业搞个电子商务,找份工作一点都不踏实,觉得是一个过渡性的工作。现在大家以这个为职业了。第四个就是,其他的行业与互联网行业合作时,已不再讨论这个行业是否成熟,只是讨论如何跟这个行业结合上。现在互联网已经出现这些特点,具备这些特点以后,基本上一个行业就进入传统行业的状态,传统行业的状态就是你不要指望太多的奇迹。你要想办法找到一个好的切入点,要控制成本,要从小一点一点做大,不要期望自己往前走一块,有多高的价值,然后回过头爆炸成长,已经越来越难了。

  我认为大家按照传统行业对待这个行业,可能会比较好一点。这是刚才谈到创业。那个时候很多创业者的成功是赶上那个大潮,我很佩服徐老师的热情,我是相对来说,我不能说悲观的,看问题看负面多一点,我认为现在青年创业比前些年要难很多:第一个,短期看不出来再出现互联网这样的技术大潮。第二个,整个国家的经济有下行的风险,存在解雇或其他的问题,在这样的大势下,创业相对会比较难。第三个,垄断行业的格局,给民营经济提供的空间比原来要少,但是,我们很高兴地注意到,这种情况在改变。第四个,很多民营的实业企业处在维持运营阶段,开工仅仅为了企业不黄,给大家提供一份工资。缺乏创新和变革的基础。第五个,对于创业者,国家正在处于转型期,社会发出新的声音,不光是挣钱的问题,还有讨论企业家的责任和梦想等问题。

  在今天,对青年来说,要创业的时候,我认为需要把握的东西是很多的,我想给大家的建议,既然是个人创业的道路,要跟时代的大潮能够共鸣,至少你要懂大潮未来的方向,什么样的方向呢?不管我们的国家、社会出现什么样的波折,我们必须坚信市场化经济方向,这是改革开放30多年来痛苦的摸索最后得出的结论。昨天国务院发布的消息很好,金融领域的利率开放,这就证明我们国务院的领导还是希望能够通过市场化方式解决这个问题,这是一个不可抗拒的一个方向。

  第四条,作为创业者,大家该怎么选择?用户至上,以不变应万变。

  我建议,就要去选未来,不管中国发生什么样的变化,你的业务在哪里,你的企业在哪里,你的产品是什么样的东西。

  我会觉得这些跟依附大型企业,依附在垄断行业上的,一些企业是相悖的。你说你短期挣点钱,挣一把是一把,作为长期方向的话,我认为大家要慎重,最好你走蓝海的道路,走依靠市场的道路,离这个权利越远越好。这样的话,我有好的产品,我有好的服务,只要把我的事做好,我的企业就有发展。

  第五条,在创业过程中,我希望青年要认真评估一下自己,创业并不是每个人都能做的,企业家也并不是每个人都可以当的。

  我跟一帮企业家混在一起,号称几个兄弟,到现在我也没有混成企业家。我最后是做投资的,大家说我是投资家,我说大家太给我面子了,实质上我们是给资本打工的,不管什么领,最后也是一个领。我也没有做企业家。

  不同人的性格,不同人的状态,并不适合都经商的,在这种情况下,大家盲目的,都创业、都经商(就不太合适)。如果你去经商,你要评估一下自己适合做什么,去找自己最适合做的,平衡自己的心情,就吃自己那碗饭,就做自己感兴趣的那点事,做一个适合自己做的,自己愿意做的,有价值的事情。这样定位自己的未来,我认为是挺好的。否则你们天天看成功的企业家,你不知道他们过去的道路走得多么艰辛,也不知道在这条道路上倒了多少人。

  第六条,要结合自己的情况去评估自己的事情,多和有经验的人交流。

  如果经商不行,就找一个自己喜欢的行业。徐老师在这里鼓励大家创业,我在这说大家不要创业,不是这个意思,我的意思是说,不要媚俗,不要人云亦云。

在这里欠大家一个情,大家觉得我这个老头子在创业指导上起一些作用,如果不会说,你们见面之后叫一声叔叔,然后不愿意跟我们聊心里话,还愿意讨论一些事情的话,我是愿意跟青年在一起,讨论创业、讨论其他,包括你们的业余爱好的。我现在的原则是这样的,第一,时间可以,身体可以,精力可以的情况下,这是三个前提。第二,如果让我看一下你的企业,帮着出主意的话,我是不收费,不投资,不负责,就是对你的结果不负责任。但是我能够做到的是,就我有限的经验和我的良知,我跟你说真话,行就是行,不行就不行,我认为不行,我就说不行,我不会顺着你的笑容说好话,完全取决于我的时间、我的心情,随缘而动,随心而动、随情而动,欢迎大家。

（资料来自 360doc.com"王功权:成功不可复制 IDG 卖腾讯成为巨大心痛"）

4. 请分组讨论内部融资的优势与不足。

【阅读材料 6-4】华为技术公司的员工持股计划是创业型科技公司公司治理的典范,也是融资的成功范例。

"华为的成功归根到底是华为能吸引、凝聚、用好人才!"曾在华为工作 7 年的张利华在其《华为研发》一书中如是评判华为的成功秘笈。她认为,任正非用员工持股(早期叫内部股票),将所有人才的"钱程"都和华为的发展捆绑在一起,"一荣俱荣,一损俱损",沉淀了公司"利益分享,以奋斗者为中心的文化"。员工持股计划目的在于:一是奖励为股东创造价值的人;二是使股东的利益与员工的利益紧密结合;三是让员工分担公司风险;四是让员工分享公司的成功。

华为公司内部股权计划完全是基于任正非本人的分享意愿。至今,这种独特的员工持股激励政策为国内诸多企业所关注。1995 年 6 月,时任国家科技系统领导人宋健访问华为。他对任正非说:"人是非常重要的,你们很团结。"任正非说:"我们 1 000 多人都很团结。"宋健说:"这就是政治,企业是应该由政治家来领导的。"宋健的总结非常精到,的确,中国从来都不缺少优秀的知识分子,但缺少有效把他们组织起来去实现一番事业的"政治家"。用任正非的话说,正是这种制度,形成并沉淀了公司"利益分享,以奋斗者为中心的文化。华为从一个 6 个创业人员、2 万元起步、没有任何创新能力的微小企业走到今天成为 10 多万名全球员工、在 150 个国家设有分公司、代表处或研究所,年营收 4 000 亿的民营跨国巨头,一个重要原因是任正非具有如政治家般广阔的胸襟和整合人才资源的能力。他建立了一种让所有参与企业建设的知识分子共享企业发展成果的大面积员工持股激励机制,这种机制和制度,吸引、团结、黏合住了大批人才,包括国际化员工。有效地把知识分子的积极性调动了起来。

华为公司成立于 1987 年,当时注册资本 2 万元,任正非只有 3 000 多元,不得不拉一些人集资以满足营业审批的要求。华为员工持股计划其实也是摸着石头过河,与顶层设计相结合,一步一步走过来的。

1990 年:探索阶段。基于任正非的分享意愿,是一种潜意识的、自发形成的,一种朴素的员工持股计划。当时没有想到制度设计,也不是学哪一个企业做员工持股计划。任正非 43 岁创业时,一家人还住在简易棚屋里,母亲常去菜市场捡清场时的菜叶。2 万元注册了华为,租赁的办公地点和生产地点,因租金拮据,每过一两个月就要搬一次办公室。华为员工大都来源于贫寒家庭,名义上工资不低,但只能拿一半,而且还不知哪天能发下来;经常半年发不出工资,很多时候发工资都是打白条。一些老员工耗不住,分钱就走了,创业团队也有3人选择了"落袋为安"而离开华为,公司发年终奖后,好多人跳槽了。在这段日子里,任正非找父亲商量,父亲说,民国年间,都是大老板投资,再请掌柜的,掌柜不出钱,却每年可以有4至6成的分红,掌柜的都是自己给自己加压。父亲的话一下子提醒了任正非。于是他做了两件事:第一,带头将手中的股份剥离,将拖欠员工的工资、奖金转换为员工持股数;第二,尽管资金捉襟见肘,但对于执意要离职的员工,从来不拖欠工资。这两招还真管用,军心给稳住了。那是一段刻骨铭心的日子,所有员工都勒紧裤带全力以赴投入事业。客户一有情况,员工就立刻出发,在现场不解决完问题就不回家。那时,也是华为"床垫文化"最时兴的时候。那时,一个令员工激动的现象是,工资每个月都在增长,不过只能拿一半,另外一半记在账上。华为老员工说:"即便拿到一半工资,当时在市场上也算高薪了。"最终,白条让老板成了真正的大爷,员工必须继续好好干,不然那么多白条,可就永远是一张白纸了。1998年,华为有了起色后,任正非以养老基金的方式,全部补发和兑现了拖欠员工工资转成的股份,实现了他的承诺。这些股份的现实价值,只有当华为员工离开时才大吃一惊,离开的高管,拿走几千万元是常有的事。拿走几亿元也不少见。

1997年起属于规范阶段,基本特征是工会代持。基本做法是:凡是工作1年以上的员工均可以购买公司的股份;购买数量的多少取决于员工的级别(13～23级)、绩效、可持续贡献力等,一般是公司在年底通知员工可以购买的股份数;员工以工资、年底奖金出资购买股份,资金不够的,公司协助贷款(个人助业贷款)解决,购买价格为1元/股。员工股份与公司净资产不挂钩;员工购买股份后的主要收益来自于公司分红,分红情况与公司效益挂钩。员工离职时,公司按照员工原来的购买价格即1元/股回购;除1995年和1996年公司曾给员工持股证明外,其他年份就不再给员工持股证明,但员工可以在公司查询并记录自己持股量的多少;工会(下面有持股委员会)代表员工管理持有的股份,是公司真正的股东,员工自身并没有公司法上股东完整的权利。

2001年起华为的员工持股又做了进一步改革,公司由创始人与工会共同持有。截止2012年年底,华为的股东分为两方,一方为华为投资控股有限公司工会委员会,代表7.43万名员工持股98.82%;另一方是任正非,出资比例为1.18%,参与员工持股计划出资占公司总股本的0.21%,两项累计,任正非在华为的总持股比例接近1.4%。员工持有公司的股份属于虚拟受限股,首先持股员工享有分红权和股份增值权,但不是公司直接的股东,而是一种虚拟股,每个持股员工都有权选举和被选举为股东代表,选举为每五年一次,持股员工选出51人作为代表,这51名代表中轮流选出13人作为董事会成员,5人担任监事会的成员;其次,员工实行饱和配股制,每个员工按照职位评价、级别达到上限后,就不再参与新的配股,这一规定使得手中持股数量巨大的华为老员工们配股受到了限制,但是有利于激励华为公司的新员工;第三是受限股,不交易、不转让、不继承。华为公司股票2013年的定价为每股5.42元人民币,2010年每股分红2.98元,2011年每股分红1.46元。任正非告诉来访的总理李克强,他持有的股份是1.4%,公司发展了,老板不首先把自己的兜子塞满,而是把员工的兜子塞满。

华为员工持股计划的核心是让员工将个人身家和前途注入公司。华为的前台、秘书、司机等基层员工也因此项计划而拥有华为虚拟股,这样带来的结果是,华为拥有最敬业和素质最高的秘书、司机等基层员工。华为员工持股计划令员工(包括任正非本人)在分得年终奖后,不仅需要全部投入用来购买分得的股票指标,甚至还需要贷一部分款,才够买下分得的全部股票指标,人才其实一直在欠华为的钱,或者倒贴给华为辛苦赚来的工资,一旦华为停止成长或关门,所有员工投入到华为的钱会血本无归,华为就是采取这种利益捆绑方式将人才仅仅栓在公司的大船上,将人才导向公司的整体利益和发展。诺贝尔奖金获得者罗伯特•奥曼教授感叹,生态危机标志着全世界公司走进了误区,两个突出问题一直没有解:谁来激励?激励什么?华为内部股份制,对这两个世界性的难题,做出了有益的探索:"华为文化的本质是'以奋斗者为本',其具体体现是'工者有其股'。员工集体持股,从根本上决定了华为的利益格局"。

大规模员工持股是华为成功的一种公司治理模式,事实上,除了员工激励,这也是华为的内部融资行为。从财务角度看,员工持股也有效解决了公司快速发展过程中的融资问题。自2004年开始至2011年,华为控股工会和任正非两家股东新增持股63.74亿股,总计增资275.447亿元。其中,2011年一年,华为控股创纪录地向两家股东增发17.35亿股,任正非和控股工会总计出资达到了94.037亿元。反观华为公司的直接竞争对手中兴通讯,其在A股上市以来累计募集资金不过24亿元。2004年在中国香港上市,融资不过21亿港元,融资力度高下立判。

(资料来自网络,由编者整理编辑)

5. 通过网络等方式搜集和查询你所在地区(所在省和市)有关创新创业的最新政策,整理制作PPT,向全班展示讲解(分组完成)。

7 财务预算与控制

> 财务预算与财务控制是财务决策的具体实施内容。
> 公司通过编制财务预算,将计划年度的业务规划转化为公司资金流规划,为计划年度的财务活动及其管控提供依据和标准;通过内部控制技术以保障财务预算的有效实施;运用责任控制技术将计划年度财务活动的实际完成情况与相应责任指标进行对比分析,以评价各责任中心业绩成果。

7.1 利润规划

7.1.1 成本习性

按照成本变动与业务量变动的关系,成本分为固定资产和变动成本两类。

固定成本是指不随着业务量的增减变化而变化的成本,这类成本一般是用于维持一定的生产经营能力的成本,如固定资产折旧费、厂房及营业场所的租赁费等,在一定的生产经营业务量范围内,成本总额保持不变。

变动成本是指随着业务量的增减成正比例变动的成本,如产品销售成本会随着销售量的增加而增加,变动成本的特点是单位变动成本是固定的,但变动成本总额会随业务量的增加而增加。

7.1.2 本量利分析

1) 目标利润

目标利润是在成本性态分析的基础上,根据销售量(或业务量)、价格(销售单价)、成本和利润之间的数量关系,进行的利润规划。成本、销售量和利润的基本关系是:

$$利润 = 单位售价 \times 销售量 - 单位变动成本 \times 销售量 - 固定成本$$

或:

$$利润 = (单位售价 - 单位变动成本) \times 销售量 - 固定成本$$

其中,单位售价 - 单位变动成本 = 边际贡献,即每增加一个销售量所带来的利润。

在利润规划时,通常将单位售价、单位变动成本和固定成本作为常量看待,在给定销售量时,可以确定目标利润,或者,在确定目标利润后,可以计算应当实现的销售量。

【例 7-1】 公司计划生产的 QQ 套装,销售单价为 80 元/件,变动成本为 60 元/件,固定成本总额为 160 000 元,试计算:

(1) 若本期生产 10 000 件(假设全部售出)。可实现多少利润?

(2) 如要实现 45 000 元目标利润,必须完成多少销售量?

$$利润 = 单位售价 \times 销售量 - 单位变动成本 \times 销售量 - 固定成本$$
$$= 80 \times 10\,000 - 60 \times 10\,000 - 160\,000$$
$$= 40\,000(元)$$

当销售量为 10 000 件时,可实现利润 40 000 元。

$$销售量 = \frac{目标利润 + 固定成本}{单位售价 - 单位变动成本}$$
$$= \frac{45\,000 + 160\,000}{80 - 60} = 10\,250(件)$$

为了实现 45 000 元的目标利润,需要销售 10 250 件套装。

2) 本量利图

本量利图反映了成本、业务量和利润之间的关系,能够清晰地反映盈亏情况,所以又称作盈亏临界图或损益平衡图(见图 7-1)。

本量利图中:

(1) 固定成本不随着销售量的变化而变化,所以是一条始终平行于 X 轴的水平线,ABC 公司的固定成本为 160 000 元。

(2) 总成本由变动成本和固定成本所组成,当销售量为零时,总成本等于固定成本,为 160 000 元,所以总成本线的 Y 轴上的截距为 160 000 元。

(3) 销售线是一条由销售量和单位售价两个因素共同作用的直线。销售量为零时,销售额也是零。

(4) B 点为总成本与销售额交汇点,在这一点上,总成本等于销售额,是不盈不亏状态。

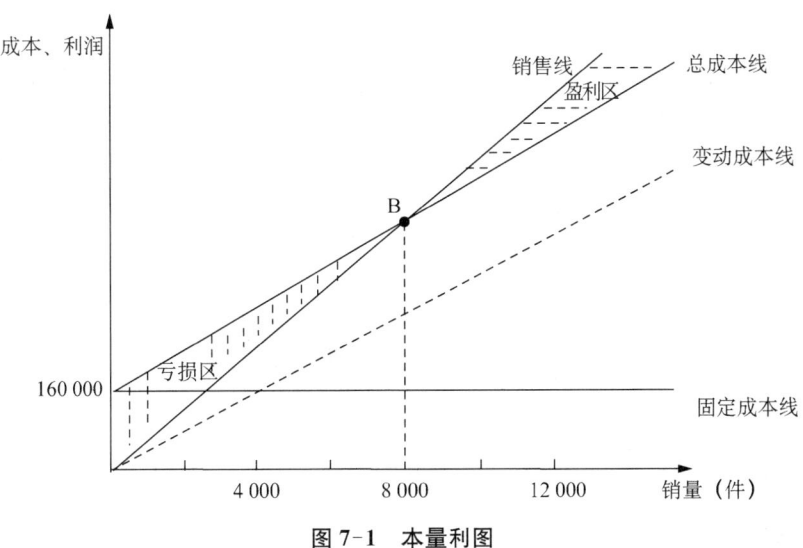

图 7-1 本量利图

(5) 销售量少于 B 点的销售量(即 8 000 件)时,销售线位于总成本线之下,表示总成本高于销售额,为亏损,销售量大于 B 点的销售量(8 000 件)时,销售线位于总成本线之上,表示销售额高于总成本,此时为盈利。

3) 盈亏平衡点

盈亏平衡点也称保本点或损益临界点,在本量利图中,B 点是全部销售收入等于全部成本费用,在这一点的销售量或销售额,既不盈也不亏。

盈亏平衡点是不盈不亏时的销售量或销售额,此时的目标利润为零。

由于:
$$销售量 = \frac{目标利润 + 固定成本}{单位售价 - 单位变动成本}$$

令:
$$目标利润 = 0$$

则:
$$盈亏平衡点销售量 = \frac{固定成本}{单位售价 - 单位变动成本}$$

利用公司生产 QQ 套装的数据,可计算盈亏平衡点时的销售量为 8 000 件:

$$盈亏平衡点销售量 = \frac{160\ 000}{80 - 60} = 8\ 000(件)$$

生产 QQ 套装的盈亏平衡点为 8 000 件,即当销售量为 8 000 件时,QQ 套装是不盈不亏;销售量低于 8 000 件,为亏损,销售量高于 8 000 件时则能盈利。如果销售量为 8 001 件时,超过了盈亏平衡点一个数量,此时,利润为 8 001×(80−60)−160 000=20(元),等于获取了一个单位销售量的边际贡献;反之,如果销售量为 7 997 件,低于盈亏平衡点销售三个销售量,此时利润为 7 997×(80−60)−160 000=−60(元),发生了相当于三个单位销售量边际贡献的亏损。

由盈亏平衡点分析可知:

(1) 在盈亏平衡点不变的情况下,销售量每超过盈亏平衡点一个单位,即可获得一个单位贡献毛益的盈利;销售量越大,能实现的盈利就越多;反之,若产品销售量低于盈亏平衡点一个单位的产销量,即亏损一个单位贡献毛益;销售量越小,离保本距离越大,亏损越严重。

(2) 在产销量不变的前提下,盈亏平衡点越低,产品的盈利性越高,即实现的利润越多,或发生的亏损越小;反之,保本点越高,则产品的盈利能力就越低,实现利润便越小。

(3) 盈亏平衡点的高低取决于单位售价、单位变动成本和固定成本总额三个因素。在销售单价既定的前提下,单位变动成本或固定成本越低,则盈亏平衡点也越低;相反,盈亏平衡点则越高。

7.2 财务预算

7.2.1 全面预算

财务预算是财务决策的具体化。一旦完成了投资方案的选择,下一步就需要财会人员对方案的实施进行具体规划,编制下一年度的全面财务预算;在此基础上,进一步对财务活动实施控制,明确相关部门和岗位的责任,组织责任核算,对责任部门和岗位的责任完成情况进行业绩分析和责任评价。

编制财务预算,首先需要对项目预计实现的利润进行测算,一般是利用业务量、成本与利润的关系进行利润规划。其次,为了实现已经规划的目标利润,需要组织包括生产、成本、资金等在内的全面预算,对项目实施过程中的生产、销售、材料、人工、现金等进行具体计划和安排,为项目的具体实施及后续的财务控制提供依据(见图 7-2)。

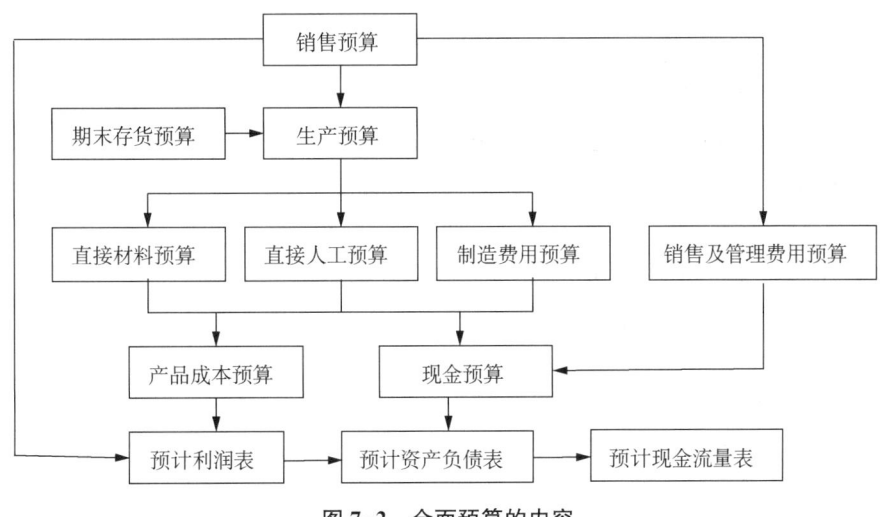

图 7-2 全面预算的内容

7.2.2 全面预算编制——现金预算

1) 全面预算是基于业务预算的现金预算

全面预算一般按年度编制,对公司全年的销售、生产、人力资源的安排、成本和利润、现金的收支和结存以及资产、负债、所有者权益等都要编制预算。全面预算首先要编制业务预算,包括销售预算、生产预算、直接材料消耗及采购预算、直接人工及其他直接支出预算、制造费用预算、产成品存货预算、期间费用预算等,在此基础上进一步编制现金预算。

现金预算是利用各项业务预算的数据,将业务预算所涉及的现金收入、现金支出进行汇总整理,确定现金多余或不足,同时采取措施平衡收支差额,安排不足部分的筹资方案和多余部分的利用方案。可见,业务预算是现金预算的基础,也是为现金预算的编制进行数据准备。

2) 业务预算的编制

业务预算通常包括销售预算、生产预算、直接材料预算、直接人工预算、制造费用预算、营业及管理费用预算等,现分别说明各项业务预算的编制。

(1) 业务预测资料。公司生产并销售 QQ 套装,年度业务资料如下:

① 销售情况预测资料:

第一季度 3 000 件;

第二季度 3 500 件；

第三季度 4 000 件；

第四季度 4 500 件。

QQ套装的销售单价为80元/件。预计每季度收回当季度销售收入的60%，其余的40%下季度收回。年初，应收账款余额为88 000元。

② 预计年初、年末存货量：

期初预计存货600件；

期末预计存货量1 200件。

预计各季度的季末存货为下季度预测销量的20%。

③ 原材料预计耗用情况：

每件产成品耗用材料20千克，材料价格为1.5元/千克。

原材料采购款项当期支付60%，其余40%下期支付。

期初应付账款为30 000元。

④ 预计年初、年末材料存货量：

年初预计材料存货量为6 200千克；

年末预计材料存货量为12 000千克。

每季度末材料库存应为下季度生产需要量的10%。

⑤ 预计直接人工情况：

每件产品耗用人工为3小时，每小时工资率为5元。

⑥ 预计制造费用情况：

间接人工单位产品费率12元/件；

间接材料单位产品费率2.4元/件；

水电费单位产品费率0.4元/件；

维修费单位产品费率0.2元/件；

全年固定制造费用总额为75 000元。

其中：折旧费10 500元；

检测费2 500元；

租赁费12 000元；

管理人员工资50 000元。

⑦ 全年营业及管理费用预计支出情况：

广告费60 000元；

保险费8 000元；

运输费15 000元；

其他2 000元；

合计85 000元。

假设以上营业及管理费用都是固定费用。

⑧ 此外，下年度还有以下资金进出活动，计划二季度和四季度分别购入固定资产

200 000元和300 000元,一季度偿还银行贷款50 000元,二季度和四季度分别向银行各贷款200 000元。

(2) 编制销售预算。根据各季度的销量预测编制销售预算表,测算各季度的现金收入见表7-1。

表7-1 销售预算表

项目		一季度	二季度	三季度	四季度	全年合计
预计销量(件)		3 000	3 500	4 000	4 500	15 000
销售单价(元/件)		80	80	80	80	
销售收入(元)		240 000	280 000	320 000	360 000	1 200 000
销货现金收入(元)	收回应收账款	88 000				88 000
	一季度销货收现	144 000	96 000			240 000
	二季度销货收现		168 000	112 000		280 000
	三季度销货收现			192 000	128 000	320 000
	四季度销货收现				216 000	216 000
	现金收入合计	232 000	264 000	304 000	344 000	1 144 000

本季度销货收现=收到的本季度销售款+收到上季度销货款
　　　　　　　=本季销售收入×60%+上季度销售收入×40%

(3) 编制采购及生产费用支出预算。生产费用支出预算的编制,首先需要确定产量预算,即根据销售预测和存货预测资料,编制生产量预算表,计算各季度的预计生产量(见表7-2);在生产量预算的基础上再进一步编制各生产费用要素支出预算表,包括直接材料采购预算、直接人工费用支出预算和制造费用支出预算,如表7-3、表7-4和表7-5所示。

表7-2 生产量预算表

项目	一季度	二季度	三季度	四季度	全年合计
预计销售量(件)	3 000	3 500	4 000	4 500	15 000
加:预计期末存货量(件)	700	800	900	1 200	3 600
预计需求量合计(件)	3 700	4 300	4 900	5 700	18 600
减:期初存货量(件)	600	700	800	900	3 000
预计当期生产量(件)	3 100	3 600	4 100	4 800	15 600

预计本季度期末存货量=预计下季度销售量×20%
预计本季度生产量=本季度预计销售量+本季度预计期末存货量-本季度期初存货量

表 7-3 直接材料采购预算表

项目		一季度	二季度	三季度	四季度	全年合计
预计生产量(件)		3 100	3 600	4 100	4 800	15 600
单位产品原材料耗用量(千克)		20	20	20	20	
原材料耗用量(千克)		62 000	72 000	82 000	96 000	312 000
加:期末原材料存货(千克)		7 200	8 200	9 600	12 000	37 000
减:期初原材料存货(千克)		6 200	7 200	8 200	9 600	31 200
预计材料采购量(千克)		63 000	73 000	83 400	98 400	317 800
材料采购单价(元)		1.5	1.5	1.5	1.5	
预计采购金额(元)		94 500	109 500	125 100	147 600	476 700
销货现金收入(元)	偿还应付账款	30 000				30 000
	一季度付采购款	56 700	37 800			94 500
	二季度付采购款		65 700	43 800		109 500
	三季度付采购款			75 060	50 040	125 100
	四季度付采购款				88 560	88 560
	采购付款合计	86 700	103 500	118 860	138 600	447 660

预计本季度原材料采购量=本季度预计耗用量+本季度预计期末存货量
　　　　　　　　　　　－本季度预计期初存货量

本季度支付材料款=支付本季度购料款+支付上季度购料款
　　　　　　　　=本季采购金额×60%+上季度采购金额×40%

表 7-4 直接人工费支出预算表

项目	一季度	二季度	三季度	四季度	全年合计
预计生产量(件)	3 100	3 600	4 100	4 800	15 600
单位产品直接工时(小时)	3	3	3	3	
耗用直接人工(小时)	9 300	10 800	12 300	14 400	46 800
每小时工资率(元/小时)	5	5	5	5	
直接人工费总额(元)	46 500	54 000	61 500	72 000	234 000

表 7-5 制造费用支出预算表

项目		一季度	二季度	三季度	四季度	全年合计
变动制造费用支出	预计生产量(件)	3 100	3 600	4 100	4 800	15 600
	间接人工费率(元/小时)	12	12	12	12	
	间接材料费率(元/件)	2.4	2.4	2.4	2.4	
	水电费率(元/件)	0.4	0.4	0.4	0.4	

(续表)

	项目	一季度	二季度	三季度	四季度	全年合计
变动制造费用支出	维护费率(元/件)	0.2	0.2	0.2	0.2	
	单位变动制造费用合计(元)	15	15	15	15	
	变动费用支出小计(元)	46 500	54 000	61 500	72 000	234 000
固定制造费用支出(元)	折旧费	2 625	2 625	2 625	2 625	10 500
	检测费	625	625	625	625	2 500
	租赁费	3 000	3 000	3 000	3 000	12 000
	管理人员工资	12 500	12 500	12 500	12 500	50 000
	固定费用支出小计	18 750	18 750	18 750	18 750	75 000
制造费用现金支出合计(元)		62 625	70 125	77 625	88 125	298 500

由于折旧费无需支付现金，所以在计算制造费用现金支出预算时应当扣除：

预计制造费用现金支出＝变动制造费用现金支出＋固定制造费用现金支出－折旧费

(4) 编制营业及管理费用支出预算。营业费用和管理费用属于期间费用，根据相关预测资料，编制营业及管理费用预算表如表7-6所示。

表7-6 营业及管理费用支出预算表

项目	一季度	二季度	三季度	四季度	全年合计
广告费(元)	15 000	15 000	15 000	15 000	60 000
保险费(元)	2 000	2 000	2 000	2 000	8 000
运输费(元)	3 750	3 750	3 750	3 750	15 000
其他支出(元)	500	500	500	500	2 000
现金支出合计(元)	21 250	21 250	21 250	21 250	85 000

(5) 编制现金预算。汇总销售预算的现金收入、采购及生产费用的现金支出、营业及管理费用现金支出，同时考虑固定资产的购置以及资金拆借等其他相关现金流量因素，可以编制现金预算表如表7-7所示。

表7-7 现金预算表

	项目	一季度	二季度	三季度	四季度	全年合计
现金收入(元)	期初现金余额	110 000	45 075	60 200	84 965	
	加:销货现金收入	232 000	264 000	304 000	344 000	1 144 000
	可用现金数额	342 000	309 075	364 200	428 965	

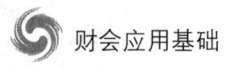

(续表)

项目		一季度	二季度	三季度	四季度	全年合计
现金支出（元）	直接材料采购付现	86 700	103 500	118 860	138 600	447 660
	直接人工付现	46 500	54 000	61 500	72 000	234 000
	制造费用付现	62 625	70 125	77 625	88 125	298 500
	营业及管理费付现	21 250	21 250	21 250	21 250	85 000
	购置固定资产付现		200 000		300 000	500 000
	现金支出合计	217 075	448 875	279 235	619 975	
现金余缺（元）		95 075	−139 800	84 965	−191 010	
融资业务（元）	借入现金		200 000		200 000	400 000
	偿还现金	50 000				50 000
期末现金余额（元）		45 075	60 200	84 965	8 990	8 990

现金预算表由现金预算中现金收入、现金支出、现金余缺、资金的筹集和运用四部分组成。"现金收入"部分包括期初资金余额和预算期现金收入，如销货取得的现金收入等，其中"销售现金收入"的数据来自销售预算表。"现金支出"部分包括预算期的各项现金支出，其中"直接材料""直接人工""制造费用""销售与管理费用"等的数据分别来自前述有关费用支出预算表。"现金余缺"是现金收入与现金支出的差额，差额为正，说明收大于支，现金有多余，可用于偿还借款或者用于短期投资；差额为负，支大于收，现金不足，需要从外部筹资。

7.3 内部控制规范

为进一步保障财务预算的顺利实施、保护公司资产的安全与完整、提高会计信息质量、确保有关法律法规和规章制度以及公司经营管理方针政策的顺利执行、避免或降低经营和财务风险、提高经营管理效率、实现经营管理目标，需要制定和实施一系列内部控制的方法、措施和程序。

7.3.1 货币资金控制

1）岗位分工控制

（1）建立货币资金[①]业务的岗位责任制，明确相关部门和岗位的职责权限。

（2）出纳人员不得兼任稽核、会计档案保管和收入、支出、费用、债权债务账目的登记工作。

（3）岗位轮换制度。

（4）建立回避制度。单位负责人的直系亲属不得担任会计机构负责人，会计机构负责

---

① 货币资金包括库存现金、银行存款和其他货币资金。

人的直系亲属不得担任出纳人员。

2) 授权批准控制

(1) 明确审批人对货币资金业务的授权批准方式、权限、程序、责任和相关控制措施；审批人不得超越权限审批。

(2) 明确经办人办理资金业务的职责范围和工作要求。

(3) 严格按照申请、审批、复核、支付的程序办理资金业务。

(4) 重要货币资金支付业务，实行集体决策和审批。

3) 现金控制

(1) 实行现金库存限额管理制度。

(2) 明确现金开支范围并严格执行。

(3) 现金收入及时存入银行，严禁现金坐支，严禁挪用公款。

(4) 收入应及时入账，不得私设小金库，不得账外设账，严禁收款不入账。

(5) 定期盘点现金，做到账实相符。

4) 银行存款控制

(1) 加强银行账户管理，定期检查账户使用情况。

(2) 遵守银行支付结算纪律。

(3) 定期获取银行对账单，查实银行存款余额，编制银行存款余额调节表。

5) 票据控制

明确各种票据的购买、保管、领用、背书转让、注销等环节的职责权限和程序，防止空白票据遗失和被盗。

6) 印章控制

(1) 财务专用章应由专人保管，个人名章应由本人或其授权人员保管。严禁一人保管支付款项所需的全部印章。

(2) 严格履行签字或盖章手续。

7) 监督检查

(1) 定期检查货币资金业务相关岗位及人员的设置情况。

(2) 定期检查货币资金授权批准制度的执行情况。

(3) 定期检查印章保管情况。

(4) 定期检查票据保管情况。

7.3.2 采购与付款控制

1) 岗位分工控制

(1) 建立采购与付款的岗位责任制，明确相关部门和岗位的职责、权限，确保办理采购与付款业务的不相容岗位相互分离、制约和监督；这些岗位包括：请购与审批，询价与供应商选定，采购合同的订立与审查，采购与验收，采购、验收与相关会计记录，付款审批与付款执行。

(2) 不得由同一部门或个人办理采购与付款业务的全过程。

2）授权审批控制

（1）明确审批人对采购与付款业务的授权批准方式、权限、程序、责任和相关控制措施；审批人不得越权审批。

（2）明确经办人的职责范围和工作要求，未经授权的机构和人员不得办理采购和付款业务。

（3）对于重要和技术型较强的采购业务，组织专家进行可行性讨论，并实行集体决策和审批。

（4）加强请购手续、采购订单、验收证明、入库凭证、采购发票等的管理和相互核对工作。

3）请购控制

（1）建立并严格执行采购申请制度。

（2）加强采购业务的预算管理，对于超预算和预算外采购项目，由具有请购权的部门在对需求部门提出的申请进行审核后办理请购手续。

4）审批控制

建立请购审批制度，明确审批权限，并由审批人根据其职责、权限以及单位实际需要等对请购申请进行审批。

5）采购控制

（1）根据物品或劳务的性质确定相应的采购方式，包括：订单采购、合同订货、直接购买等。

（2）制定例外紧急需求的特殊采购处理程序。

（3）经过比质比价和规定的授权批准程序确定供应商。

6）验收控制

（1）建立健全验收制度，根据验收情况出具正确的验收单据或验收报告。

（2）落实验收与入库责任制，谁出问题谁负责，督促各岗位人员恪尽职守。

7）付款控制

（1）严格核对采购发票、验收单、入库单、合同等有关凭证，检查其真实性、完整性、合法性，对符合付款条件的采购项目及时办理付款。

（2）建立预付账款和定金的授权审批制度。

（3）加强应付账款和应付票据管理，到期款项经批准后办理结算与支付。

（4）建立执行退货管理制度，发生采购退货的，要及时收回已付款项。

8）监督制度

（1）定期检查采购与付款业务相关岗位及人员的设置情况。

（2）定期检查采购与付款业务授权批准制度的执行情况。

（3）定期检查印章保管情况。

（4）定期检查票据保管情况。

7.3.3 销售与收款控制

1）岗位分工控制

（1）建立销售与收款业务的岗位责任制，明确相关部门和岗位的职责和权限，确保办理销售与付款业务的不相容岗位相互分离、制约和监督。

（2）分别设立销售、发货、收款三项业务部门，明确各自职责和权限；建立专门信用管理部门（或岗位）的单位，将信用管理岗位与销售业务岗位分设。

（3）不得由同一部门或个人办理销售与收款业务的全过程。

2) 授权批准控制

（1）明确审批人对销售与收款业务的授权批准方式、权限、程序、责任和相关控制措施；审批人不得越权审批。

（2）明确经办人的职责范围和工作要求。

（3）金额较大或情况特殊的销售业务和特殊信用条件，实行集体决策。

（4）未经授权人员审批不得经办销售与收款业务。

3) 销售与发货控制

（1）建立销售预算管理制度，制定销售目标，确立销售管理责任制。

（2）建立定价控制制度，制定价目表、折扣政策、收账政策，并严格执行。

（3）加强赊销管理，超出信用政策的赊销业务，实行集体决策审批。

（4）明确规定销售谈判、合同订立、合同审批、销售、发货等环节的岗位责任、权限及管理措施，并严格执行。

（5）建立销货退回管理制度。销售退回须销售主管审批。

（6）建立完整的销售登记制度，加强销售合同、销售计划、销售通知单、发货凭证、运货凭证、销售发票等的核对工作；销售部门应当设置销售台账。

7.3.4 成本费用控制

1) 岗位分工控制

（1）建立成本费用[①]业务的岗位责任制，明确相关部门或岗位的职责、权限。

（2）成本费用业务的不相容岗位：成本费用预算的编制与审批；成本费用支出的审批与执行；成本费用支出的执行与相关会计记录。

2) 授权批准控制

（1）明确审批人对成本费用的授权方式、权限、程序、责任和相关控制措施，审批人不得越权审批。

（2）明确经办人办理成本费用业务的职责范围和工作要求，经办人在职责范围内按审批人批准意见办理成本费用业务。

---

① 公司的资产最终都会转化为费用支出，费用支出中的一部分转化为成本，另一部分则形成期间费用。成本是对象化的费用，是按照一定的对象（如采购的货物、制造的产品、销售的商品等）进行归集的费用，分别形成采购成本、生产成本和销售成本。其中，采购成本是指采购货物时发生的买价、运杂费等具体费用支出，经汇总后构成采购货物的成本；在生产过程中发生的材料费、人工费和相关管理费，构成完工产品的制造成本；在销售环节，商品销售后，已销商品的成本（制造成本或获得成本）就是销售成本。费用则是没有具体归集对象的支出，从而不能转化为成本，如销售环节的广告费支出，不能具体确定实现了哪种商品或哪个商品的销售业绩，所以不能按照具体的商品对象进行成本归集，只能确认为费用支出抵减本期利润，这一部分不能按照具体成本对象归集的费用支出，统称为期间费用，具体包括销售费用、管理费用和财务费用。

3) 成本费用支付控制

(1) 建立成本费用预算制度。根据成本费用预算内容,分解成本费用指标、落实成本费用责任主体,考核成本费用指标完成情况,制定奖惩措施,实行成本费用责任追究制度;需追加的成本费用预算,应重新办理审批手续。

(2) 结合单位经营管理实际,选择恰当的成本控制方法。

(3) 加强对材料采购和耗用的成本控制,将材料成本控制在预算范围内。

(4) 建立人工成本控制制度,合理设置岗位,以岗定责、以岗定员、以岗定酬。

(5) 明确制造费用支出范围和标准,采用弹性预算等方法,控制制造费用。

(6) 制定其他费用的开支范围、标准和费用支出的申请、审批、支付程序,严格控制费用开支。

(7) 正确进行成本费用的计算和分配。

4) 内部报告控制

建立成本费用内部报告制度,实时监控成本费用的支出情况,对于发生超预算的成本费用差异及时查明原因,作出相应处理。

5) 监督检查

(1) 定期检查成本费用业务相关岗位及人员的设置情况。

(2) 定期检查成本费用业务授权批准制度的执行情况。

(3) 定期检查成本费用预算制度的执行情况。

(4) 定期检查相关会计核算制度的执行情况。

7.3.5 预算控制

1) 岗位分工控制

(1) 建立预算工作岗位责任制,明确相关部门和岗位的职责、权限。

(2) 预算工作的不相容岗位:预算编制(含预算调整)与预算审批;预算审批与预算执行;预算执行与预算考核。

2) 授权批准控制

(1) 明确审批人的授权批准方式、权限、程序、责任和相关控制措施,规定经办人办理预算的职责范围和工作要求。

(2) 制定预算管理流程,明确预算编制、预算执行、预算调整、预算分析与考核等各环节控制要求,设置相应记录,确保预算工作全过程得到有效控制。

3) 预算编制控制

(1) 根据各单位业务特点和工作重点编制相应的业务预算和年度预算方案。

(2) 预算编制应符合本单位发展战略、经营目标、投资及筹资计划和其他重大决议。

(3) 编制经营预算应以上一年度生产经营的实际状况为基础,综合考虑经济政策变动、市场竞争状况、产品竞争能力等因素,严格控制经营风险。

(4) 编制投资预算应当符合成本效益原则和风险控制要求,严控投资风险。

(5) 编制筹资预算应以筹资计划和资金需求决策为基础,合理安排筹资规模和筹资结构,选择恰当的筹资方式,严格控制财务风险。

4) 预算执行控制

(1) 建立预算执行责任制度,明确相关部门及人员的责任。

(2) 层层分解预算指标,落实到各部门、各单位和各岗位。

(3) 将年度预算分解为季度预算和月度预算。

(4) 建立预算执行情况内部报告制度、预算执行预警机制和预算执行结果质询制度。

5) 预算调整控制

正式下达执行的预算一般不予调整。特殊情况需要调整的,应由预算执行单位逐级提出书面报告,并经单位决策机构批准。

6) 预算分析控制

采用不同的方法分析预算执行情况及存在的问题,重点分析预算执行差异产生的原因,提出解决措施或建议。

7) 预算考核控制

建立预算执行情况考核制度和奖惩制度,按照"公开、公正、公平"原则对预算执行情况进行考核,认真落实奖惩措施。

8) 监督检查

(1) 定期检查岗位分工和授权批准情况。

(2) 及时检查预算编制情况。

(3) 及时检查预算执行情况。

(4) 及时检查预算调整情况。

(5) 及时检查预算分析与考核情况。

7.4 责任控制

经营计划和财务预算执行结果如何,需要进行分析与评价,责任控制就是将公司内部相关部门和岗位,设置为具体的责任中心,并明确各责任中心相关责任与任务,通过对责任中心的实绩进行责任核算,进行业绩考核与评价。

责任中心就是承担一定经济责任、并享有一定权利和利益的内部单位。为了保证预算的贯彻落实和最终实现,必须把公司总体预算中确定的目标和任务,按照责任中心逐层进行指标分解和落实,形成责任预算。

根据责任中心的任务不同,分为成本(费用)中心、利润中心、投资中心三大类责任中心。

7.4.1 成本(费用)中心及其考核

1) 成本(费用)中心的设置

成本(费用)中心是指对成本或费用承担责任的责任中心。它不会形成可用货币计量的收入,因而不对收入、利润或投资责任负责。成本(费用)中心一般包括负责产品生产的生产部门、劳务提供部门以及给予一定费用指标的管理部门。

成本(费用)中心的应用范围最广,从一般意义出发,公司内部凡有成本发生,需要对成本(费用)负责,并能实施成本(费用)控制的单位,都可以成为成本(费用)中心。公司上至工厂一级,下至车间、工段、班组,甚至个人都可以成本(费用)中心。成本(费用)中心可以形成不同的层次,各个较小的成本(费用)中心共同构成一个较大的成本(费用)中心,在企业内部形成一个逐级控制,并层层负责的成本(费用)中心体系。

2) 成本(费用)中心的特点

(1) 成本(费用)中心只考核成本费用而不考核收益。

(2) 成本(费用)中心主要完成对本中心可控成本的控制责任。凡责任中心能控制其发生的成本称为可控成本;相反,不能控制其发生及数量的称为不可控成本。只有属于该成本(费用)中心的各项可控成本才是该中心的责任成本,才是该中心的责任范围。

3) 成本(费用)中心的考核

成本中心的考核指标主要是实际成本(费用)与预算成本(费用)的差异比较,包括成本变动额和变动率两指标,计算公式为:

$$成本差异额 = 实际责任成本 - 预算责任成本$$

$$成本差异率 = 成本变动额 \div 预算责任成本 \times 100\%$$

【例7-2】 某车间是成本中心,生产甲商品100件的预算总成本为10 000元,实际成本耗费12 000元。可计算出以下指标:

$$成本差异额 = 12\,000 - 10\,000 = 2\,000(元)$$

$$成本差异率 = 2\,000 \div 10\,000 = 20\%$$

7.4.2 利润中心及其考核

1) 利润中心设置

利润中心是指有产品或劳务生产经营决策权的公司内部部门,如分厂、分店、分公司等,一般具有独立的收入来源或能视同为一个有独立收入的部门,并具有相对独立的经营权,对成本和收入负责。

2) 利润中心的考核

利润中心是可以直接取得收入的责任中心。公司内部单位对其产品具有销售、定价、采购和生产的决策权,其功能相当于独立的公司,公司内部的事业部等;如果通过确定合理的内部转移价格,则一些内部成本中心也可以转化为人为的利润中心。利润中心通常都是公司内部部门,对利润中心来说,有些成本(费用)是不可控的,所以考核利润中心的指标重点是可控毛益总额。

$$贡献毛益 = 销售收入 - 变动成本总额$$

$$可控毛益总额 = 边际贡献总额 - 不可控固定成本$$

考核利润中心负责人的业绩时,应剔除不可控的成本部分,尽可能真实的反映该负责人的管理能力,可控毛益总额被认为是比较公正合理的指标。有时候也被成为"经理人毛益"。

通过比较经理人毛益的实际数与计划数,来分析该利润中心的责任履行情况,评价该利润中心的业绩。

7.4.3 投资中心及其考核

1) 投资中心的设置

投资中心是指既对成本、收入和利润负责,又对投资效果负责的责任中心。投资中心首先是利润中心,与利润中心的区别在于:利润中心没有投资决策权,只能在公司投资形成后进行微观的具体经营,而投资中心能相对独立的运用所掌握的资产,有权购建或处置固定资产,扩大或缩减现有生产能力。此外,考核利润中心业绩一般不考虑投入利润中心的资源或资产,但考核投资中心业绩时,应当将所获得的利润联系所占用资产统盘考核。

一般而言,大型集团所属的子公司、分公司、事业部往往都是投资中心。在组织形式上,成本中心一般不是独立实体,利润中心可以是也可以不是独立实体,而投资中心一般是独立实体。投资中心独立性较高,享有投资权和充分的经营权。

2) 投资中心的考核

考核投资中心的业绩指标有两种:一是剩余收益,二是投资利润率。剩余收益是一个绝对数指标,是指投资中心获得的利润扣减其最低投资收益后的余额。最低投资收益是投资中心的投资额(或资产占用额)按规定或预期的最低报酬率计算的收益。

$$剩余收益=利润-投资额×规定或预期的最低投资报酬率$$

以剩余收益作为投资中心经营业绩评价指标,要求投资中心投资利润率大于规定或预期的最低投资报酬率。

投资利润率是指投资中心所获得的利润与投资额之间的比率。

$$投资利润率=\frac{利润}{投资额}×100\%$$

从投资中心的角度看,该指标也可以称为净资产利润率,它主要说明投资中心资源所贡献的利润回报,或对所有者权益的贡献。

讨论与练习

1. 了解零基预算和增量预算。

预算编制时可以采用零基预算编制法,也可以采用增量(调整)预算编制法。增量(调整)预算编制法是指在编制预算时,以前期相关指标实际完成数值为基础,考虑到计划期的计划要求和实际变化情况,进行增减调整后确定计划期指标的预算数值。零基预算则不同,不考虑以往预算期间相关预算指标的实际发生数额,而是以零作为出发点,一切从实际需要与可能出发,逐项审议预算期内各项指标的内容及标准是否合理,在综合平衡的基础上编制预算的方法。

与传统的调整预算相比,零基预算的特点是(见表7-8):

(1) 预算的基础不同。调整预算法的编制基础是前期结果,本期的预算额是根据前期的实绩调整确定的;零基预算的基础是零,本期的预算额是根据本期经济活动的重要性和可供分配的资金量确定的。

(2)预算编制分析的对象不同。调整预算法重点对新增加的业务活动进行成本效益分析,而对性质相同的业务活动不作分析研究,零基预算法则不同,它要对预算期内所有的经济活动进行成本-效益分析。

(3)预算的着眼点不同。调整预算法主要以金额高低为重点,着重从货币角度控制预算金额的增减,零基预算除重视金额外,还要从业务活动的必需性以及重要程度来分配有限的资金。

表7-8 零基预算与增量(调整)预算比较

项目	增量(调整)预算	零基预算
定义	以前期的预算或者实际业绩为基础,增加或减少相应的内容后编制	开始于"零基础",需要分析每个部门的需求和成本。无论这种预算比以前的预算高还是低,都应当根据未来的需求编制预算
优点	(1)预算是稳定的,变化是循序渐进的 (2)经理能在一个稳定基础上经营他们部门 (3)系统相对容易操作和理解 (4)容易实现协调预算	(1)能够识别和去除不充分或过时的行动 (2)能够促进更为有效的资源分配 (3)需要广泛的参与 (4)能够应对环境的变化 (5)鼓励管理层寻找替代方法
缺点	(1)假设经营活动及工作方式都以相同的方式继续下去 (2)不能拥有启发新观点的动力 (3)没有降低成本的动力 (4)鼓励将预算全部用光以便明年可以保持相同的预算(目前很多事业单位都是如此)	(1)是一个复杂的耗费时间的过程 (2)可能强调短期利益而忽视长期目标

2.了解部门预算及其编制。

部门预算是部门依据国家有关政策规定及其行使职能的需要,由基层预算单位编制,逐级上报、审核、汇总,经财政部门审核后提交立法机关依法批准的涵盖部门各项收支的综合财政计划。各级政府部门、使用财政经费的事业单位等都需要按规定编制部门预算。

1)部门预算的内容

(1)从编制范围看,部门预算涵盖了部门或单位所有的收入和支出,不仅包括财政预算内资金收支,还包括各项预算外资金收支、经营收支以及其他收支;既包括一般预算收支,还包括政府性基金收支,体现了"大收入、大支出"的原则,也就是通常讲的"一个部门一本预算"。

(2)从支出角度看,部门预算包括部门或单位所有按支出功能分类的不同用途的资金,无论是基本建设经费,还是各项事业费,或是其他经费,全部按规定的格式和标准统一汇总编入一本预算,可以全面地反映一个部门或单位各项资金的使用方向和具体使用内容。

(3)从编制程序看,部门预算是汇总预算,它是由基层预算单位编制,逐级审核汇总形成的。具体编制时,由基层预算单位根据本单位承担的工作任务、部门发展规划以及年度工作计划测算编制,经逐级上报、审核并按单位或部门汇总形成。

(4) 从细化程度看,部门预算既细化到了具体预算单位和项目,又细化到了按预算科目划分的各支出功能。经部门或单位汇总后,预算既反映了本部门所有收支预算总额,还反映了收支按单位和项目的具体构成情况,以及单位及项目的收支按支出功能分类的具体构成情况。

(5) 从合法性看,部门预算必须在符合国家有关政策、规定的前提下按财政部核定的预算控制数编制,预算在呈报上级部门前,必须经单位领导同意;财政总体预算在上报全国人大前必须报经国务院批准;全国人大按法定程序批准年度预算后,由财政部门将预算批复到部门,部门再逐级批复到基层预算单位。

2) 部门预算编制的原则

(1) 合法性原则。要符合《预算法》和国家其他法律、法规,充分体现国家的有关方针、政策,还要在法律赋予部门的职能范围内编制。

(2) 真实性原则。对每一收支项目的数字指标运用科学合理的方法加以测算,力求各项收支数据真实准确。机构、编制、人员、资产等基础数据资料要按实际情况填报;各项收入预算要结合近几年实际取得的收入考虑增收减收因素测算,不能随意夸大或隐瞒收入;支出要按规定的标准,结合近几年的实际支出情况测算,不得随意虚增或虚列支出;各项收支要符合部门的实际情况,测算时要有真实可靠的依据,不能凭主观印象或人为提高开支标准编制预算。

(3) 稳妥性原则。部门预算的编制要做到稳妥可靠,量入为出,收支平衡,不得编赤字预算。收入预算要留有余地,没有把握的收入项目和数额不要列入预算,以免收入不能实现时造成收小于支;预算要先保证基本工资、离退休费和日常办公经费等基本支出,以免预算执行过程中不断调整预算。项目预算的编制要量力而行,有多少钱办多少事。

(4) 重点性原则。部门预算编制要做到合理安排各项资金,本着"一要吃饭,二要建设"的方针,在兼顾一般的同时优先保证重点支出。根据重点性原则,要先保证基本支出,后安排项目支出;先重点、急需项目,后一般项目。基本支出是维持部门正常运转所必需的开支,如:人员基本工资、国家规定的各种补贴津贴、离退休人员的离退休费、保证机构正常运行所必需的公用经费支出以及完成部门职责任务所必需的其他支出,因此要优先安排预算,不能留有缺口;项目支出根据财力情况,按轻重缓急顺序原则,优先安排党中央、国务院交办的事项,符合国民经济和社会发展计划、符合国家财政宏观调控和产业政策的项目。

(5) 完整性原则。部门预算编制要体现综合预算的思想。各种预算外资金要严格执行收支两条线管理,所有收入和支出全部纳入预算管理,除单位的经营性收支外,对单位的预算内、外各项财政资金和其他收入统一管理,统筹安排,统一编制综合财政预算。对各项收入、支出预算的编制做到不重不漏,不得在部门预算之外保留其他收支项目。

(6) 透明性原则。对于单位的经常性支出,要通过建立科学的定员定额体系,以实现预算分配的标准化。减少预算分配中存在的主观随意性与"暗箱操作",使预算分配规范、透明。

(7) 绩效性原则。部门预算应建立绩效考评制度,对预算的执行过程和完成结果实行全面的追踪问效,不断提高预算资金的使用效益。在项目申报阶段,要对申报项目进行充分的可行性论证,以保障项目确实必需、可行;在项目执行阶段,要建立严格的内部审核制度和重大项目建设成果报告制度,以对项目进程和资金使用情况进行监督,对阶段性成果进行考核评价;在项目完成阶段,项目单位要及时组织验收和总结,并将项目完成情况报主管部门,主管部门要将项目完成情况汇总报财政部门。

3)部门预算的编制流程

部门预算编制程序分为"一上一下""二上二下""三上三下"等很多种,但目前大多数地方都实行"二上二下"的基本流程。

(1)"一上":财政部门印发部门预算编制的有关文件、通知,明确部门预算编制工作要求。部门从基层预算单位起按财政要求编制单位年度收支预算建议计划,逐级报送给主管部门。部门对各基层单位的预算建议计划进行审核、分析、汇总,并编制部门收支预算建议计划上报给财政部门。

(2)"一下":财政部门内部有关业务处室会同有关部门审核预算建议计划,并提出审核意见报财政预算主管处。财政预算主管处审核汇总后,根据财力情况提出总量支出建议控制指标,报同级政府同意后下达给部门。

(3)"二上":各部门按财政预算控制数重新调整本部门预算草案,上报财政部门审核。

(4)"二下":财政部门内部有关业务处会同有关部门进一步审核汇总部门预算,提出意见报财政预算主管处。财政预算主管处汇总本级财政收支预算草案,上报同级政府批准,并提请同级人代会审议。部门预算草案经人代会通过后,财政部门直接将预算批复给部门,再由部门逐级批复给基层单位。

在二上、二下的过程中,各部门与财政部门随时可就预算问题进行协商、讨论,及时、充分地交流有关预算信息。

3. 王熙凤的内部控制措施。

在《红楼梦》第十三、十四回,宁国府长孙贾蓉之妻秦可卿死后,府内秩序混乱,王熙凤受邀协助治理宁国府,以强硬的手段打压了宁国府的歪风邪气,将其打理得井井有条,充分体现了内部控制措施的有效性。

王熙凤上任伊始,就发现了宁国府内部管理混乱的根本原因:"头一件是人口混杂、遗失东西;第二件,事无专执,临期推委;第三件,需用过度,滥支冒领;第四件,任无大小,苦乐不均;第五件,家人豪纵,有脸者不服铃束,无脸者不求上进"(见《红楼梦》第十三回)。这一系列问题集中体现了宁国府在职责分工、职务分离、监督控制等内部控制方面的失效。

第二天,王熙凤让宁国府总管"来升的媳妇"召集宁国府的所有下人开晨会,按花名册布置具体工作:

(1)专门负责给贾家亲戚以外的客人倒茶:20人,分2班,每班10人。

(2)专门负责本家亲戚茶饭:20人,分2班,每班10人。

(3)专门负责在灵前上香添油,挂幔守灵,供饭供茶,随起举哀:40人,分2班,每班20人。

(4)专门负责在内茶房收管杯碟茶器:4人(少了一件杯碟茶器,找这4个人赔)。

(5) 专门负责监收祭礼:8人。

(6) 专门负责各处灯油,蜡烛,纸札:8人。

(7) 轮流各处上夜,照管门户,监察火烛,打扫地方:30人。

(8) 剩下的人按房屋分开,某人守某处,某处上至桌椅古董,下至痰盒掸帚,一草一苗,或丢或坏,只和守这个地方的人算账赔偿。

(9) 来升的媳妇专门负责监视上面那些人,如果王熙凤查出她徇情,严惩不贷。

王熙凤的措施首先是明确职责分工。她根据宁国府的家仆花名册进行了具体分工,并明确责任,"如今都有了定规,以后哪一行乱了只和哪一行说话。""众人自然也都有了投奔,不似先前只检便宜的做,剩下的苦差事没个招揽。"

其次是不相容职务相互牵制。授权和审核这两项大权由她亲自掌握,执行、记录和保管这些不相容职务由不同的下人担任。例如,丫环彩明作记录员、买办作采购员、库房作保管员等。在王熙凤治下,执行相互牵制十分严格,如荣国府的四个执事人来领牌,凤姐命彩明念贴,听后便知其中两项超支,掷回贴子严加斥责。

最后是严格监督与控制。王熙凤一上任就严肃纪律,强调监督控制。"我可比不得你们奶奶好性儿,由着你们去。再不要说你们'这府里原是这样'的话,如今可要依着我行,错我一点儿,管不得谁是有脸的,谁是没脸的,一例清白处治"。

(根据网络资料整理)

8 公司纳税

> 纳税是公司不可回避的义务。
> 财会人员应当认真研究税收法规,一方面要按章纳税,控制税务风险;另一方面要充分利用各类税收优惠政策,开展税务筹划,降低公司税负,实现公司价值最大化目标。

8.1 公司主要税负

8.1.1 公司税负概述

纳税是企业不可回避的经济义务。税收是国家财政的主要收入来源,具有强制性、无偿性和固定性特征。

1) 税收的特征

(1) 强制性。国家以社会管理者身份,凭借政治权力,通过立法对包括公司在内的社会组织和公民个人,强制征收税款,纳税人必须依法纳税。

(2) 无偿性。国家取得税收收入,既不需要返还给纳税人,也不需要对纳税人直接付出任何形式的报酬。

(3) 固定性。国家在征税之前征税就通过法律形式,事先规定征税对象和税率。不经国家有关部门批准,税收征管机关不能随意改变课税对象、课税范围和税率。

2) 公司主要税负

公司的税负主要有三类,一类是与销售收入(或营业额)直接相关的流转税类;二是与公司利润所得直接相关的所得税类;三是其他税类,如房产税、土地使用税等(见图8-1)。

在公司各类税负中,增值税和所得税最为重要。城市维护建设税及教育费附加等是以增值税和消费税为基数确定的税种,在所得税类中,除了企业所得税,个体工商户的生产经营所得和对企事业单位的承包经营和承租经营所得,需要缴纳个人所得税。

公司税负是对利润的直接扣减。公司缴纳税款是一项不可回避的义务,站在公司角度,缴纳税款和支付广告费等费用支出一样,缴纳的税款越多,公司的利润就越少。因此,公司一方面应当按照国家税收法规的规定正确地计算并按期和足额地缴纳各项税款;另一方面,也要通过精心筹划,利用相关行业或相应地区的各类税收优惠政策,增加公司利润。

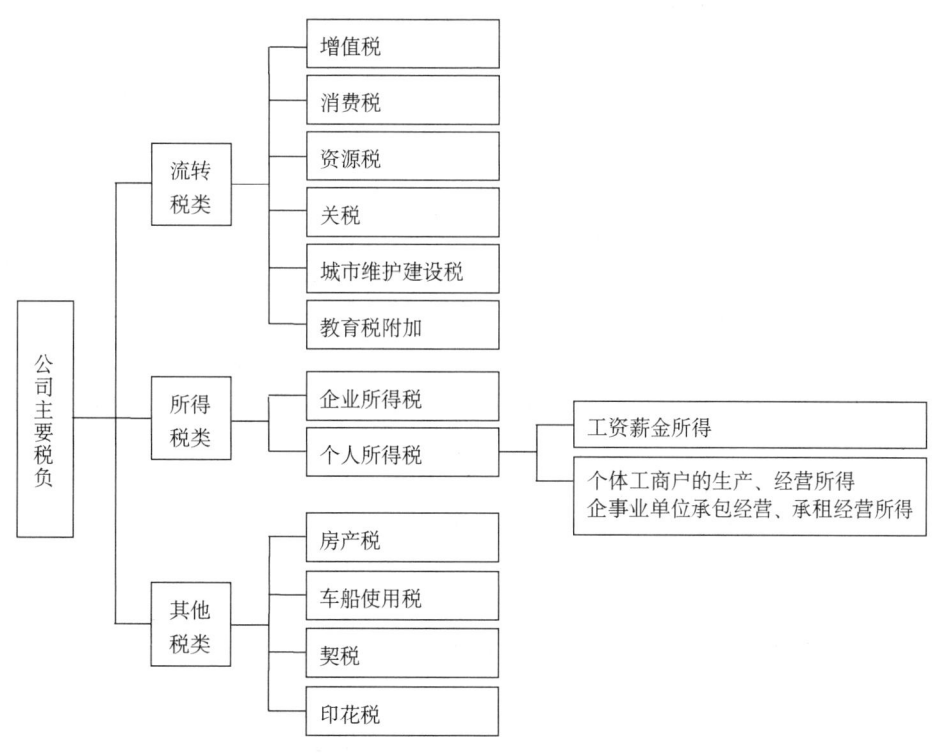

图 8-1 公司主要税负

8.1.2 增值税

增值税是以商品和劳务在流转过程中产生的增值额部分作为计税依据而征收的一种流转税。

1) 增值税的征税范围

按照规定,增值税的征税范围包括:

(1) 销售货物(不包括不动产和无形资产)。
(2) 进口货物。
(3) 提供加工、修理修配劳务。
(4) 销售服务。
(5) 销售无形资产。
(6) 销售不动产。

2) 增值税征税基础

征税基础称为税基,增值税的税基是商品或劳务在流转过程中的增值额,即销售收入与外购成本之间的差额部分。

$$增值额 = 销售收入(或营业收入) - 外购成本$$

3) 一般纳税人和小规模纳税人

增值税的纳税人分为一般纳税人和小规模纳税人。划分一般纳税人和小规模纳税人的基本依据是纳税人的会计核算是否健全,是否能够提供准确的税务资料,以及企业规模的大小①。相比较而言,增值税一般纳税人规模较大、制度健全、管理规范;未超过规定标准的纳税人为小规模纳税人。小规模纳税人在规模、制度和管理方面均有欠缺,因此,小规模纳税人的信誉往往不及一般纳税人,向小规模纳税人采购货物往往存在更大的风险。

达到一般纳税人的规模、会计核算健全且能够提供准确税务资料的,可向主管税务机关办理一般纳税人资格登记,成为一般纳税人。

会计核算健全,是指能够按照国家统一的会计制度规定设置账簿,根据合法、有效凭证核算。

4）增值税的税率或征收率

表8-1是2019年4月1日起的最新增值税税率与征收率,随着经济形势的变化,税率也会随之进行调整。

表 8-1 增值税的税率与征收率

税率或征收率		税目
税率	13%	销售货物、进口货物
		提供应税劳务(加工、修理、修配)
		有形动产租赁
	9%	粮食、农产品、食用植物油、鲜奶、食用盐等
		饮料、化肥、农药、农机、农膜、自动虫情测报灯等
		自来水、热水、暖气、冷气、煤气、液化石油气、天然气、沼气、居民用煤炭制品等
		图书、报纸、杂志、音像制品、电子出版物等
		建筑安装、交通运输、邮政服务、基础电信、转让土地使用权、销售不动产、不动产租赁
	6%	增值电信服务业、现代服务业、生活服务、金融服务,销售无形资产
	0	出口、境内纳税人提供的国际运输、研发和设计服务、其他境外服务
征收率	3%	简易计税方法:小规模纳税人、部分一般纳税人

5）应纳税额的计算

增值税的计税方法包括一般计税方法和简易计税方法,一般纳税人适用一般计税方法计税;小规模纳税人适用简易计税方法计税。

(1) 一般计税方法。采用一般计税方法计算的应纳税额是当期销项税额抵扣当期进项税额后的余额:

应纳增值税税额＝当期销项税额－当期进项税额

---

① 根据《增值税暂行条例》及其《增值税暂行条例实施细则》的规定,小规模纳税人的认定标准是:从事货物生产或者提供应税劳务的纳税人,以及以从事货物生产或者提供应税劳务为主兼营货物批发或者零售的纳税人,年应税销售额在50万元及以下的;其他纳税人,年应税销售额在80万元以下的。非企业性单位、不经常发生应税行为的企业可选择按小规模纳税人纳税。

如果当期销项税额小于当期进项税额,未抵扣的进项税额可以结转下期继续抵扣。其中:

$$销项税额 = 不含税销售额 \times 税率$$

进项税额是购进货物、加工修理修配劳务、服务、无形资产或者不动产,支付或者负担的增值税额,凭抵扣凭证①抵扣。

(2) 简易计税方法。采用简易计算方法计算的应纳税额,是按照不含税销售额和增值税征收率计算,此时不得抵扣进项税额,计算公式是:

$$应纳税额 = 不含税销售额 \times 征收率$$

8.1.3 企业所得税

企业所得税②是以企业生产经营所得为课税对象所征收的税,企业所得税的税率为25%。

$$应纳企业所得税额 = 应纳税所得额 \times 所得税税率$$

1) 应纳税所得额

企业每一纳税年度的收入总额,减除不征税收入、免税收入、各项扣除以及允许弥补的以前年度亏损后的余额,为应纳税所得额。

其中,不征税收入主要是财政拨款和行政事业性收费等。有些费用支出,不得从收入中扣减:

(1) 公益性捐赠支出,年度利润总额12%以内的部分可以扣除。

(2) 业务招待费支出,按照发生额的60%扣除,最高不得超过当年销售(营业)收入的5‰。

(3) 广告费和业务宣传费支出,不超过当年销售(营业)收入15%的部分准予扣除;超过部分在以后纳税年度结转扣除。

(4) 赞助支出、税收滞纳金、各类罚金罚款和被没收财物的损失不允许扣除。

(5) 超过5年未弥补的亏损不允许扣除。

2) 税收优惠

国家对重点扶持和鼓励发展的产业和项目,给予企业所得税优惠。

(1) 企业的下列收入为免税收入:国债利息收入;股息、红利等权益性投资收益;符合条件的非营利组织的收入。

(2) 企业的下列所得,可以免征、减征企业所得税:从事农、林、牧、渔业项目的所得;从事国家重点扶持的公共基础设施项目投资经营的所得;从事符合条件的环境保护、节能节水项目的所得;符合条件的技术转让所得;符合条件的小型微利企业,减按20%的税率征收企

---

① 可以抵扣的凭证包括下列凭证上注明的增值税:增值税专用发票、税控机动车销售统一发票、海关进口增值税专用缴款书、农产品收购发票、农产品销售发票、境外采购完税凭证。

② 个人独资企业、合伙企业以及个体工商户按规定缴纳个人所得税,不缴纳企业所得税。

业所得税；国家需要重点扶持的高新技术企业，减按15%的税率征收企业所得税；民族自治地方的自治机关对本民族自治地方的企业应缴纳的企业所得税中属于地方分享的部分，可以决定减征或者免征。自治州、自治县决定减征或者免征的，须报省、自治区、直辖市人民政府批准。

（3）企业的下列支出，可以在计算应纳税所得额时加计扣除：开发新技术、新产品、新工艺发生的研究开发费用；安置残疾人员及国家鼓励安置的其他就业人员所支付的工资。

（4）创业投资企业从事国家需要重点扶持和鼓励的创业投资，可以按投资额的一定比例抵扣应纳税所得额。

（5）企业的固定资产由于技术进步等原因，确需加速折旧的，可以缩短折旧年限或者采取加速折旧的方法。

（6）企业综合利用资源，生产符合国家产业政策规定的产品所取得的收入，可以在计算应纳税所得额时减计收入。

（7）企业购置用于环境保护、节能节水、安全生产等专用设备的投资额，可以按一定比例实行税额抵免。

根据国民经济和社会发展需要，或由于突发事件等原因对企业经营活动产生重大影响时，国务院可制定企业所得税专项优惠政策，报全国人民代表大会批准。

8.2　公司纳税管理

8.2.1　税务登记与管理

1）税务登记

公司自领取营业执照之日起三十日内，需要向税务机关办理税务登记，取得税务登记证件。税务登记内容发生变化的，自工商行政管理机关办理变更登记之日起三十日内或者在向工商行政管理机关申请办理注销登记之前，向税务机关申报办理变更或者注销税务登记。

公司应当按规定，持税务登记证件，在银行或者其他金融机构开立基本存款账户和其他存款账户，并将其全部账号向税务机关报告。银行和其他金融机构应当在纳税人的账户中登录税务登记证件号码，并在税务登记证件中登录纳税人的银行账号。

纳税人按照国务院税务主管部门的规定使用税务登记证件。税务登记证件不得转借、涂改、损毁、买卖或者伪造。

2）发票管理

税务机关是发票的主管机关，负责发票印制、领购、开具、取得、保管、缴销的管理和监督。公司在购销商品、提供或者接受经营服务以及从事其他经营活动中，应当按照规定向税务机关申购发票，并接受税务机关的监督与检查。

3）纳税人信用管理

税务机关根据纳税人信用信息，包括涉税申报信息、税（费）款缴纳信息、发票与税控器具信息、登记与账簿信息等，对纳税人进行信用评级，将纳税人按照信用程度分为A、B、C、D

四个等级,并按照守信激励、失信惩戒的原则,对不同信用级别的纳税人实施分类服务和管理。

如对纳税信用评价为 A 级的纳税人,税务机关主动向社会公告年度 A 级纳税人名单,按需供应发票,提供绿色通道或专门人员帮助办理涉税事项,简化出口退(免)税申报、审核,优先办理退税等。

对纳税信用评价为 D 级的纳税人,税务机关对其发票限量供应,严格出口退(免)税审核,加强出口退(免)税后续管理,并列入重点税务监控对象等。

8.2.2 纳税申报

1) 纳税申报

公司必须在规定确定的申报期限内如实办理纳税申报,报送纳税申报表、财务会计报表等纳税资料。

公司按月缴纳的增值税,于期满后十五日内申报缴纳税款。

公司的企业所得税,自月份或者季度终了之日起十五日内,向税务机关报送预缴企业所得税纳税申报表,预缴税款;自年度终了之日起五个月内,向税务机关报送年度企业所得税纳税申报表,并汇算清缴,结清应缴应退税款。

公司可以直接到税务机关办理纳税申报,也可以按照规定采取邮寄、数据电文或者其他方式办理申报和报送事项。

不能按期办理纳税申报或者报送的,经税务机关核准,可以延期申报。

2) 汇算清缴

实行预缴税款办法的税种,在年度终了后需要办理汇算清缴,将全年的税款汇总结算清缴。以所得税为例,在年度终了后,需要按纳税人的全年应税所得为计征依据,计算应缴税额。为了保证税款及时、均衡入库,在实际工作中,一般采取分月、分季预缴税款,年终汇算清缴,多退少补的征收办法。分月、分季预缴,一般按纳税人本季度(月)的课税依据计算应纳税款,与全年决算的课税依据往往很难完全一致,所以在年度终了后,必须依据纳税人的财务决算进行汇总计算,清缴税款,对已预交的税款实行多退少补。

8.2.3 缴纳税款

1) 税款缴纳

公司应当在规定的期限内,缴纳税款。税务机关征收税款时,必须给纳税人开具完税凭证。

因有特殊困难,不能按期缴纳税款的,经税务机关批准,可以延期缴纳税款,但是最长不得超过三个月。

公司必须接受税务机关的税务检查,如实反映情况,提供有关资料,不得拒绝、隐瞒。逃避、拒绝或者以其他方式阻挠税务机关检查的,由税务机关责令改正,可以处一万元以下的罚款,情节严重的,处一万元以上五万元以下的罚款。

公司未按照规定期限缴纳税款的,税务机关除责令限期缴纳外,从滞纳税款之日起,按日加收滞纳税款万分之五的滞纳金。

公司超过应纳税额缴纳的税款,税务机关发现的,应立即退还,公司在三年内发现的,可以向税务机关要求退还多缴的税款并加算银行同期存款利息,税务机关及时查实后应立即退还。

2) 办理税收优惠手续

公司依规定享受税收优惠,并需办理相应的减免税手续。属于核准类减免税的,需要向税务机关提出书面申请,报送相应的材料,办理减税、免税手续,经税务机关批准后实施;备案类减免税的,公司在首次享受减免税的申报阶段在纳税申报表中附列或附送材料向税务机关办理备案手续。

3) 漏税、偷税、逃税、骗税与抗税

(1) 漏税。漏税是由于不熟悉税法规定和相关制度,或粗心大意等原因造成的漏交、少交税款的行为。税法规定,对漏税者,税务机关在三年内可以追征税款、从漏税之日起,按日加收一定的滞纳金。但因税务机关的责任未缴或者少缴税款的,可在三年内要求补缴税款,但是不得加收滞纳金。

(2) 偷税。偷税是用欺骗、隐瞒等方式逃避纳税义务,不交、少交或晚交税款的违法行为。伪造、变造、隐匿、擅自销毁账簿、记账凭证,或者在账簿上多列支出或者不列、少列收入,或者经税务机关通知申报而拒不申报或者进行虚假的纳税申报,不缴或者少缴应纳税款。税务机关对偷税行为追缴不缴或者少缴的税款和滞纳金,并处不缴或者少缴的税款百分之五十以上五倍以下的罚款。根据《刑法修正案(七)》,修订后的《刑法》对第二百零一条规定"逃避缴纳税款"的,数额较大并且占应纳税额百分之十以上的,处三年以下有期徒刑或者拘役,并处罚金;数额巨大并且占应纳税额百分之三十以上的,处三年以上七年以下有期徒刑,并处罚金。

(3) 逃税。欠缴应纳税款,采取转移或者隐匿财产的手段,妨碍税务机关追缴欠缴的税款的,由税务机关追缴欠缴的税款、滞纳金,并处欠缴税款百分之五十以上五倍以下的罚款;构成犯罪的,依法追究刑事责任。

(4) 骗税。以假报出口或者其他欺骗手段,骗取国家出口退税款的,由税务机关追缴其骗取的退税款,并处骗取税款一倍以上五倍以下的罚款;构成犯罪的,依法追究刑事责任。对骗取国家出口退税款的,税务机关可以在规定期间内停止为其办理出口退税。

(5) 抗税。以暴力、威胁方法拒不缴纳税款的,除由税务机关追缴其拒缴的税款、滞纳金外,依法追究刑事责任。情节轻微,未构成犯罪的,由税务机关追缴其拒缴的税款、滞纳金,并处拒缴税款一倍以上五倍以下的罚款。

8.3 纳税筹划

8.3.1 纳税筹划意义

纳税筹划又称节税或避税,是经过合理安排,利用税法的优惠,实现税负最优化的选择,是公司财务活动的重要内容。国家出于产业政策或其他考虑,为了引导企业的行为,利用企业对经济利益的追逐,提供各种税收优惠政策,鼓励企业向某一方面发展,税务筹划是符合立法意图的企业节税行为。

1) 未雨绸缪是税务筹划的关键

纳税筹划是在纳税义务发生之前,运用各种合法手段,通过精心安排,实现避开重税、少缴税款或者推迟缴纳税款、甚至不缴税款目的的财务筹划活动,是合法行为。纳税义务发生之后,规避纳税行为就是逃税或抗税,属于违法行为。

2) 税务筹划是一项综合筹划

税务筹划既要实现总体税负的最低化,也要控制税务风险。一方面,筹划方案既要考虑到流转税,也要考虑到所得税,既要照顾到眼前、更要兼顾未来,纳税筹划方案以谋求降低总体税负为目标;另一方面,纳税筹划要关注税务风险,对可能发生的违规或违法所带来的处罚要有充分的测算,税务筹划方法要能够有效地评估可能发生的税务风险。税务筹划一要降低总体税负,二要规避税务风险。

3) 合法是纳税筹划的前提

企业节税,需要对现行税制有着深入透彻的研究,通过精心的税务筹划,力求做到符合立法意图,减轻企业税负,不能滥用税收条款,税法滥用是利用税法漏洞或地区间税收差异,人为地利用本来不应由其享有的优惠待遇,经过精心的安排,使其纳税事实符合税法和税收条约的规定,以达到减轻税负的目的,税法滥用表面上看是合法的,但实际上违背了立法本意,披着合法的外衣,用欺诈的手段逃避税负的行为。合法节税必须杜绝偷税、漏税和抗税。

8.3.2 纳税筹划方法简介

应纳税款的计算取决于纳税基础和适用税率:

$$应纳税款 = 税基 \times 适用税率$$

可见,需要通过事先的安排,控制或削减税基、选择低税率,或者,直接利用税收优惠政策,实现减税、免税、退税或加计扣除。

1) 削减税基节税

削减税基是通过减少征税对象总额来达到少纳税的目的,如通过价格、费用、成本的转移,实现利润的转移,从而减少税基,少交税款。包括分包袱、削山头、填窟窿等具体方法。

(1) 分包袱。减少税基的方法很多,如通过分拆公司、新设公司、购买亏损公司等,减少应税基础,实现节税之目的。

【例8-1】如某零售企业,预计年销售额140万元,会计核算制度比较健全,符合一般纳税人的条件,适用增值税率17%,凭合法抵扣凭证可抵扣进项税额16万元,如以一般纳税人申报纳税,则应交增值税7.8万元(140×17%−16=7.8);如将现有公司分拆或新设子公司,将现有销售额分摊出去,按照小规模纳税人申报增值税,则只需要缴纳增值税4.2万元(140×3%=4.2),两相比较,可以节税额3.6万元。

(2) 削山头。个人所得税目前采用超额累进税率,即超过一定额度,税率会增加,所以,对于个人的工资和薪金、劳务报酬以及稿酬等综合所得可以通过"削山头"的方法进行纳税筹划,将高收入月份的收入调整到低收入月份发放,拉平各月收入,适用低税率,减少总体税负。以个人所得税为例,目前个人所得税适用3%到45%的7级超额累进税率,起征点为每年6万元(每月5 000元),年终奖可按12个月平均后确定税率计算(年终一次性奖金发放没有起征点)(见表8-2)。

表8-2 个人所得税税率表(按月计算)

序号	税收级距(起征点以上)	税率	速算扣除数
1	$0 < X \leqslant 3\,000$	3%	0
2	$3\,000 < X \leqslant 12\,000$	10%	210
3	$12\,000 < X \leqslant 25\,000$	20%	1 410
4	$25\,000 < X \leqslant 35\,000$	25%	2 660
5	$35\,000 < X \leqslant 55\,000$	30%	4 410
6	$55\,000 < X \leqslant 80\,000$	35%	7 160
7	$> 80\,000$	45%	15 160

【例8-2】某公司高管年薪660 000元,应设计怎样的工资方案,才能达到最好的节税效果?根据该高管的情况,比较下列三个税务筹划方案可知,方案C只需要缴纳46 670元,节税效果最好[①]。

方案A:每月50 000元,年终奖60 000元

全年应交税额=[(50 000-5 000)×30%-4 410]×12+[(60 000÷12)×10%-210]
=145 080+290=145 370(元)

方案B:每月40 000元,年终奖180 000元

全年应交税额=[(40 000-5 000)×25%-2 660]×12+[(180 000÷12)×20%-1 410]
=73 080+1 590=74 670(元)

方案C:每月30 000元,年终奖300 000元

应交税额=[(30 000-5 000)×20%-1 410]×12+[(300 000÷12)×20%-1 410]
=43 080+3 590=46 670(元)

(3)填窟窿。根据规定,纳税人发生年度亏损的,可以用下一纳税年度的所得弥补;下一纳税年度的所得不足弥补的,可以逐年延续弥补,但是延续弥补期最长不得超过五年。公司可以充分利用这项规定进行税务筹划,即在集团公司内部,通过将盈利公司的利润转移到亏损公司,可以实现集团公司总体税负最低化目标。

【例8-3】A公司与B公司同属于一个企业集团下的子公司,A公司本年度亏损1 300万元,B公司盈利4 200万元,此时,可以通过转移利润方法,将B公司的部分利润转移到A公

[①] 有关全年一次性奖金发放可以按照除以12以后的商数来确定对应税率计算个人所得税的规定,目前的政策是延续到2021年12月31日。

司,整个集团公司的总体税负会大大降低。

如果 B 公司将 1 300 万元的利润通过转移到 A 公司:

转让利润前的集团总体税负 4 200×25%＝1 050(万元)

转让利润后的集团总体税负(4 200－1 300)×25%＝725(万元)

转让利润前后集团税负差异 325(万元)

2) 选择低税率节税

国家根据产业政策或区域经济发展的需要,往往会对部分重点或优先发展的产业或部分地区(如民族区域自治地区、经济特区等)给予低税率的优惠政策,从世界范围看,有些国家为了促进本国经济发展采取各种吸引外资的政策,低税率就是其吸引外资的政策选择之一,这就形成了不同地区(或国家)、不同行业的税率差异,也为公司的税务筹划提供了可行的通道。

公司可以通过在低税率地区(行业、国家)设立母公司或子公司,通过各种转移利润的方法将利润由高税率地区(行业、国家)转移到税率地区(行业、国家),实现集团公司总体税负的降低。转移利润的方法很多,其中最常用的方法有转让定价法、成本计算法、费用转移法等。

世界上有很多著名的避税天堂,如英属开曼群岛、英属维尔京群岛、百慕大群岛、巴拿马、卢森堡等。WTC(World Trade Center)、RAI(国际会展中心)、飞利浦、ING、荷兰银行、可口可乐、阿迪达斯、耐克等等,这些世界级的大公司,都在避税港设立"纸公司"(paper company)的方式存在着。百度、中国移动、网易、优酷等也在英属维尔京群岛注册公司。

凡符合以下条件的国家或地区,即为避税港:①不征税或税率很低,特别是所得税和资本利得税;②实行僵硬的银行或商务保密法,为当事人保密,不得通融;③外汇开放,资金来去自由;④拒绝与外国税务当局进行合作;⑤不签定税收协定或只有很少的税收协定;⑥非常便利的金融、交通和信息中心。

通过在避税港设立公司,可以享受当地的税收优惠,是跨国公司最常用的避税方法。

【例 8-4】美国伊思雅跨国公司,在避税地百慕大设立了一个伊美子公司。伊思雅公司向英国出售一批货物,销售收入 2 000 万美元,销售成本 800 万美元,美国所得税税率 30%。伊思雅公司将此笔交易获得的收入转到百慕大公司的账上。因百慕大没有所得税,此项收入无须纳税。按照正常交易原则,伊思雅公司在美国应纳公司所得税为:(2 000－800)×30%＝360(万美元),伊思雅公司通过"虚设避税地营业",规避了纳税义务。

3) 利用税收优惠政策节税

税收优惠政策除了低税率外,还有免税、减税、退税和加减计算等多种方式。

(1) 地区税收优惠政策。早期的 5 个经济特区和浦东新区,大连、青岛、宁波、广州、北海等 16 个沿海开放城市,长三角、珠三角、闽南金三角、辽东半岛、山东半岛、环渤海地区,5 个(芜湖、九江、岳阳、武汉和重庆)长江沿岸城市、东北西南和西北地区 13 个边境市县、11 个内陆地区省会(首府)城市实行沿海开放城市的政策。天津滨海新区、成渝、长株潭等综合改革试验区,各地的开发区、保税区、出口加工区、西部大开发、民族自治区等,此后的一路一带、广东横琴新区、福建平潭综合试验区、深圳前海深港现代服务业合作区等。国家都提供了不同程度的税收优惠政策。

（2）产业税收优惠政策。早期的"三资"企业，目前的高新技术企业、软件企业、农业企业、现代服务业、环保与节能节水项目、重点扶持的公共基础设施投资项目等。

（3）所得税减免政策。①经济特区及浦东新区新设高新企业所得税2免3减半。②我国境内新办软件生产及集成电路设计与生产（生产线宽小于0.8微米——含）企业的企业所得税2免3减半。③下列从资本市场取得的收入暂不征收企业所得税：证券投资基金从证券市场中取得的收入、投资者从证券投资基金分配中取得的收入、证券投资基金管理人运用基金买卖股票及债券的差价收入。④部分行业及企业税收优惠政策，小微企业、就业、社会公益（如老年服务机构等）、校办企业、涉农和国家储备等优惠政策。

（4）减计收入与加计费用。①企业综合利用资源，生产符合国家产业政策规定的产品所取得的收入，在计算应纳税所得额时减按90%计入收入总额。②研究开发费，企业为开发新技术、新产品、新工艺发生的研究开发费用，未形成无形资产计入当期损益的，在据实扣除的基础上，按照研究开发费用的50%加计扣除；形成无形资产的，按照无形资产成本的150%摊销。③安置残疾人员支付的工资，企业安置残疾人员的，在支付给残疾职工工资据实扣除的基础上，再按照支付给残疾职工工资的100%加计扣除。

8.3.3 增值税纳税筹划

增值税的筹划方法很多，现简单介绍变混合销售为兼营销售的筹划方法。

一项销售行为如果既涉及货物又涉及服务，为混合销售行为，如销售电梯同时负责电梯的安装；如果某公司的经营范围既包括销售货物，又包括提供服务，公司对货物销售和服务分别核算，则属于兼营销售，如邮政公司提供邮政服务，还销售集邮商品，就是兼营销售。

根据规定，混合销售按照销售货物征收增值税，兼营销售则需要分别销售货物和服务来征收增值税。

【例8-5】 某公司是从事钢结构生产安装和建筑施工的增值税一般纳税人，具有钢结构设计、生产、安装和建筑承包四项资质。钢结构工程业务为其主业，营业收入占比大于公司全部业务的50%。2016年10月承接了某大厦钢结构建筑工程，其中，设计服务1 200万元，钢结构销售8 000万元、建筑安装施工6 500万元。在不考虑发生的增值税进项税的抵扣的情况下，确定公司的应交增值税（只计算销项税额）。

如果与发包方签订了一份总承包合同，在合同中列明设计、销售和建筑安装的具体金额，此时，按照规定是属于混合销售合同，按17%计算增值税的销项税额：

$$增值税销项税额 = (8\,000 + 1\,200 + 6\,500) \times 17\% = 2\,669(万元)$$

以纳税筹划视角，此项工程应转化为兼营销售，公司与发包方分别签订设计、销售和建筑安装三项合同，并分别结算。这样可以按照不同业务适用不同的税率计算增值税，其中，设计服务适用现代服务业税率6%，钢结构销售按货物销售17%税率征收，建筑安装按从事建筑服务11%税率征收，纳税筹划后的增值税是：

$$增值税销项税额 = 8\,000 \times 17\% + 1\,200 \times 6\% + 6\,500 \times 11\% = 2\,147(万元)$$

节税率约 20% $\left(\dfrac{2\,669-2\,147}{2\,669}\times 100\%\approx 19.56\%\right)$。

8.3.4 所得税纳税筹划

利用税收优惠政策进行税务筹划是所得税筹划的主要方式。

1）利用转让定价节税

关联公司①之间往往采用转让定价的方转将利润从高税率公司转移到低利率公司，实现节税，具体有：

(1) 关联公司之间通过调整商品交易定价，调高或调低收入，转移利润。
(2) 关联公司之间通过调整往来款项或借贷资金利息的方式，转移利润。
(3) 关联公司之间通过调整劳务成本的方式，转移利润。
(4) 关联公司之间通过调整有形资产的转让或使用价格，转移利润。
(5) 关联公司之间通过调整无形资产的转移和使用价格，转移利润。

【例 8-6】 某公司所在地区的企业所得税税率为 25%，公司所在行业属于《西部地区鼓励类产业目录》范围，公司在西部大开发地区设立子公司，以享受 15% 的所得税税收优惠政策。2015 年，母公司通过转让定价的方式，将 8 500 万元利润转移到西部子公司，实现了集团公司 850[8 500×(25%−15%)]万元的总体税负节税额。

2）利用基金分红节税

财政部、国家税务总局《关于企业所得税若干优惠政策的通知》(财税〔2008〕1 号)规定，"对投资者从证券投资基金分配中取得的收入，暂不征收企业所得税"，公司可以充分利用该条款进行合理避税。

【例 8-7】 某公司适用 25% 企业所得税，本年度实现利润为 820 万元，应缴纳所得税为 205 万元(820×25%)，税后利润为 615 万元(820−205)。财会人员利用基金分红暂免所得税的规定，进行税务筹划：

(1) 11 月 29 日以每份 1.83 的价格购入某基金 800 万份，并按照 2‰ 支付交易手续费，共花费 1 466.928 万元。

(2) 11 月 30 日股权登记，每 10 份基金份额派现 8.3 元，可分得红利 664 万元。

(3) 12 月 1 日，基金除息后每份价格 1 元，公司当即卖出，收回 800 万元投资，另支付 2‰ 手续费 1.6 万元。公司基金投资损失 668.528 万元(=1 466.928−800+1.6)。

(4) 公司当年应交所得税=(820−668.528)×25%=37.868(万元)。

(5) 实现节税=205−37.868=167.132(万元)，节税率 81.53% $\left(\dfrac{167.132}{205}\times 100\%\right)$。

通过税务筹划后，公司税后利润为 777.604 万元(820−668.528−37.868+664)，比筹划前 615 万元多出 162.604 万元，增加 26.44%，效果显著。

---

① 两个或多个企业在资金、经营、购销等方面存在直接或者间接的拥有或者控制关系，或者直接或者间接地同另一家公司所拥有或者控制，或者存在其他的利益关系，称为关联企业。

 讨论与练习

1. 星巴克和苹果公司都是国际避税的明星,阅读下列苹果公司国际避税的架构设计,并请分组查询整理并讨论星巴克公司的避税方法。

【阅读材料8-1】苹果公司:避税天才

苹果公司不仅是开发产品的天才、创新商业模式的天才,更是避税的天才。

2012财年,苹果以557.6亿美元的全年税前收入,仅缴纳了140亿美元税款。其中,122.6亿美元支付美国联邦税,10.6亿支付美国的各州州税,支付海外税款的仅7.1亿美元;综合计算,总税率仅为22%,远低于35%的联邦税率。

美国税法规定,公司在海外投资如果不汇回美国,则不需要在美国纳税。苹果正是利用了这一税法漏洞以及海外不同国家之间的税法差异,完成了避税魔术。

苹果海外避税魔术被戏称作"双层爱尔兰荷兰三明治",因为其手法主要是通过两家爱尔兰子公司和一家荷兰子公司来达到避税目的,其避税结构酷似用两片面包(两家爱尔兰子公司)夹着一片午餐肉(一家荷兰子公司)的三明治。

(1) 三明治的"第一片面包"——苹果在爱尔兰设立的国际销售公司(爱尔兰销售公司),负责接收除了美国地区的所有销售收入。

选择在爱尔兰设立销售公司,主要原因有两个,一是爱尔兰的企业所得税非常低,只有12.5%,远低于美国和其他欧盟国家;二是爱尔兰属于欧盟成员国,欧盟成员国公司之间的交易,免缴所得税。

(2) "第二片面包"——苹果公司在爱尔兰开设的国际运营公司(该公司的总部设在"避税天堂"——加勒比群岛),负责接收除美国以外的利润,并转移到避税天堂。

(3) 三明治中间夹着的"午餐肉"——苹果在荷兰设立欧洲运营公司,负责接受来自爱尔兰销售公司的利润(知识产权使用费),并将其转到爱尔兰运营公司。

(4) 三明治中间的"黄油"——知识产权,黄油抹在三明治上,让它吃起来更加香喷喷。

(5) 如何将来自销售公司的销售利润转移避税天堂呢?苹果公司的做法是这样的:

首先选择了一种看不见摸不着但又很值钱的交易品来充当转移收入的媒介——知识产权。苹果公司将其所拥有的知识产权许可给爱尔兰的苹果国际运营公司("第二片面包"),爱尔兰国际运营公司再将其许可给荷兰的苹果欧洲运营公司("午餐肉"),荷兰的欧洲运营公司("午餐肉")再许可给爱尔兰的苹果销售公司("第一片面包")。

当一个苹果客户在比如iTune市场上点击购买一首歌或一个软件的时候,购买费就进入了爱尔兰苹果销售公司("第一片面包"),随后爱尔兰苹果销售公司("第一片面包")就将购买费当中的许可费支付到荷兰的苹果欧洲运营公司("午餐肉"),由于第一片面包与午餐肉属于欧盟成员国之间的企业,免缴企业所得税,"第一片面包"就其支付到"午餐肉"的许可费可以获得税收减免,免征爱尔兰12.5%的企业所得税。

其次轮到"午餐肉"荷兰运营公司向"第二片面包"爱尔兰运营公司缴纳许可费了。根据荷兰税法规定,以公司注册地来认定公司国籍,所以组成三明治的"第一片面包""第二片面包"和"午餐肉"在荷兰都被认定为是欧盟公司,而欧盟成员国公司之间的资金转移,免缴预提所得税,所以"午餐肉"荷兰运营公司就可以顺利地将许可费(利润)转移到"第二片面包"爱尔兰运营公司,只需要在荷兰缴纳企业所得税。

最后,如何将利润从爱尔兰运营公司(第二片面包)转移到避税天堂呢?根据爱尔兰独特的税法,在爱尔兰注册公司,只要其母公司或总部设在外国,就被认定为外国公司,所以爱尔兰运营公司是爱尔兰的外国公司,把收入汇到总部不需要向爱尔兰缴税,于是苹果的海外利润就通过爱尔兰运营公司顺利地转入设在加勒比群岛的总部,钱一旦进入避税天堂,就无法再被任何监管机构监控。

如此一来,苹果公司海外销售利润通过知识产权许可费的方式从"第一片面包"顺利通过"午餐肉"转到"第二片面包",最后转到"第二片面包"的总部所在地——"避税天堂"加勒比群岛。在整个收入转移过程中,苹果只需要缴纳荷兰低廉的交易税和部分爱尔兰低廉的所得税。

苹果公司的"三明治"在众多国际大公司(特别是在高科技企业)中引领了"人人爱吃三明治"的潮流,并且效果显著。因为高科技公司的主要收入往往都不是有形产品的销售,更多的是专利授权等无形资产销售。而这些知识产权产品可以成为转移公司收入、避免高额税收的香喷喷的避税"三明治"佐料。

"人人爱吃三明治"的现象显然已经引起美国和欧盟顶层的关注,并启动了新一轮针对跨国公司的反避税调查。

(根据网络资料整理)

2. 了解避税与反避税。

【阅读材料 8-2】陈发树避税 13 个亿,引发国税总局对限售股征个税

1) 事件

紫金矿业 2008 年上市,2009 年陈发树减持 33 亿元,税负为零。

2) 背景:2009 年之前的税收政策

对于个人减持股票,在二级市场转让股票暂免征收个税。

对于个人减持股权,按"财产转让所得"项目征收 20% 个税。

而对于企业减持股权/股票,没有区别,纳入应税所得按 25% 征收企业所得税,企业再将利润税后分红给个人,还要按 20% 代扣代缴个税。就是共要交 40% 的税!

用企业间接持股,减持时要交 40% 的税;而用个人直接持股,分文不交。

企业持股和个人持股,税率差异巨大,存在套利空间。

3) 陈发树的操作过程

紫金矿业上市前,2007 年 2 月,陈发树将其中 2 家公司将所持股份 3.6 亿股(陈发树所占比例部分),全部以 0.1 元/股转让给自己。

2008 年 4 月,紫金矿业在 A 股上市,发行价为 7.13 元/股,限售期 1 年。

2009 年 4 月,陈发树所持 3.6 亿股解禁流通,当日最低价 9.18 元/股。

自解禁日至财税〔2009〕167 号文生效之日,陈发树已将 3.6 亿股减持完毕(其实不止,他还减持了另外方式持股部分),按 9.18 元/股粗算,套现 33 亿,忽略成本。33 亿元全部落袋,没有任何所得税负!

而如果陈发树当时未将股票转到个人名下,他需纳税 13 个亿,最终收益只有 20 个亿。

4) 税局急发文,个人卖出限售股要征 20% 的税

2010 年 1 月 1 日起,财政部、国税总和证监会联合发布的财税〔2009〕167 号文开始实施,对限售股开始征收 20% 个人所得税。

陈发树避税模式终于此时。

(资料来源:搜狐网 sohu.com;陈发树:8 年避税 13 个亿,引发国税总局对限售股征个税)

【阅读材料 8-3】 深圳市国税局查结巨额"转让定价"避税案

近年来,随着中国逐渐成为"世界工厂",各种国际避税现象也随之进入中国。尤其在外贸出口连续 19 年居全国第一的深圳,反避税工作正成为深圳税务部门的一项重要职责。近日,记者就从深圳市国税局获悉,日前该局因成功完成了对全球 500 强集团在深圳投资的某科技公司的"转让定价"审计工作,追缴 1 亿多元税款而获得国家税务总局的表彰。为了全面了解这起深圳市国税局成立以来涉案金额最大的反避税案件的始末,记者特地采访了参与此案的深圳市国税局反避税调查组的工作人员,听他们详细介绍了历时一年半的斗智斗勇办案历程。

1) 世界 500 强玩避税"花招"

在国际法上,税权就是税收管辖权,它被公认为国家主权的重要组成部分。但为追求更高的净利润,不少企业往往采取各种"花招"来避税,挑战我国税权,其中不乏世界知名企业。

据深圳市国税局国际税务管理处刘政勇、林蔚等介绍,该起大案的线索源于涉案企业营业利润的突然大幅减少。据调查资料显示,该世界 500 强设在深圳的某科技公司成立于 2005 年。成立之后,该公司主营业务收入在第二年便突破 100 亿元,营业利润也达 2 亿多元。然而,在刚过三年免税期后,该公司却于 2008 年将企业经营模式由进料加工生产模式转变为来料加工模式,将销售收入改为加工费收入。随之,该公司的主营业务收入也发生急剧下降,同时营业利润也大幅减少,据测算甚至严重影响了当年度深圳的 GDP 水平。

"2010 年初,刚接到该企业涉案材料时,考虑到该企业是世界 500 强下属企业,并且案值大,企业内部有成百上千经验丰富的财税专业人士,背后还有全球四大会计师事务所等全球顶级财税专家支撑,反避税调查组成员的压力非常大。"反避税调查组工作人员坦言道,但深圳市国税局并没因此退却。相反,该局领导高度重视此案,主管反避税工作的陈捷副局长更明确指示反避税调查组,把握"抓住重点、坚持原则、有理有据"的办案原则,大胆办案。

在排除了一切顾虑之后,反避税调查组便组织精干力量,日夜兼程地投入了该案件的立案调查工作,并迅速通过各种渠道调取了该公司的有关统计数据进行前期分析。通过案头分析,反避税调查组发现,该公司在 2008 年将进料加工生产模式转变成来料加工后,2008 年度主营业务收入便由 2007 年的过百亿元急剧下降到 3 亿多元,利润骤减为 2 000 多万元,此后两年均如此。

然而令人蹊跷的是,该公司的生产经营规模却在进一步扩大,人员也在增加,生产环节也没什么变化,唯一改变的是不再承担原材料采购功能。同时,相关资料还显示,该公司在刚进入企业所得税减半征收期即开始进行重大变革,使应纳税所得额巨减,具有明显的避税嫌疑。

"鉴于该企业涉案金额巨大,又是世界500强企业,我们便将立案报告上报了国家税务总局,并在2010年7月批准立案。"该反避税调查组工作人员说。

2) 反避税调查组巧避"陷阱"

得到国家税务总局的批复后,深圳市国税局的反避税调查组便在陈捷副局长和国际税务管理处王铭远处长的带领下,迅速投入了紧张的案件调查和分析工作中。

据刘政勇、林蔚介绍,反避税调查组一方面严谨细致的进行了案头审计,分析该公司的财务指标、关联交易情况、获利能力等相关信息数据;另一方面深入生产、管理的现场,询问企业各部门的相关人员,判断企业所承担的职能风险。同时,还到深圳海关等有关职能部门收集该公司商品进出口的信息资料;并通过互联网络查询行业信息,对深圳周边同行业企业进行走访调查,了解市场状况,进行可比分析。

"为了怕打草惊蛇,我们不少工作者都是隐秘进行。"该反避税调查组工作人员介绍道,通过近一个月细致、严谨地调查分析和案头审计,反避税调查组得出该公司存在利用"转让定价"避税的判断。在此基础上,反避税调查组开始与该公司正面接触。

"刚开始,该公司仅派出财务人员出面应对。"该反避税调查组工作人员介绍说,但随着反避税调查组调查的深入,该公司不仅派出亚太区税务总监,并邀请了来自全球四大会计师事务所的转让定价专家及资深ACCA(特许公认会计师公会)专家助阵。

不过,反避税调查组工作人员就表示,面对如此强大的对手,反避税调查组的成员并没有胆怯,更没有退缩,相反还激发更高昂的斗志。为了取得最终的胜利,反避税组成员白天在企业调取财务成本数据,晚上或休息日则抽时间不断进行该公司行业知识及成本数据分析,查找相关资料,分析案情,挖掘证据。

据反避税调查组工作人员介绍,该公司来自亚太区的税务总监虚晃一枪,借用复杂的数学模型来偷换概念。该税务总监企图采用以资产负债表项目为基础的投资资本回报率(ROIC)作为企业的利润水平指标,从而避免采用损益表类利润水平指标时需调整合约制造商与来料加工商之间存在的成本差异,进而将反避税调查组的思路引入他们预想的"陷阱"——将2008~2010年三年的关联交易额限定在不过2~3亿元加工服务费这颗"小芝麻"范围内。为了误导反避税调查组,该税务总监甚至大方地表示可以将加工服务费的利润率指标提高到超常水平,并先后拿出两套调整加工服务费利润率的方案。但反避税调查组并没有踏入对方布置的"陷阱",而是以静制动:一方面与对方不断周旋;另一方面则加紧收集资料和整理数据,为攻克对方最后的"堡垒"作充分准备。

3) 历时一年获突破

据反避税调查组工作人员介绍,为了让对方"转变思维方向",反避税调查组成员在人手有限的情况下,加班加点地进行更深入的现场审计和调查取证。

为了拿出该公司避税的"铁证"反避税调查组花了半年时间全面审查了该公司2005年至2010年的全部会计账册、凭证、公司内部文件和其他资料,调取了与其关联交易相关的境外合同、财务报告等资料。从堆积如山的账册中查找有利的证据,掌握第一手资料。

据介绍,反避税调查组通过整理该公司材料采购的各年明细账,把该公司各项产品的成本构成分门别类归结出来后,发现该公司生产的产品中工人工资、制造费用、原材料的比重在80%～90%之间,从而证实该公司的生产管理水平较高,生产效率和生产能力较强。同时,反避税调查组还深入该企业察看了实际生产经营情况,根据该公司组织机构的设置,及对其生产经营主要负责人及相关部门经理的询问,摸清企业的实际的功能和风险。

"通过实地取证与调查分析,反避税调查组全面掌握该公司避税的确凿证据。"反避税调查组工作人员介绍,调查资料显示该公司2008年以前基本属于OEM型企业,具备OEM加工企业的特征。2008年之后,该公司只是在ERP系统上将采购订单流程中的采购订单指令方权限上移到亚太区总部。该公司不再承担采购原材料的职能,其他生产功能并没有减弱。另外,反避税调查组通过分析该公司与其境外关联公司签订的来料加工劳务总合同,发现该合同中没有具体定价方法,也没有明细能说明来料定价的合理性。而来自深圳海关的证据也显示,该公司从开业以来,其从海关进口的原材料及从海关出口的产品,无论是数量、品种、及金额都是处于不断巨量增长的趋势,企业的生产也蒸蒸日上。

"由此我们非常明确该公司2008年至2010年在为其关联公司提供来料加工业务时,收取的加工劳务费明显偏低,存在转让定价避税问题。"反避税调查组工作人员透露,深圳国税局国际处处长王铭远及反避税工作人员在一次正面交锋中当面阐述该案件的重要性,并否决了该公司代表提出的"仅调整加工服务费"的方案,提出必须进行原材料还原销售收入后再调整应税额。该局副局长陈捷也坚定地表明了该局的原则:不可能因为企业一个小小的功能改变就把销售收入百倍缩小,把大量利润转移到国外,该留在中国的税收一定要留下来。

鉴于在公开的数据库中很难找寻一组来料加工商做可比企业,反避税调查组便提出将来料加工劳务收入用原材料成本进行还原,计算出商品销售收入,再与功能风险较为接近的合约制造商进行可比分析,从而找寻公司合理的获利能力和利润水平,推算出该公司应收取的合理的加工劳务收入。"有了上级的强有力支持,在反避税工作人员大量的事实证据和充分的法律依据面前,该公司的相关人员终于心服口服。并同意反避税调查组提出把原材料按照100%还原销售收入的核算方式。案件也因此取得了重大突破。"该工作人员介绍道。至此,该案件已经开展近一年了。

4)上下配合追回超亿元税款

随着案情的不断明朗,案件结案似乎水到渠成。不过,该工作人员就表示,更艰巨的工作才刚开始。该公司改变经营模式后,劳务收入成为主营业务收入,在公开的信息库中较难找到一组相似可比的企业;如将劳务收入直接换算成产品销售收入,再找寻可比企业,计算极为复杂,且难以精准。因此,找寻可比企业和选择调整方法,如何选取最合适的利润水平指标?又成为摆在反避税调查组面前的一大难题。

据介绍,在调查最艰难的过程中,特别是在调整方案的确定上,深圳市国税局多次向国家税务总局请示,并得到了国家税务总局国际司的大力支持。国家税务总局的支持,更加坚定了调查组人员的信心,从一定程度上促进了这一高金额、高难度的转让定价案件顺利完成。

相关工作人员告诉记者,由于此案在国内尚无先例,没有成功的模式可以借鉴,反避税调查组只能借鉴国际通行的做法,通过国际上通用的数据库之一——BVD数据库,并结合该企业的职能风险分析来找寻可比企业。采用净利润法,以息税前完全成本加成率作为利润指标,按可比企业中位值利润率计算出该企业2008～2010年的目标利润,再对其来料加工劳务收入进行调整。功夫不负有心人,经过大量、复杂的统计计算后,最终确认调增该企业应纳税所得额7.33亿元,补缴企业所得税1.01亿元,并相应加收利息700多万元,合计1.08亿元。终于在2011年底,该集团公司认可了深圳市国税局的调整方案及补税决定。该笔巨额税款及利息也随即入库。

另外,根据《特别纳税调整实施办法(试行)》第四十五条的规定,深圳市国税局还将对该公司进行5年的反避税跟踪管理,预计从2011年至2015年增收企业所得税3亿元。至此,这宗深圳市国税局成立以来涉案金额最大的反避税案,在历时一年半的艰苦调查和激烈交锋后,最终圆满结案。

深圳市国税局局长刘军在2012年全市国税工作会议上对该案做了高度评价,称该案为深圳国税局迄今为止补税金额最大的一起转让定价案例。

据记者了解,鉴于该案件对全国来料加工企业开展反避税调查的突破,有效地遏制来料加工企业的避税问题。同时,此次反避税调查无论是在调整力度、调整方法和调整金额上皆属全国前列,该案的成功也进一步促进了全国来料加工行业转让定价调查工作的规范统一。近日,国家税务总局专门发函,对为此案做出了贡献的深圳市国税局及其相关工作人员表彰,并计划将此案作为全国来料加工行业转让定价的经典案件予以介绍。

采访中,深圳市国税局副局长陈捷提到,跨国公司的避税行为,不仅侵犯了我国的税收主权,减少了我国税收收入,同时还破坏了公平竞争的市场环境,在一定程度上扰乱了我国正常经济秩序。跨国公司通过各种日趋复杂的避税方式和手段,将利润转移至中国境外,使其在我国的实际税负低于正常水平,在获取税收利益的同时,还得到了不正当的竞争优势,使那些诚实守信的纳税人处于不利地位。特别是我国的中小企业,它们大多处于竞争性领域,与跨国公司相比,在资金、技术等方面已经存在相当大的差距,跨国公司通过避税获取了不正当的利益,又导致这种差距进一步加大,使得我国的中小企业难以与跨国公司相竞争。跨国公司的避税行为也会带来不良的示范效应,导致其他企业的税收遵从度降低。此外,跨国公司还利用这种不正当的竞争优势,将其产品以较低的价格从中国生产基地出口至境外,导致中国经常蒙受"倾销"的骂名;与此同时,跨国公司还将具有价格优势的产品返销至中国,抢占和垄断中国市场,冲击甚至挤垮我国的民族企业,真可谓"一石多鸟"。

说到当前反避税工作的形式,深圳市国税局副局长陈捷深有体会。他说,针对跨国公司的避税行为,国家近几年加大了打击力度,但跨国公司的避税问题依然较为严重。以深圳国税为例,2010年汇算清缴数据显示,国税管辖范围内的外资企业亏损面达到46.93%,接近一半。为了有效打击避税行为,深圳国税作了大量的工作和努力,但随着反避税工作的不断深入,四大难题制约着反避税工作的发展。一是专业人才相对缺乏。相对于复杂的反避税工作形势,深圳国税系统反避税工作队伍仍有待加强,大部分基层反避税专职人员的专业技能和反避税手段有待提高。在美国11万联邦税务人员中,有数百人专门从事反避税工作,同时还有一支精锐的税务警察队伍,能够像打击偷税一样打击避税行为。二是信息化程度有待提高。反避税工作除了专业性强以外,还有一个重要特点,就是需要获取、分析大量的数据,这需要现代化的信息技术来支撑,而我们的信息化建设还不能完全适应反避税工作的需要,现有数据库的质量和覆盖面还十分有限。三是部门联动机制有待完善。反避税的落脚点是税收问题,但其实质是个经济问题。打击避税行为,尤其需要其他经济职能部门,如商贸、海关、外管、发改委等,还有一些行业协会、民间经济组织等的支援。四是激励手段有待丰富。一个反避税人才培养需要5年以上的时间,因此除了培养人才之外,留住人才也十分重要。目前税务系统人才激励手段相对单一,激励不足导致了部分专业人才的流失。

(资料来源:深圳市国家税务局)

附表一：一元复利现值系数表

n, i	1%	2%	3%	4%	5%	6%	8%	10%	12%	14%	15%	16%	18%	20%	25%	30%	35%	40%	50%
1	0.99	0.98	0.97	0.961	0.952	0.943	0.925	0.909	0.892	0.877	0.869	0.862	0.847	0.833	0.8	0.769	0.74	0.714	0.666
2	0.98	0.961	0.942	0.924	0.907	0.889	0.857	0.826	0.797	0.769	0.756	0.743	0.718	0.694	0.64	0.591	0.548	0.51	0.444
3	0.97	0.942	0.915	0.888	0.863	0.839	0.793	0.751	0.711	0.674	0.657	0.64	0.608	0.578	0.512	0.455	0.406	0.364	0.296
4	0.96	0.923	0.888	0.854	0.822	0.792	0.735	0.683	0.635	0.592	0.571	0.552	0.515	0.482	0.409	0.35	0.301	0.26	0.197
5	0.951	0.905	0.862	0.821	0.783	0.747	0.68	0.62	0.567	0.519	0.497	0.476	0.437	0.401	0.327	0.269	0.223	0.185	0.131
6	0.942	0.887	0.837	0.79	0.746	0.704	0.63	0.564	0.506	0.455	0.432	0.41	0.37	0.334	0.262	0.207	0.165	0.132	0.087
7	0.932	0.87	0.813	0.759	0.71	0.665	0.583	0.513	0.452	0.399	0.375	0.353	0.313	0.279	0.209	0.159	0.122	0.094	0.058
8	0.923	0.853	0.789	0.73	0.676	0.627	0.54	0.466	0.403	0.35	0.326	0.305	0.266	0.232	0.167	0.122	0.09	0.067	0.039
9	0.914	0.836	0.766	0.702	0.644	0.591	0.5	0.424	0.36	0.307	0.284	0.262	0.225	0.193	0.134	0.094	0.067	0.048	0.026
10	0.905	0.82	0.744	0.675	0.613	0.558	0.463	0.385	0.321	0.269	0.247	0.226	0.191	0.161	0.107	0.072	0.049	0.034	0.017
11	0.896	0.804	0.722	0.649	0.584	0.526	0.428	0.35	0.287	0.236	0.214	0.195	0.161	0.134	0.085	0.055	0.036	0.024	0.011
12	0.887	0.788	0.701	0.624	0.556	0.496	0.397	0.318	0.256	0.207	0.186	0.168	0.137	0.112	0.068	0.042	0.027	0.017	0.007
13	0.878	0.773	0.68	0.6	0.53	0.468	0.367	0.289	0.229	0.182	0.162	0.145	0.116	0.093	0.054	0.033	0.02	0.012	0.005
14	0.869	0.757	0.661	0.577	0.505	0.442	0.34	0.263	0.204	0.159	0.141	0.125	0.098	0.077	0.043	0.025	0.014	0.008	0.003
15	0.861	0.743	0.641	0.555	0.481	0.417	0.315	0.239	0.182	0.14	0.122	0.107	0.083	0.064	0.035	0.019	0.011	0.006	0.002

(续表)

n·i	1%	2%	3%	4%	5%	6%	8%	10%	12%	14%	15%	16%	18%	20%	25%	30%	35%	40%	50%
16	0.852	0.728	0.623	0.533	0.458	0.393	0.291	0.217	0.163	0.122	0.106	0.093	0.07	0.054	0.028	0.015	0.008	0.004	0.001
17	0.844	0.714	0.605	0.513	0.436	0.371	0.27	0.197	0.145	0.107	0.092	0.08	0.059	0.045	0.022	0.011	0.006	0.003	0.001
18	0.836	0.7	0.587	0.493	0.415	0.35	0.25	0.179	0.13	0.094	0.08	0.069	0.05	0.037	0.018	0.008	0.004	0.002	0
19	0.827	0.686	0.57	0.474	0.395	0.33	0.231	0.163	0.116	0.082	0.07	0.059	0.043	0.031	0.014	0.006	0.003	0.001	0
20	0.819	0.672	0.553	0.456	0.376	0.311	0.214	0.148	0.103	0.072	0.061	0.051	0.036	0.026	0.011	0.005	0.002	0.001	0
21	0.811	0.659	0.537	0.438	0.358	0.294	0.198	0.135	0.092	0.063	0.053	0.044	0.03	0.021	0.009	0.004	0.001	0	0
22	0.803	0.646	0.521	0.421	0.341	0.277	0.183	0.122	0.082	0.055	0.046	0.038	0.026	0.018	0.007	0.003	0.001	0	0
23	0.795	0.634	0.506	0.405	0.325	0.261	0.17	0.111	0.073	0.049	0.04	0.032	0.022	0.015	0.005	0.002	0.001	0	0
24	0.787	0.621	0.491	0.39	0.31	0.246	0.157	0.101	0.065	0.043	0.034	0.028	0.018	0.012	0.004	0.001	0	0	0
25	0.779	0.609	0.477	0.375	0.295	0.232	0.146	0.092	0.058	0.037	0.03	0.024	0.015	0.01	0.003	0.001	0	0	0
26	0.772	0.597	0.463	0.36	0.281	0.219	0.135	0.083	0.052	0.033	0.026	0.021	0.013	0.008	0.003	0.001	0	0	0
27	0.764	0.585	0.45	0.346	0.267	0.207	0.125	0.076	0.046	0.029	0.022	0.018	0.011	0.007	0.002	0.001	0	0	0
28	0.756	0.574	0.437	0.333	0.255	0.195	0.115	0.069	0.041	0.025	0.019	0.015	0.009	0.006	0.001	0	0	0	0
29	0.749	0.563	0.424	0.32	0.242	0.184	0.107	0.063	0.037	0.022	0.017	0.013	0.008	0.005	0.001	0	0	0	0
30	0.741	0.552	0.411	0.308	0.231	0.174	0.099	0.057	0.033	0.019	0.015	0.011	0.006	0.004	0.001	0	0	0	0

附表二：一元复利终值系数表

n, i	1%	2%	3%	4%	5%	6%	7%	8%	9%	10%	12%	14%	15%	16%	18%	20%	25%	30%
1	1.01	1.02	1.03	1.04	1.05	1.06	1.07	1.08	1.09	1.1	1.12	1.14	1.15	1.16	1.18	1.2	1.25	1.3
2	1.02	1.04	1.061	1.082	1.103	1.124	1.145	1.166	1.188	1.21	1.254	1.3	1.323	1.346	1.392	1.44	1.563	1.69
3	1.03	1.061	1.093	1.125	1.158	1.191	1.225	1.26	1.295	1.331	1.405	1.482	1.521	1.561	1.643	1.728	1.953	2.197
4	1.041	1.082	1.126	1.17	1.216	1.262	1.311	1.36	1.412	1.464	1.574	1.689	1.749	1.811	1.939	2.074	2.441	2.856
5	1.051	1.104	1.159	1.217	1.276	1.338	1.403	1.469	1.539	1.611	1.762	1.925	2.011	2.1	2.288	2.488	3.052	3.713
6	1.062	1.126	1.194	1.265	1.34	1.419	1.501	1.587	1.677	1.772	1.974	2.195	2.313	2.436	2.7	2.986	3.815	4.827
7	1.072	1.149	1.23	1.316	1.407	1.504	1.606	1.714	1.828	1.949	2.211	2.502	2.66	2.826	3.185	3.583	4.768	6.275
8	1.083	1.172	1.267	1.369	1.477	1.594	1.718	1.851	1.993	2.144	2.476	2.853	3.059	3.278	3.759	4.3	5.96	8.157
9	1.094	1.195	1.305	1.423	1.551	1.689	1.838	1.999	2.172	2.358	2.773	3.252	3.518	3.803	4.435	5.16	7.451	10.604
10	1.105	1.219	1.344	1.48	1.629	1.791	1.967	2.159	2.367	2.594	3.106	3.707	4.046	4.411	5.234	6.192	9.313	13.786
11	1.116	1.243	1.384	1.539	1.71	1.898	2.105	2.332	2.58	2.853	3.479	4.226	4.652	5.117	6.176	7.43	11.642	17.922
12	1.127	1.268	1.426	1.601	1.796	2.012	2.252	2.518	2.813	3.138	3.896	4.818	5.35	5.936	7.288	8.916	14.552	23.298
13	1.138	1.294	1.469	1.665	1.886	2.133	2.41	2.72	3.066	3.452	4.363	5.492	6.153	6.886	8.599	10.699	18.19	30.288
14	1.149	1.319	1.513	1.732	1.98	2.261	2.579	2.937	3.342	3.797	4.887	6.261	7.076	7.988	10.147	12.839	22.737	39.374
15	1.161	1.346	1.558	1.801	2.079	2.397	2.759	3.172	3.642	4.177	5.474	7.138	8.137	9.266	11.974	15.407	28.422	51.186

（续表）

n, i	1%	2%	3%	4%	5%	6%	7%	8%	9%	10%	12%	14%	15%	16%	18%	20%	25%	30%
16	1.173	1.373	1.605	1.873	2.183	2.54	2.952	3.426	3.97	4.595	6.13	8.137	9.358	10.748	14.129	18.488	35.527	66.542
17	1.184	1.4	1.653	1.948	2.292	2.693	3.159	3.7	4.328	5.054	6.866	9.276	10.761	12.468	16.672	22.186	44.409	86.504
18	1.196	1.428	1.702	2.026	2.407	2.854	3.38	3.996	4.717	5.56	7.69	10.575	12.375	14.463	19.673	26.623	55.511	112.455
19	1.208	1.457	1.754	2.107	2.527	3.026	3.617	4.316	5.142	6.116	8.613	12.056	14.232	16.777	23.214	31.948	69.389	146.192
20	1.22	1.486	1.806	2.191	2.653	3.207	3.87	4.661	5.604	6.727	9.646	13.743	16.367	19.461	27.393	38.338	86.736	190.05
21	1.232	1.516	1.86	2.279	2.786	3.4	4.141	5.034	6.109	7.4	10.804	15.668	18.822	22.574	32.324	46.005	108.42	247.065
22	1.245	1.546	1.916	2.37	2.925	3.604	4.43	5.437	6.659	8.14	12.1	17.861	21.645	26.186	38.142	55.206	135.525	321.184
23	1.257	1.577	1.974	2.465	3.072	3.82	4.741	5.871	7.258	8.954	13.552	20.362	24.891	30.376	45.008	66.247	169.407	417.539
24	1.27	1.608	2.033	2.563	3.225	4.049	5.072	6.341	7.911	9.85	15.179	23.212	28.625	35.236	53.109	79.497	211.758	542.801
25	1.282	1.641	2.094	2.666	3.386	4.292	5.427	6.848	8.623	10.835	17	26.462	32.919	40.874	62.669	95.396	264.698	705.641
26	1.295	1.673	2.157	2.772	3.556	4.549	5.807	7.396	9.399	11.918	19.04	30.167	37.857	47.414	73.949	114.475	330.872	917.333
27	1.308	1.707	2.221	2.883	3.733	4.822	6.214	7.988	10.245	13.11	21.325	34.39	43.535	55	87.26	137.371	413.59	1 192.533
28	1.321	1.741	2.288	2.999	3.92	5.112	6.649	8.627	11.167	14.421	23.884	39.204	50.066	63.8	102.967	164.845	516.988	1 550.293
29	1.335	1.776	2.357	3.119	4.116	5.418	7.114	9.317	12.172	15.863	26.75	44.693	57.575	74.009	121.501	197.814	646.235	2 015.381
30	1.348	1.811	2.427	3.243	4.322	5.743	7.612	10.063	13.268	17.449	29.96	50.95	66.212	85.85	143.371			

附表三：一元年金现值系数表

n, i	1%	2%	3%	4%	5%	6%	8%	10%	12%	14%	15%	16%	18%	20%	22%	24%	25%	30%	35%	40%	45%	50%
1	0.99	0.98	0.97	0.961	0.952	0.943	0.925	0.909	0.892	0.877	0.869	0.862	0.847	0.833	0.819	0.806	0.799	0.769	0.74	0.714	0.689	0.666
2	1.97	1.941	1.913	1.886	1.859	1.833	1.783	1.735	1.69	1.646	1.625	1.605	1.565	1.527	1.491	1.456	1.44	1.36	1.289	1.224	1.165	1.111
3	2.94	2.883	2.828	2.775	2.723	2.673	2.577	2.486	2.401	2.321	2.283	2.245	2.174	2.106	2.042	1.981	1.952	1.816	1.695	1.588	1.493	1.407
4	3.901	3.807	3.717	3.629	3.545	3.465	3.312	3.169	3.037	2.913	2.854	2.798	2.69	2.588	2.493	2.404	2.361	2.166	1.996	1.849	1.719	1.604
5	4.853	4.713	4.579	4.451	4.329	4.212	3.992	3.79	3.604	3.433	3.352	3.274	3.127	2.99	2.863	2.745	2.689	2.435	2.219	2.035	1.875	1.736
6	5.795	5.601	5.417	5.242	5.075	4.917	4.622	4.355	4.111	3.888	3.784	3.684	3.497	3.325	3.166	3.02	2.951	2.642	2.385	2.167	1.983	1.824
7	6.728	6.471	6.23	6.002	5.786	5.582	5.206	4.868	4.563	4.288	4.16	4.038	3.811	3.604	3.415	3.242	3.161	2.802	2.507	2.262	2.057	1.882
8	7.651	7.325	7.019	6.732	6.463	6.209	5.746	5.334	4.967	4.638	4.487	4.343	4.077	3.837	3.619	3.421	3.328	2.924	2.598	2.33	2.108	1.921
9	8.566	8.162	7.786	7.435	7.107	6.801	6.246	5.759	5.328	4.946	4.771	4.606	4.303	4.03	3.786	3.565	3.463	3.019	2.665	2.378	2.143	1.947
10	9.471	8.982	8.53	8.11	7.721	7.36	6.71	6.144	5.65	5.216	5.018	4.833	4.494	4.192	3.923	3.681	3.57	3.091	2.715	2.413	2.168	1.965
11	10.367	9.786	9.252	8.76	8.306	7.886	7.138	6.495	5.937	5.452	5.233	5.028	4.656	4.327	4.035	3.775	3.656	3.147	2.751	2.438	2.184	1.976
12	11.255	10.575	9.954	9.385	8.863	8.383	7.536	6.813	6.194	5.66	5.42	5.197	4.793	4.439	4.127	3.851	3.725	3.19	2.779	2.455	2.196	1.984
13	12.133	11.348	10.634	9.985	9.393	8.852	7.903	7.103	6.423	5.842	5.583	5.342	4.909	4.532	4.202	3.912	3.78	3.223	2.799	2.468	2.204	1.989
14	13.003	12.106	11.296	10.563	9.898	9.294	8.244	7.366	6.628	6.002	5.724	5.467	5.008	4.61	4.264	3.961	3.824	3.248	2.814	2.477	2.209	1.993
15	13.865	12.849	11.937	11.118	10.379	9.712	8.559	7.606	6.81	6.142	5.847	5.575	5.091	4.675	4.315	4.001	3.859	3.268	2.825	2.483	2.213	1.995

(续表)

n\i	1%	2%	3%	4%	5%	6%	8%	10%	12%	14%	15%	16%	18%	20%	22%	24%	25%	30%	35%	40%	45%	50%
16	14.717	13.577	12.561	11.652	10.837	10.105	8.851	7.823	6.973	6.265	5.954	5.668	5.162	4.729	4.356	4.033	3.887	3.283	2.833	2.488	2.216	1.996
17	15.562	14.291	13.166	12.165	11.274	10.477	9.121	8.021	7.119	6.372	6.047	5.748	5.222	4.774	4.39	4.059	3.909	3.294	2.839	2.491	2.218	1.997
18	16.398	14.992	13.753	12.659	11.689	10.827	9.371	8.201	7.249	6.467	6.127	5.817	5.273	4.812	4.418	4.079	3.927	3.303	2.844	2.494	2.219	1.998
19	17.226	15.678	14.323	13.133	12.085	11.158	9.603	8.364	7.365	6.55	6.198	5.877	5.316	4.843	4.441	4.096	3.942	3.31	2.847	2.495	2.22	1.999
20	18.045	16.351	14.877	13.59	12.462	11.469	9.818	8.513	7.469	6.623	6.259	5.928	5.352	4.869	4.46	4.11	3.953	3.315	2.85	2.497	2.22	1.999
21	18.856	17.011	15.415	14.029	12.821	11.764	10.016	8.648	7.562	6.686	6.312	5.973	5.383	4.891	4.475	4.121	3.963	3.319	2.851	2.497	2.221	1.999
22	19.66	17.658	15.936	14.451	13.163	12.041	10.2	8.771	7.644	6.742	6.358	6.011	5.409	4.909	4.488	4.129	3.97	3.322	2.853	2.498	2.221	1.999
23	20.455	18.292	16.443	14.856	13.488	12.303	10.371	8.883	7.718	6.792	6.398	6.044	5.432	4.924	4.498	4.137	3.976	3.325	2.854	2.498	2.221	1.999
24	21.243	18.913	16.935	15.246	13.798	12.55	10.528	8.984	7.784	6.835	6.433	6.072	5.45	4.937	4.507	4.142	3.981	3.327	2.855	2.499	2.221	1.999
25	22.023	19.523	17.413	15.622	14.093	12.783	10.674	9.077	7.843	6.872	6.464	6.097	5.466	4.947	4.513	4.147	3.984	3.328	2.855	2.499	2.222	1.999
26	22.795	20.121	17.876	15.982	14.375	13.003	10.809	9.16	7.895	6.906	6.49	6.118	5.48	4.956	4.519	4.151	3.987	3.329	2.855	2.499	2.222	1.999
27	23.559	20.706	18.327	16.329	14.643	13.21	10.935	9.237	7.942	6.935	6.513	6.136	5.491	4.963	4.524	4.154	3.99	3.33	2.856	2.499	2.222	1.999
28	24.316	21.281	18.764	16.663	14.898	13.406	11.051	9.306	7.984	6.96	6.533	6.152	5.501	4.969	4.528	4.156	3.992	3.331	2.856	2.499	2.222	1.999
29	25.065	21.844	19.188	16.983	15.141	13.59	11.158	9.369	8.021	6.983	6.55	6.165	5.509	4.974	4.531	4.158	3.993	3.331	2.856	2.499	2.222	1.999
30	25.807	22.396	19.6	17.292	15.372	13.764	11.257	9.426	8.055	7.002	6.565	6.177	5.516	4.978	4.533	4.16	3.995	3.332	2.856	2.499	2.222	1.999

附表四：一元年金终值系数表

n, i	1%	2%	3%	4%	5%	6%	7%	8%	9%	10%	11%	12%	13%	14%	15%	16%	18%	19%	20%	25%	30%
1	1	1	1	1	1	1	1	1	1	1	1	1	1	1	1	1	1	1	1	1	1
2	2.01	2.02	2.03	2.04	2.05	2.06	2.07	2.08	2.09	2.1	2.11	2.12	2.13	2.14	2.15	2.16	2.18	2.19	2.2	2.25	2.3
3	3.03	3.06	3.091	3.122	3.153	3.184	3.215	3.246	3.278	3.31	3.342	3.374	3.407	3.44	3.473	3.506	3.572	3.606	3.64	3.813	3.99
4	4.06	4.122	4.184	4.246	4.31	4.375	4.44	4.506	4.573	4.641	4.71	4.779	4.85	4.921	4.993	5.066	5.215	5.291	5.368	5.766	6.187
5	5.101	5.204	5.309	5.416	5.526	5.637	5.751	5.867	5.985	6.105	6.228	6.353	6.48	6.61	6.742	6.877	7.154	7.297	7.442	8.207	9.043
6	6.152	6.308	6.468	6.633	6.802	6.975	7.153	7.336	7.523	7.716	7.913	8.115	8.323	8.536	8.754	8.977	9.442	9.683	9.93	11.259	12.756
7	7.214	7.434	7.662	7.898	8.142	8.394	8.654	8.923	9.2	9.487	9.783	10.089	10.405	10.73	11.067	11.414	12.142	12.523	12.916	15.073	17.583
8	8.286	8.583	8.892	9.214	9.549	9.879	10.26	10.637	11.028	11.436	11.859	12.3	12.757	13.233	13.727	14.24	15.327	15.902	16.499	19.842	23.858
9	9.369	9.755	10.159	10.583	11.027	11.491	11.978	12.488	13.021	13.579	14.164	14.776	15.416	16.085	16.786	17.519	19.086	19.923	20.799	25.802	32.015
10	10.462	10.95	11.464	12.006	12.578	13.181	13.816	14.487	15.193	15.937	16.722	17.549	18.42	19.337	20.304	21.321	23.521	24.701	25.959	33.253	42.619
11	11.567	12.169	12.808	13.486	14.207	14.972	15.784	16.645	17.56	18.531	19.561	20.655	21.814	23.045	24.349	25.733	28.755	30.404	32.15	42.566	56.405
12	12.683	13.412	14.192	15.026	15.917	16.87	17.888	18.977	20.141	21.384	22.713	24.133	25.65	27.271	29.002	30.85	34.931	37.18	39.581	54.208	74.327
13	13.809	14.68	15.618	16.627	17.713	18.882	20.141	21.495	22.953	24.523	26.212	28.029	29.985	32.089	34.352	36.786	42.219	45.244	48.497	68.76	97.625
14	14.947	15.974	17.086	18.292	19.599	21.015	22.55	24.215	26.019	27.975	30.095	32.393	34.883	37.581	40.505	43.672	50.818	54.841	54.196	86.949	127.91
15	16.097	17.293	18.599	20.024	21.579	23.276	25.129	27.152	29.361	31.772	34.405	37.28	40.417	43.842	47.58	51.66	6.965	66.261	72.035	109.69	167.29

(续表)

n, i	1%	2%	3%	4%	5%	6%	7%	8%	9%	10%	11%	12%	13%	14%	15%	16%	18%	19%	20%	25%	30%
16	17.258	18.639	20.157	21.825	23.657	25.673	27.888	30.324	33.003	35.95	39.19	42.753	46.672	50.98	55.717	60.925	72.939	79.85	87.442	138.11	218.47
17	18.43	20.012	21.762	23.698	25.84	28.213	30.84	33.75	36.974	40.545	44.501	48.884	53.739	59.118	65.075	71.673	87.068	96.022	105.93	173.64	285.01
18	19.615	21.412	23.414	25.645	28.132	30.906	33.999	37.45	41.301	45.599	50.396	55.75	61.725	68.394	75.836	84.141	103.74	115.27	128.12	218.05	371.52
19	20.811	22.841	25.117	27.671	30.539	33.76	37.379	41.446	46.018	51.159	56.939	63.44	70.749	79.969	88.212	98.603	123.41	138.17	154.74	273.56	483.97
20	22.019	24.297	26.87	29.778	33.066	36.786	40.995	45.762	51.16	57.275	64.203	72.052	80.947	91.025	120.44	115.38	146.63	165.42	186.69	342.95	630.17
25	28.243	32.03	36.459	41.646	47.727	54.865	63.249	73.106	84.701	98.347	114.41	133.33	155.62	181.87	212.79	249.21	342.6	402.04	471.98	1054.8	2348.8
30	34.785	40.588	47.575	56.085	66.439	79.058	94.461	113.28	136.31	164.49	199.02	241.33	293.2	356.79	434.75	530.31	790.95	966.7	1181.9	3227.2	8730
40	48.886	60.402	75.401	95.026	120.8	154.76	199.64	259.06	337.89	442.59	581.83	767.09	1013.7	1342	1779.1	2360.8	4163.21	5519.8	7343.9	30089	120393
50	64.463	84.579	112.8	152.67	209.35	290.34	406.53	573.77	815.08	1163.9	1668.8	24000	3459.5	4991.5	7217.7	10436	21813	31515	45497	280256	